本书得到"国家社会科学基金重大项目"（11&ZD039）、"教育部人文社会科学研究一般项目"（10YJA790038）的资助

中国城镇
公共住房政策研究

邓宏乾等　著

ZHONGGUO CHENGZHEN
GONGGONG ZHUFANG ZHENGCE YANJIU

中国社会科学出版社

图书在版编目(CIP)数据

中国城镇公共住房政策研究 / 邓宏乾等著 . —北京：中国社会科学
出版社，2015. 3

ISBN 978 - 7 - 5161 - 5697 - 1

Ⅰ.①中…　Ⅱ.①邓…　Ⅲ.①城镇—住房政策—研究—中国
Ⅳ.①F299.233.1

中国版本图书馆 CIP 数据核字 (2015) 第 048554 号

出 版 人	赵剑英	
责任编辑	周晓慧	
责任校对	无　介	
责任印制	戴　宽	

出　　版	中国社会科学出版社	
社　　址	北京鼓楼西大街甲 158 号（邮编 100720）	
网　　址	http://www.csspw.cn	
	中文域名:中国社科网　　010 - 64070619	
发 行 部	010 - 84083685	
门 市 部	010 - 84029450	
经　　销	新华书店及其他书店	

印　　刷	北京市大兴区新魏印刷厂	
装　　订	廊坊市广阳区广增装订厂	
版　　次	2015 年 3 月第 1 版	
印　　次	2015 年 3 月第 1 次印刷	

开　　本	710×1000　1/16	
印　　张	13.25	
插　　页	2	
字　　数	218 千字	
定　　价	46.00 元	

目　录

前言 ……………………………………………………………… (1)

第一章　中国现行住房保障政策演变、发展及主要问题 ………… (3)

一　中国住房保障政策的演变 ……………………………… (3)

（一）经济适用住房政策的演变 ………………………… (3)

（二）廉租住房政策的演变 ……………………………… (5)

（三）公共租赁住房政策 ………………………………… (6)

（四）棚户区改造政策 …………………………………… (6)

（五）集资合作建房 ……………………………………… (7)

（六）限价房政策 ………………………………………… (8)

二　中国保障住房建设情况 ………………………………… (8)

三　住房保障制度存在的主要问题 ………………………… (10)

（一）保障住房供给层次多，重产权式保障、轻租赁式

保障 ……………………………………………… (10)

（二）现有的保障住房供给体系是一种问题导向的

"补丁式"制度设计 ……………………………… (11)

（三）现行的保障住房供给层次划分标准不科学，造成

保障住房分配极不公平 ………………………… (12)

（四）保障性住房运作机制不完善 …………………… (14)

（五）保障住房投资占住宅投资的比重低 …………… (15)

（六）现有的住房保障方式是相互割裂的 …………… (16)

（七）现有的保障住房供给分类供应体系加大了住房

保障管理的难度 ………………………………… (17)

（八）现有的保障住房供给分类供应体系加剧了保障

　　对象的社会隔离 …………………………………………（17）

第二章　政府选择性支持公共住房中的激励规制模型

　　　　——以经济适用住房供给为例 ………………………（19）

一　文献回顾与评述 ……………………………………………（19）

　　（一）规制与激励规制 ………………………………………（19）

　　（二）经济适用住房的政府规制 ……………………………（20）

二　经济适用住房制度与政府规制 ……………………………（22）

　　（一）经济适用住房制度与制度补贴 ………………………（22）

　　（二）经济适用住房制度与规制方式 ………………………（23）

三　经济适用住房供给的政府规制模型 ………………………（25）

　　（一）最优规制模型 …………………………………………（25）

　　（二）经济适用住房供给规制的信息成本 …………………（28）

四　规制俘获与政府规制成本 …………………………………（32）

五　主要结论与政策建议 ………………………………………（36）

第三章　住房保障需求及影响因素

　　　　——以武汉市为例 ………………………………………（38）

一　武汉市住房保障需求现状 …………………………………（38）

　　（一）住房困难家庭的基本情况 ……………………………（39）

　　（二）住房困难家庭的住房保障需求 ………………………（40）

　　（三）结论 ……………………………………………………（50）

二　武汉市的住房保障层次 ……………………………………（51）

　　（一）住房救助需求 …………………………………………（51）

　　（二）住房基本保障需求 ……………………………………（52）

　　（三）住房政策帮助对象需求 ………………………………（53）

三　保障住房需求的影响因素：以公租房为例 ………………（54）

　　（一）研究假设 ………………………………………………（55）

　　（二）实证研究 ………………………………………………（58）

　　（三）模型回归结果与分析 …………………………………（59）

第四章　典型城市住房保障发展与改革探索
　　　　　——深圳市、武汉市、黄石市案例 …………………………（64）
　　一　深圳市住房保障制度改革实践与创新 …………………………（64）
　　　　（一）深圳市住房保障制度改革历程 ……………………………（64）
　　　　（二）深圳市住房保障的成效 ……………………………………（65）
　　　　（三）深圳市住房保障改革创新的主要举措和经验 ……………（68）
　　二　武汉市住房保障制度改革实践与创新 …………………………（71）
　　　　（一）武汉市住房保障的发展情况 ………………………………（71）
　　　　（二）洪山模式创新：城中村改造与公租房建设融合 …………（79）
　　三　黄石模式：改革创新与经验 ……………………………………（84）
　　　　（一）黄石模式的主要做法 ………………………………………（84）
　　　　（二）黄石模式的启示 ……………………………………………（87）
　　　　（三）以公共租赁住房为重点的新型住房保障制度的
　　　　　　　难点及政策改进 ……………………………………………（90）

第五章　公共租赁住房问题 …………………………………………（94）
　　一　公共租赁住房建设问题 …………………………………………（94）
　　　　（一）公租房的空间布局问题 ……………………………………（94）
　　　　（二）公租房的建设标准问题 ……………………………………（99）
　　二　公租房的土地供给问题 …………………………………………（104）
　　　　（一）公租房土地供给方式改革的必要性 ………………………（104）
　　　　（二）公租房土地出让方式的改革 ………………………………（105）
　　　　（三）集体建设用地用于公租房建设问题 ………………………（107）
　　三　公共租赁住房房源筹集模式 ……………………………………（109）
　　　　（一）新建公共租赁住房 …………………………………………（109）
　　　　（二）政府投资购买 ………………………………………………（112）
　　　　（三）政府筹集社会性公共租赁住房 ……………………………（113）
　　四　公租房的补贴标准与保障边界 …………………………………（114）
　　　　（一）补贴模式评价与选择 ………………………………………（114）
　　　　（二）补贴比例与保障边界的确定 ………………………………（118）
　　　　（三）结论与建议 …………………………………………………（124）

五　公共租赁房建设融资政策 …………………………………（124）

（一）发行企业中长期债券 …………………………………（125）

（二）项目融资 ………………………………………………（126）

（三）利用信托资金、社保基金、保险资金,为公共

租赁住房建设融资 …………………………………（126）

（四）房地产投资信托基金融资 ……………………………（127）

（五）整合原有的保障住房建设资金,设立住房保障基金

创新间接融资工具 …………………………………（128）

六　公共租赁住房准入及退出政策 ………………………………（129）

（一）分配对象及准入标准 …………………………………（129）

（二）退出政策 ………………………………………………（130）

第六章　中国保障住房产权安排及产权政策

——基于资产建设理论视角 …………………………（131）

一　资产建设理论简介 ……………………………………………（131）

二　保障住房资产:住房保障福利的放大器 ……………………（133）

（一）住房资产建设的福利产生 ……………………………（134）

（二）住房资产建设的福利放大 ……………………………（138）

三　中国保障住房资产建设问题 …………………………………（141）

（一）中国保障住房资产建设的必要性 ……………………（141）

（二）中国的产权式住房保障与保障住房资产建设 ………（144）

四　资产建设视角下的保障住房产权安排 ………………………（148）

（一）"RO 公共住房"设计应遵循的基本原则 ……………（148）

（二）"RO 公共住房"的设计方案 …………………………（150）

第七章　完善中国住房保障体系的政策建议 ……………………（156）

一　住房保障体系的基本原则、基本目标与定位 ………………（156）

（一）住房保障体系的基本原则 ……………………………（156）

（二）住房保障体系的基本目标与定位 ……………………（157）

二　创新供应机制,实施住房保障供应体系并轨改革 …………（158）

（一）保障住房并轨改革的目标 ……………………………（158）

（二）保障住房供给体系并轨改革的内容 …………………（160）

（三）保障住房并轨改革的实施 ……………………………（163）

三　健全住房保障的土地供应、财政保障政策 ………………（167）

四　创新保障性住房建设投融资机制 …………………………（168）

五　创新住房保障后期管理机制，建立住房保障可持续发展
机制 ………………………………………………………（169）

（一）设立保障住房经营租赁机构，负责保障住房的后期营运
管理 ………………………………………………………（169）

（二）创新物业管理模式，促进保障性住房物业管理的良性
循环 ………………………………………………………（169）

六　健全住房保障法规，将住房保障纳入法制轨道 …………（171）

附录　住房保障与房地产市场满意度调查报告 ………………（173）

参考文献 ………………………………………………………（199）

后记 ……………………………………………………………（204）

前　言

本书为国家社会科学基金重大项目"我国住房保障问题与改革创新研究"（11&ZD039）、教育部人文社会科学研究一般项目"中国城镇公共住房政策研究"（项目批准号：10YJA790038）的研究成果。

第一章分析了中国住房制度改革后住房保障政策的演变及发展，主要包括经济适用住房租赁、公共租赁住房、集资合作建房、限价房、棚户区改造等政策的演变；剖析了中国住房保障制度所存在的主要问题。

第二章以经济适用住房供给为例，研究了政府选择性支持公共住房中的激励规制模型问题。在经济适用住房的供给中，政府通过土地划拨、价格规制等方式解决了中低收入人群的住房问题，拓展了拉丰（Laffont，2005）的激励规制模型，构建了经济适用住房供给的选择性支持的激励规制模型，分析了完全信息以及存在信息偏在和规制俘获情况下的政府最佳规制问题；并给出了在最佳规制情况下，政府为弥合信息偏在所支付的信息租金、高成本企业效率损失租金，以及政府为维护社会公平所支付的公平租金。基于此，本书探讨了中国住房保障供给政策未来的发展方向。

第三章以武汉市为例，研究了住房保障需求及影响因素，主要包括武汉市住房保障需求现状分析、武汉市住房保障层次分析、保障住房需求影响因素分析等问题。

第四章主要分析了深圳市、武汉市、黄石市三个具有代表性城市的住房保障改革、发展及其创新，并总结了这三个典型城市的主要做法及其经验。

第五章研究了公共租赁住房问题，主要包括公共租赁住房建设方式及其标准、建设主体、土地供给、公共租赁住房房源筹集模式、公租房的补贴标准与保障边界、公共租赁房建设融资、公共租赁住房准入及退出机制等问题。

第六章研究了保障住房产权安排及产权政策。从资产建设的视角构建了保障住房资产的福利模型，结合中国当前的社会进程，提出住房保障福利可以通过保障住房产权安排及其政策得到供给与放大，并从基本原则和特征两方面设计了一种基于资产建设理论的"租赁—所有"公共保障住房。

第七章研究了中国住房保障体系改革的基本原则、基本目标与定位，构建以公共租赁住房为主体的保障体系、并轨改革及实施、住房保障体系构建的相关政策创新等问题。

本书内容具有以下特点：一是研究内容具有前沿性。本书对政府选择性支持公共住房中的激励规制、住房保障需求及其影响因素分析、公共租赁住房建设营运管理、保障住房产权安排及产权及其政策，住房保障改革及并轨研究等内容的探讨具有前沿性，这些问题是中国住房保障制度改革所亟须研究和解决的问题。二是创新性。（1）研究内容的创新。运用公共经济学、公共管理学及规制经济学理论研究政府选择性支持公共住房中的激励规制、公共住房共有产权以及住房保障供给体系并轨具有一定的开创性。（2）研究视角的创新。从"保障水平的适度性"、"运行机制的可持续性"、"公平与效率的协调性"三重视角研究中国住房保障体系构建问题具有一定的前瞻性。（3）研究方法的创新。中国住房保障的已有研究文献，绝大部分采用定性和规范分析方法，本书则突出了量化研究和实证研究方法，对典型城市住房保障案例进行了剖析，使理论研究建立在科学的基础上，使本书的研究符合中国的实际并具有可操作性。

本书所采用的研究方法，一是定量分析与定性分析相结合，突出定量分析。运用抽样调查与统计分析方法、数理建模方法研究公共住房激励规制、住房保障需求、住房保障补贴标准及效率等问题。二是实证研究与规范分析相结合。在研究中笔者实地调查了三个典型城市（深圳、武汉、黄石）保障住房实施案例，搜集了大量一手资料数据并加以分析，使理论研究建立在科学的基础上，使研究成果符合中国的实际并具有可操作性。在实证研究的基础上，以经济学和公共政策理论为指导，对中国住房保障体系改革问题进行了学理研究。

本书的研究成果对构建具有中国特色的住房保障体系，完善住房保障制度，完善和发展住房保障理论有着较强的参考价值；对国家相关决策部门制定住房保障政策有着重要的参考价值。

第一章　中国现行住房保障政策演变、发展及主要问题

　　始于20世纪70年代末80年代初的住房制度改革经历了30年发展演变过程，大致经历了"住房商品化（1979—1990）——住房市场化（1991—1997）——住房分配货币化与社会化（1998—2007）——住房市场化与住房保障（2007年至今）"等阶段。从客观上看，住房制度改革是中国经济体制较成功的改革，其市场化程度是较成熟的，但也存在着市场化过度、房价过高、住房保障缺失、中低收入家庭住房困难等问题。这些问题已严重影响了国民经济的健康发展和社会的和谐。下面重点分析中国住房保障政策的演变及发展，剖析其存在的主要问题。

一　中国住房保障政策的演变

　　中国住房保障政策是在改革中逐步探索和发展的，主要有经济适用住房、集资合作建房、限价房、廉租住房、公共租赁住房等保障住房类别。

（一）经济适用住房政策的演变

　　《经济适用住房管理办法》规定，经济适用住房是政府提供政策优惠，限定建设标准、供应对象和销售价格，具有保障性质的政策性商品住房。

　　从1994年起，中国开始实施经济适用住房制度。1994年，国务院颁布了《关于深化城镇住房制度改革的决定》，明确提出了"建立与社会主义市场经济体制相适应的城镇住房制度，实现住房商品化、社会化"的住房制度改革目标，并把"建立以中低收入家庭为对象、具有社会保障性质的经济适用住房供应体系和高收入家庭为对象的商品房供应体系"

作为城镇住房制度改革的重要内容之一，并明确规定经济适用住房的占有量要达到 20% 以上。同年，建设部出台了《城镇经济适用住房建设管理办法》，对经济适用住房的供应对象、用地安排、建设方式、建设模式、管理机构等作了规定。

1998 年，《国务院关于进一步深化城镇住房制度改革　加快住房建设的通知》决定停止住房的实物分配，全面实行住房分配货币化，同时建立和完善以经济适用住房为主的多层次城镇住房供应体系。

2003 年，《国务院关于促进房地产市场持续健康发展的通知》明确将经济适用住房定位为具有保障性质的政策性商品住房，要求控制建设标准、限定供应对象、落实优惠政策、严格项目招投标制度和销售价格管理。将 1998 年确定的"建立和完善以经济适用住房为主的多层次城镇住房供应体系"改变为让"多数家庭购买或承租普通商品住房"，合理确定经济适用住房供应对象的具体收入线标准和范围，实质上是将经济适用房的供给对象由"中低收入家庭"收缩为"中等偏下收入家庭"。

2004 年，建设部出台了《经济适用住房管理办法》，该办法规定，将经济适用住房严格控制在中小套型，中套住房面积控制在 80 平方米左右，小套住房面积控制在 60 平方米左右；供应对象为无房或现住房面积低于市、县人民政府规定的标准且家庭收入符合市、县人民政府划定的收入线标准的住房困难家庭。这是中国第一部针对经济适用住房建设的管理办法。

2007 年，《国务院关于解决城市低收入家庭住房困难的若干意见》将经济适用住房供应对象调整为低收入住房困难家庭，并与廉租住房保障对象相衔接。经济适用住房套型标准根据经济发展水平和群众生活水平，建筑面积控制在 60 平方米左右。严格经济适用住房上市交易的管理。经济适用住房属于政策性住房，购房人拥有有限产权。购买经济适用住房不满 5 年，不得直接上市交易，购房人因各种原因确须转让经济适用住房的，由政府按照原价格并考虑折旧和物价水平等因素进行回购。同时规定，单位集资合作建房应纳入当地经济适用住房供应计划，其建设标准、供应对象、产权关系等均按照经济适用住房的有关规定执行。同年，建设部等七部委印发了《经济适用住房管理办法》。

2010 年，为贯彻《国务院办公厅关于促进房地产市场平稳健康发展的通知》《国务院关于坚决遏制部分城市房价过快上涨的通知》的有关规定，住建部出台了《关于加强经济适用住房管理有关问题的通知》，要求商品住房价格过高、上涨过快的城市，大幅度增加经济适用住房供应，可以适当扩大经济适用住房的供应范围；并对经济适用住房上市交易的价格、产权等问题作了明确规定。2011 年以后，国家有关住房保障、房地产宏观调控文件中较少提及"经济适用住房"，将各类保障性住房统一称为"保障性安居房"。

（二）廉租住房政策的演变

1999 年，建设部出台了《城镇廉租住房管理办法》，这标志着中国廉租住房制度正式开始实施。在廉租住房政策实施之初，其保障对象为城镇最低收入家庭中的住房困难家庭（即"双困"户），属于住房救济范畴。

2004 年，建设部《城镇最低收入家庭廉租住房管理办法》明确规定，保障对象为住房困难的城镇最低收入家庭，保障标准为"原则上不超过当地人均住房面积的 60%"；实行以"租赁住房补贴为主，实物配租、租金核减为辅"的保障方式。同时，对廉租住房来源、补贴资金、保障程序及管理等作了明确规定。

2005 年，《国务院办公厅转发建设部等部门关于做好稳定住房价格工作意见的通知》将廉租住房制度建设作为稳定住房价格的一项举措，要求落实廉租住房资金，扩大廉租住房覆盖面，把城镇廉租住房制度建设纳入省级人民政府对市（区）、县人民政府工作的目标责任制管理。

2006 年，《国务院办公厅转发建设部等部门关于调整住房供应结构稳定住房价格意见的通知》要求尚未建立廉租住房制度的城市，必须在 2006 年底前建立。

2007 年，国务院印发了《国务院关于解决城市低收入家庭住房困难的若干意见》，将廉租住房制度的保障范围从城市最低收入住房困难家庭扩大到低收入住房困难家庭；要求加快建立健全以廉租住房制度为重点、多渠道解决城市低收入家庭住房困难的政策体系；要求基本做到应保尽保。同年，建设部等部委颁布了《建设廉租住房保障办法》以及相关配套政策，对廉租住房的保障方式、资金来源、土地供应、建设标准、质量控制、监督管理等方面作了详细规定。廉租住房制度建设进入了整体推进阶段。

（三）公共租赁住房政策

2010 年，国务院相继发文，明确要求各地加快发展和大幅度增加公共租赁住房供应，以逐步解决中等偏下收入家庭的住房困难问题。住房和城乡建设部等七部委颁布了《关于加快发展公共租赁住房的指导意见》，明确了"公共租赁住房供应对象主要是城市中等偏下收入住房困难家庭。有条件的地区，可以将新就业职工和有稳定职业并在城市居住一定年限的外来务工人员纳入供应范围"；提出了"政府组织、社会参与、因地制宜、分别决策、统筹规划、分步实施"的原则；要求"充分调动各类企业和其他机构投资和经营公共租赁住房的积极性"，"多渠道筹集"公共租赁住房，对公共租赁住房的房源筹集、准入审核、租赁管理等作出了具体规定。此后，各地开始探讨和实践公共租赁住房，逐步形成了有特点的公共租赁模式，比较典型的有"重庆模式"、"黄石模式"、"深圳模式"和"洪山模式"。2011 年 9 月，国务院常务会议提出"继续大力推进保障性安居工程特别是公租房建设，加快实现住有所居的目标。公租房面向城镇中等偏下收入住房困难家庭、新就业无房职工和在城镇稳定就业的外来务工人员，以小户型为主，单套建筑面积以 40 平方米为主"，"逐步实现廉租房与公租房统筹建设、并轨运行"。会议确立了以公共租赁住房为主的住房保障体系的基本思路和改革方向。2012 年，住房和城乡建设部出台了《公共租赁住房管理办法》，对公共租赁住房的分配、运营、使用、退出和管理等作出了具体规定。

（四）棚户区改造政策

2007 年，《国务院关于解决城市低收入家庭住房困难的若干意见》提出："加快集中成片棚户区的改造。对集中成片的棚户区，城市人民政府要制定改造计划，因地制宜进行改造。"2008 年，国务院办公厅《关于促进房地产市场健康发展的若干意见》指出："争取用 3 年时间基本解决城市低收入住房困难家庭住房及棚户区改造问题。"住房和城乡建设部等部委《关于推进城市和国有工矿棚户区改造工作的指导意见》确定了"以人为本，依法拆迁；科学规划，分步实施；政府主导，市场运作；因地制宜，区别对待；统筹兼顾，配套建设"的棚户区改造基本原则；并提出"力争从 2009 年开始，结合开展保障性住房建设，用 5 年左右时间基本完成集中成片城市和国有工矿棚户区改造，有条件的地区争取用3年时间基本完成，特别应加快国有工矿棚户区改造，使棚户区群众的居住条件得到明显改善"。

对棚户区改造项目，实行免征城市基础设施配套费等各种行政事业性收费和政府性基金，执行经济适用住房的税收优惠政策，实行土地划拨，免收土地出让收入，中央财政进行专项补助，以奖代补等优惠政策，支持棚户区改造。

（五）集资合作建房

集资合作建房是在合法、合理的前提下，在共同制定协议的基础上，自筹资金、组织起来建房并自主管理的一种住房开发模式。

集资合作建房最早是由住宅合作社演变过来的，在住房制度改革之初，为解决国有企业职工住房困难，住房合作社开始诞生。1980年，上海市成立了中国第一家住宅合作社——新欣住宅合作社。随后武汉、北京、天津等城市进行了探索和实践，并取得了一定的经验和较好的社会效果。1992年，原国务院住房制度改革领导小组、建设部、国家税务局出台了《城镇住宅合作社管理暂行办法》，该办法明确界定住宅合作社是指经市（县）人民政府房地产行政主管部门批准，由城市居民、职工为改善自身住房条件而自愿参加，不以盈利为目的的公益性合作经济组织，具有法人资格。根据住宅合作社和社员个人的出资情况，明确三种产权方式，即合作社住宅全部由住宅合作社出资（含政府和社员所在单位给予的优惠和资助）建设的，其产权为住宅合作社所有；合作住宅由社员个人出资建设的，其产权为社员个人所有；合作住宅由住宅合作社和社员个人共同出资建设的，其产权为住宅合作社与社员个人共同所有。并明确规定了合作住房的管理、进入与退出机制，合作住宅不得向社会出租、出售。社员家庭不需要住宅时，须将所住住宅退给本住宅合作社。住宅合作社以重置价结合成新计算房价，按原建房时个人出资份额向社员个人退款。中国住宅合作社有两种类型：一是系统型或单位型住宅合作社；二是社会型住宅合作社，主要是由当地人民政府的有关机构如建设部门、工会等牵头成立，面向本行政区域内无购房渠道的单位及职工。住宅合作社形式现已退出历史舞台，由后期的集资合作建房模式所取代。

1991年，国务院住房制度改革领导小组《关于全面推进城镇住房制度改革意见的通知》指出："住房投资和建设体制的改革，就是把现行由国家、企业统包的住房投资体制，转换成国家、集体、个人三方面共同负担的住房投资体制。各地政府应大力支持单位或个人的集资、合作建房，特别是结合'解危'、'解困'进行的集资、合作建房。"建设部 2004 年颁布的《经济适用住房管理办法》规定："集资、合作建房是经济适用住房的组成部分，其建设标准、优惠政策、上市条件、供应对象的审核等均按照经济适用住房的有关规定，严格执行。集资、合作建房应当纳入当地经济适用住房建设计划和用地计划管理。"2006 年，建设部下发了《关于制止违规集资合作建房的通知》，对集资合作建房作了严格的规定。建设部等七部委印发了《经济适用住房管理办法》。

2007 年，建设部等七部委发布的《经济适用住房管理办法》规定："距离城区较远的独立工矿企业和住房困难户较多的企业，在符合土地利用总体规划、城市规划、住房建设规划的前提下，经市、县人民政府批准，可以利用单位自用土地进行集资合作建房。""任何单位不得利用新征用或新购买土地组织集资合作建房；各级国家机关一律不得搞单位集资合作建房。"中国集资合作建房是按经济适用住房办法管理的。

（六）限价房政策

限价房是 2006 年国务院转发的《关于调整住房供应结构 稳定住房价格意见的通知》首次提出的，也就是"双竞双限房"，主要解决夹心层群体住房问题。限价房按照房价定地价的思路，限定购买对象，采用政府组织监管、市场化运作的模式开发建设，是具有住房保障性质的普通商品房。由于限价房价格受一定的管制，购买对象有限定，此类住房被归入保障性安居房。

二　中国保障住房建设情况

20 世纪 90 年代中期，中国提出建立以中低收入家庭为对象、具有社会保障性质的经济适用住房供应体系，住房保障以经济适用住房为重点开始得到一定的发展。1997—2010 年，经济适用住房累计投资 9063.97 亿元，占住宅总投资的 5.75%；累计开工面积 63723.3 万平方米（具体见表 1—1）。

表 1—1　　　　　　　　1997—2010 年经济适用住房投资情况

	投资（亿元）		新开工面积（万平方米）		销售面积（万平方米）	
	住宅	经适房	住宅	经适房	住宅	经适房
1997	185.5	1539.38	1720.6	10996.6	1211.9	7864.3
1998	270.85	2081.56	3466.4	16637.5	1666.5	10827.1
1999	437.02	2638.48	3970.4	18797.9	2701.3	12997.9
2000	542.4	3312.0	5313.3	24401.2	3760.1	16570.3
2001	599.7	4216.7	5796.0	30532.7	4021.5	19938.7
2002	589.0	5227.8	5279.7	34719.3	4003.6	23702.3
2003	622.0	6776.7	5330.6	43853.9	4018.9	29778.8
2004	606.4	8837.0	4257.5	47949.0	3261.8	33819.9
2005	519.2	10860.9	3513.4	55185.1	3205.0	49587.8
2006	696.8	13638.4	4379.0	64403.8	3337.0	55422.9
2007	820.9	18005.4	4810.3	78795.5	3507.5	70135.5
2008	970.9	22440.9	5621.9	83642.1	3627.3	59280.4
2009	1134.1	25613.7	5354.7	93298.4	3058.8	86184.9
2010	1069.2	34026.2	4909.5	129359.9	2748.9	93376.6

资料来源：1998—2011 年《中国统计年鉴》，中国统计出版社 1998—2011 年版。

2010 年后，对经济适用住房没有进行单独统计，被并入普通住宅统计中。

2008 年以后，住房保障体系逐步完善，对解决中低收入家庭住房问题起到了重要作用。

温家宝总理在第十一届全国人民代表大会第一次会议上明确提出，"坚持实行广覆盖、保基本、多层次、可持续的方针"构建住房保障体系，"坚定不移地推进住房改革和建设，让人民群众安居乐业"。温家宝总理在第十一届全国人民代表大会第二次会议上的《政府工作报告》中明确指出："深化城镇住房制度改革，满足居民多层次住房需求，努力实现居者有其屋的目标。"2011 年制定的《国民经济和社会发展"十二五"

规划纲要》指出："对城镇低收入住房困难家庭，实行廉租住房制度。对中等偏下收入住房困难家庭，实行公共租赁住房保障。对中高收入家庭，实行租赁与购买商品住房相结合的制度。""重点发展公共租赁住房，逐步使其成为保障性住房的主体。加快各类棚户区改造，规范发展经济适用房。"并确定了发展目标，"十二五"期间，建设城镇保障性住房和棚户区改造住房 3600 万套（户），保障性住房覆盖面达到 20% 左右。

"十一五"期间已建保障房 1100 万套（户），特别是 2008—2011 年保障房建设力度加大，在短短 3 年时间里增长近 5 倍（具体见表 1—2）。

表 1—2　　　　　　　2008—2013 年保障房建设情况

	2008	2009	2010	2011	2012	2013
开工量（万套）	231	485	590	1043	781	600
建成量（万套）	–	–	370	432	601	460

资料来源：搜房网、国家统计局。其中 2013 年数据为计划量。

三　住房保障制度存在的主要问题

目前中国住房保障体系可分为产权式保障和租赁式保障两种方式，基本形成了以产权式保障为主、租赁式保障为辅的保障住房供给体系。中国住房保障体系存在着以下主要问题。

（一）保障住房供给层次多，重产权式保障、轻租赁式保障

自 20 世纪 90 年代以来，中国先后出台了经济适用住房政策、集资合作建房政策、廉租住房政策、限价商品住房政策、公共租赁住房政策，形成了产权式保障和租赁式保障的基本框架。产权式保障主要有经济适用住房（始于 1994 年）、集资建房、合作建房（始于 1992 年）及限价商品住房（始于 2007 年）；租赁式保障的主要形式有廉租住房（始于 1999 年）、公共租赁住房（2010 年开始）。目前已形成了以产权式保障（主要是经济适用住房）为主、租赁式保障（主要是廉租住房）为辅的保障住房供给体系。以武汉市为例，在各层次保障品种供应中，2003—2010 年经济适

用住房建设平均占比为 63.23%，廉租住房占比很低，2003—2010 年平均占比为 6.15%。在政府财力有限和居民购房支付能力较弱的情况下，不可能解决所有居民的住房问题。以产权式住房保障为主的制度，既不符合效率原则，也不符合公平原则；其保障对象、保障标准及保障水平与保障目标不一致，政府保障的是"住有所居"而不是"居者有其屋"。在现有住房保障供给体系中，廉租住房的供给对象是城市低收入住房困难家庭；经济适用住房按微利原则向城市中低收入住房困难家庭出售；集资合作建房是一种定向建设的经济适用住房，面向对象为本单位职工，不能对外销售；限价商品住房的供给对象主要是城市及国有工矿棚户区改造、旧城改造、重点工程建设项目的被拆迁住房及其他特定对象（包括国有企事业单位、大专院校）困难家庭；公共租赁住房供给对象是不符合经济适用住房条件又无力进入市场的住房困难家庭。这种住房保障分类供应体系造成住房产品属性混淆，边界不清。产权式保障方式容易使保障福利泄漏于保障体制之外，扭曲了住房保障公平分配的性质。以经济适用住房为例，1994—1999 年，经济适用住房规定居住满 5 年方可上市交易；1999 年，为了配合货币化分房制度的改革，把住宅业培育成国民经济新的增长点和居民消费"热点"，实行了"存量带动增量增长"政策。在这一背景下，将上市交易年限由 5 年改为"一定年限"（实际执行为 1 年）。2007 年修订的《经济适用住房管理办法》规定："购买经济适用住房不满 5 年，不得直接上市交易，购房人因特殊原因确须转让经济适用住房的，由政府按照原价格并考虑折旧和物价水平等因素进行回购。"到目前为止，全国还未回购一宗经济适用住房。事实上，经济适用住房存在隐性的交易，不同产品属性的住房在同一市场交易，经济适用住房本应是"体制内循环"却大量地在"体制外"交易，大量的增值收益流归原经济适用住房的购买者，造成社会分配极不公平。重售轻租的结构所造成的重大后果就是大量的住房困难户无法获得住房保障，也使政府选择住房保障方式和提高住房保障水平受到很大限制。

（二）现有的保障住房供给体系是一种问题导向的"补丁式"制度设计

现有的不同的保障住房供应模式的出台具有相应的问题背景。经济适用住房政策的出台，是 20 世纪 90 年代推行住房改革市场化，彻底切断住房实物分配，实行住房分配市场化、社会化的产物，其目的是通过准市场化方式解决中低收入家庭住房问题，同时，也包含着对未享受传统的福利性质的住房的居民给予一次性补偿。廉租住房是为了解决低收入人群居住困难问题，向具有城镇常住居民户口的最低收入家庭所提供的租金相对低廉的普通住房；限价商品住房政策的出台，既是为了解决全国房价高涨背景下"夹心层"人群住房消费能力严重不足问题，也是为了解决旧城改造下的拆迁户安置问题。这种"头痛医头，脚痛医脚"的补丁式住房保障设计，固然可以更有针对性地解决某一特定时期的突出矛盾，但是由于缺乏整体性的制度顶层设计，使之在内容框架、衔接协调上存在内生性的不吻合。如制度设计与制度背景不吻合：经适房与廉租房土地划拨的制度设计，就与中国地方政府对土地财政高度依赖的制度背景不吻合，使得保障住房土地长期供给不足；如制度目标的短期性：限价商品住房的目标之一是对其房价进行限制，但其商品性质使限价房的定位陷入了尴尬的局面。

（三）现行的保障住房供给层次划分标准不科学，造成保障住房分配极不公平

在现行的住房保障供给体系中，经济适用住房、公共租赁住房、廉租住房的准入条件是以人均可支配收入标准和人均住房面积为标准的；而集资建房、合作建房及限价商品住房是针对特定人群的。针对特定人群的保障住房，其准入条件宽泛，不受收入水平和住房状况的限制，由是不是建房单位的职工或是不是城市更新改造的拆迁户决定，这造成保障住房分配的社会不公平。如集资合作建房按照文件规定，主要应针对距离城区较远的独立工矿企业和住房困难较多的企业职工。"住房困难较多的企业职工"这一条件过于宽泛，没有量化规定。申请集资合作项目更多的是有实力的国有企业、事业单位，利用单位自有用地，享受集资建房政策优惠，政府不直接负责房源的分配，由企业自行确定分配对象（大部分企业职工多为非住房困难家庭或已有住房）。而城市拆迁户除货币补偿外，每户还以较低的价格获得一套或几套限价房。以收入水平和住房状况为分配标准的经济适用住房、公共租赁住房、廉租住房，其划分标准也不科学，是一种跳跃式的、断层式的住房保障体系，主要体现为保障对象的断层与保障利益的"悬崖效应"。其一，保障对象的断层。目前住房保障准

入条件较为苛刻，其直接后果是出现大量的"内夹心层"（指既不符合廉租住房的条件，又无力购买经济适用住房的人群）和"外夹心层"（指既不符合购买经济适用住房条件，又无力在市场上购买商品住宅的人群），导致"应保未保"现象的出现。以解决"夹心层"住房问题为目标的住房保障分类供应体系在客观上反而促成了更多"夹心层"的形成。以武汉市为例（武汉市保障住房供给层次及准入标准见表1—3），廉租住房与经济适用住房准入的收入线水平差异不大，仅差224元。从理论上看，人均可支配收入在600—824元且人均住房面积在16平方米以下的家庭有资格购买经济适用住房，但实际上这一群体有相当部分无力购买。这部分群体既不符合廉租住房的条件，又无力购买经济适用住房。介于两者之间的夹心层的相当部分实际上被排除在住房保障体系之外，未享受到本应该享有的住房保障。而对"外夹心层"而言，情况更为糟糕，他们可能长期享受不到住房保障。无论是"内夹心层"还是"外夹心层"，都不可能享受公共租赁住房保障。以武汉市为例，公共租赁住房的准入标准（武汉市户籍人口）为：无房或人均住房建筑面积在8平方米以下且家庭上年度人均月收入1500元以下，单身居民平均月收入2000元以下。显然，"夹心层"人群被排除在外。其二，保障利益的"悬崖效应"。目前的各种住房保障政策往往是按照收入标准来界定准入条件的，只有在一定收入线下的居民才有资格享受住房保障，线上居民则没有资格享受，由此造成住房保障福利严重的"悬崖效应"。两者享受的福利少则上万元，多则达到几十万元，有的城市达上百万元。这无疑会促使部分保障对象为享受某阶层的住房保障福利而主动放弃自身的发展机会，造成住房保障的"福利陷阱"，使得保障对象缺乏自我发展的愿望。这既挫伤了整个社会劳动致富的积极性，又对劳动力市场产生挤出效应，削弱了住房保障对社会福利的总体提升。另外，同一保障层次内也存在着横向不公平。从理论上说，同一层次的保障对象应给予相同对待，不应有任何的歧视性和不公平待遇，但实际上同一层次的保障对象却获得不同水平的住房保障。以武汉市的廉租住房为例，实物配租与货币补贴差异较大。实物配租的租金标准按公有住房租金标准的50%缴纳（公有住房租金为1.5元/平方米/月），而货币补贴的标准按上年度市场平均租金的60%确定（目前市场租金约为15元/平方米/月），实物配租所获得的利益远超过货币补贴所得的经济利益，这明显有失公平。

表 1—3　　　　　2013 年武汉市现行住房保障供给层次及标准

标准 类别	保障对象	准入标准（2012 年）	面积标准	保障方式及产权形式
经济适用住房	城镇低收入住房困难家庭	人均可支配收入在 824 元以下且人均住房面积在 16 平方米以下的家庭	60 平方米左右	产权式保障；个人享有部分产权（土地行政划拨）
廉租住房	城镇低收入住房困难家庭	人均每月可支配收入在 600 元以下（含）且人均建筑面积在 12 平方米以下的家庭	≤50 平方米	租赁式保障；实物配租，货币补贴，租金核减
公共租赁住房	城镇中等偏下收入住房困难家庭	无房或人均住房建筑面积在 8 平方米以下且家庭上年度人均月收入在 1500 元以下，单身居民平均月收入在 2000 元以下	≤60 平方米	租赁式保障；货币化配租，市场租金，政府补贴 30%
	新就业职工、在武汉的外来务工人员	无房且未租住公房、申请人和共同申请人上年度人均月收入在 2000 元以下，单身职工平均月收入在 2500 元以下	≤60 平方米	租赁式保障；货币化配租，市场租金，政府补贴 30%
限价商品房	工矿棚户区改造，旧城改造，重点工程建设项目拆迁户		60 平方米左右	产权式保障；个人享有完全产权

资料来源：武汉市住房保障和房屋管理局。

（四）保障性住房运作机制不完善

保障性住房运行体制不健全、不完善，导致在实际运行过程中偏离住房保障目标。

1. 进入与退出机制缺失

目前符合申请保障的条件实行的是收入水平或家庭住房状况两个标准，且各职能部门未形成有效的协调机制，加之居民收入难以准确把握，出现了不符合条件的人享受保障住房的现象，造成了保障住房分配的不公正、不公平，公共住房资源未发挥应有的作用。以实物分配方式为主的住房保障体制不利于构建保障住房的动态调整机制和退出机制，比如已享受政府提供的保障性住房者，当其收入水平提高后，很难让他们退出。

2. 政府积极性不高

经济适用住房的土地为行政划拨，免除城市基础设施配套费等各种行政事业性收费和政府性基金，经济适用住房项目外的基础设施建设费用，由政府负担。经济适用房的开发建设，政府不仅不能获得任何收益，反而还要给予财政补贴；在廉租房的投资支出中，中央政府负担 1/3，地方政府负担 2/3，同时还要承担后期的管理、维修等费用，这使得地方政府根本就没有积极性，成了政府的点缀工程，以应付中央政府。

3. 政策的执行成本高

经济适用住房属于政策性住房，因此，为了使经济适用住房能按政策设计者的初衷运行，政府需要从开发到消费等各个环节建立严格的监管机制，包括监控经济适用住房的建设、销售价格、购买对象等，以保证公共福利政策的严肃性。这就要求政府将政策监管的范围扩大到审查开发商资信、审核居民家庭收入水平、监督经济适用住房的流通和分配等全过程。这无疑增加了经济适用房的行政成本。

（五）保障住房投资占住宅投资的比重低

政府在住房问题上严重缺位，政府没有把中低收入家庭、低收入家庭的住房问题纳入政府应尽的职责范围，导致这类家庭住房问题相当突出，并成了一个社会问题。虽然国家出台了有关经济适用房、安居工程、廉租房政策，但真正惠及中低收入家庭、低收入家庭的太少。以经济适用住房为例，1998 年确定经济适用房是供给的主体，但实际上经济适用房投资占住宅总投资的比重很低，1998—2003 年所占比重平均仅为 11.52%，2004—2006 年下降到 5.33%；2007—2010 年平均在 4% 左右。1997—2010 年经济适用住房累计投资 9063.97 亿元，占住宅总投资的 5.75%；累计开工面积 63723.3 万平方米，占住宅总开工面积的 8.7%[①]，且呈逐年下降趋势（具体见表1—4）。1999—2007 年竣工成套经济适用住房总数为 4158935 套，仅占中低收入家庭总数的 4.08%；2007 年新增城镇家庭 478 万户，2007 年竣工的经济适用住房 356580 套，仅占新增中低收入家庭总数的 12.43%。

---

① 根据 1998—2011 年《中国统计年鉴》各年的数据整理计算。

表1—4　　　　　　　1997—2010年经济适用住房投资及开发情况

	投资（亿元）		经适房占住宅投资的比重	新开工面积（万平方米）		经适房占住宅开工面积的比重
	经适房	住宅		经适房	住宅	
1997	185.5	1539.38	0.121	1720.6	10996.6	0.156
1998	270.85	2081.56	0.130	3466.4	16637.5	0.208
1999	437.02	2638.48	0.165	3970.4	18797.9	0.211
2000	542.4	3312.0	0.164	5313.3	24401.2	0.218
2001	599.7	4216.7	0.142	5796.0	30532.7	0.190
2002	589.0	5227.8	0.113	5279.7	34719.3	0.152
2003	622.0	6776.7	0.092	5330.6	43853.9	0.122
2004	606.4	8837.0	0.069	4257.5	47949.0	0.089
2005	519.2	10860.9	0.048	3513.4	55185.1	0.064
2006	696.8	13638.4	0.051	4379.0	64403.8	0.068
2007	820.9	18005.4	0.046	4810.3	78795.5	0.061
2008	970.9	22440.9	0.043	5621.9	83642.1	0.067
2009	1134.1	25613.7	0.044	5354.7	93298.4	0.057
2010	1069.2	34026.2	0.031	4909.5	129359.9	0.038

资料来源：武汉市住房保障和房屋管理局。

（六）现有的住房保障方式是相互割裂的

经济适用住房作为产权式保障，实行的是"只售不租"，廉租住房和公共租赁住房作为租赁式保障，实行的是"只租不售"。从保障住房供给的运行效率来看，保障方式的割裂，使得空置的经济适用住房不能出租，承租廉租住房和公共租赁住房的保障对象有购买意愿也不能实现，造成保障住房资源的浪费，降低了利用效率。从保障住房供给方式的自主选择来看，将保障住房供给方式与受保障对象收入高低强制捆绑的方式，既不利于低收入者逐步持有住房产权，也不利于较高收入者合理理财。选用租赁方式实现住房消费，没有尊重受保障对象对自身保障住房供给方式进行合理选择的权利。从保障住房供给的可持续性来看，产权式的保障方式，是对保障对象的一次性终身保障。购买经济适用住房的保障对象，当其收入水平提高后，已不在保障之列，但由于产权式保障而无法使之退出，造成保障住房资产，特别是土地资产的大量流失。而租赁式保障方式，因"只租不售"会造成政府投入的保障住房建设资金长期沉淀，或带来政府财政的不堪重负，难以为继。同时，缺乏流动性的保障住房供给体系会降低应对市场风险的能力，可见租售割裂的体制不利于保障住房供给资源的可持续发展。

（七）现有的保障住房供给分类供应体系加大了住房保障管理的难度

从资源管理来看，当前不同类型的保障住房供给模式，其建设资金各有渠道，其土地供给方式各有差异，相互独立，极大地限制了公共资源在保障住房供给领域的整合和有效利用。如原有政策要求廉租住房的专项建设资金不得挪用，在廉租住房需求有剩余之时，其资金也无法投入资金短缺的其他保障住房的供给形式中。从运行管理来看，政府需要从开发到分配等各个环节建立严格的监管机制，包括监控保障住房的建设、售价租价、分配等，以保证公共福利政策的严肃性。这要求政府将政策监管的范围扩大到审查审核居民家庭收入水平、监督保障住房分配等开发、建设、分配、消费的全过程，这无疑增加了保障住房的行政成本。过于苛刻的准入条件，容易出现保障住房供给"保不应保"的现象，严重影响保障住房供给制度的公信力，政府不得不为此付出高昂的制度成本加以甄别和监管。从监督管理来看，多轨运行的保障住房供给分类供应由于体系的复杂与多样，给某些企事业单位和不法官员巧立名目、鱼目混珠地以保障住房供给之名行住房开发之实，中饱私囊，留下了机会与空间；不利于相关机构和普通民众展开社会监督，加大了保障住房供给领域寻租发生的可能。华远集团总裁任志强指出，多轨运行的保障住房供给因制度性混乱与管理缺失，正使住房供给制度成为中国最大的腐败源头。①

（八）现有的保障住房供给分类供应体系加剧了保障对象的社会隔离

保障住房分类供应是以不同社会收入阶层的分异为基础的，不同类型的保障住房供给又加剧了这一分异趋势。不同类型的保障住房将原来分散

---

① 《住房最大的腐败在于制度》，2009 年 5 月 19 日，http：//blog. qq. com/qzone/622006051/1242717434. htm。

居住的不同人群按收入差异集中起来，特别是其中的低收入人群，他们在经济收入、价值观念、生活方式、就业环境等方面具有一定的共性，并且与其他区域居民存在明显的差异。这种共性与差异，通过分类的保障住房集中起来，变得具有易识别性，并以居住区域为介质固化为低收入者的社会身份标签，经过一定时间的积累还会形成凸显的地缘文化，产生地域歧视与群体歧视。长期形成的标签化排斥机制，将会逐步使得低收入者偏离社会主流价值观，甚至与之相对立，由此，低收入群体必然会从整体的标签化走向边缘化，进而走向贫困化，陷入贫困再生产的循环中。① 可见，保障住房分类供应体系，以不同类型的保障住房供给对受保障人群贴上了社会身份的标签，人为地制造社会隔离，使之难以有尊严的生活，难以享受城市发展的利益，难以融入城市社会，不利于和谐社会的构建。

---

① 宋伟轩等：《大城市保障性住房空间布局的社会问题与治理途径》，《城市发展研究》2011 年第 8 期。

第二章 政府选择性支持公共住房中的激励规制模型

——以经济适用住房供给为例

作为一种特殊的住房供给制度，经济适用住房制度通过土地划拨、税费减免方式直接补贴开发企业，实现该类住房销售价格的合理规制，选择性支持中低收入人群购买体面住房，以期规避住房领域住房生产垄断、信息不对称等方面的市场失灵，并试图实现中低收入人群"住有所居"的目标。然而，关于经济适用住房规制的争论很多，如3%利润的价格规制，目标对象的准入规制及其具体运行方式等都受到了质疑，质疑的核心多集中于制度的公平性上。那么，已将住房问题上升到政治高度的中国政府，应如何解决制度的公平性问题？或真正保证将合格的经济适用住房配给到目标人群，政府须支付多高的成本？政府又如何降低这一成本？本章拓展了拉丰（Laffont，2005）的激励规制模型[①]，试图建立一个选择性支持的激励规制模型，从数理的角度对上述问题给出解答。

一 文献回顾与评述

（一）规制与激励规制

规制是指依据一定的规则对构成特定社会的个人和经济活动主体进行限制的行为。在经济学中，规制主体为政府或社会公共机构；从规制客体来看则是一种微观规制，是政府直接对私人经济活动作出的某种限制性规定。[②] 一般而言，规制起源于市场失灵，即用于修正市场制度的种种缺

---

① Jean-Jacques Laffont, *Regulation and Development* (Cambridge University Press, 2005).

② 植草益：《微观规制经济学》，中国发展出版社1992年版。

陷，避免市场经济运作可能给社会带来的弊端；规制目标就是弥补市场的缺陷，矫正市场机制作用的消极后果，进而保证和提高资源配置的效率。由此来看，政府规制代表了全社会的公共利益。[①] 但规制公共利益理论受到了严厉批评。乌滕（Utton）用次优理论对此进行了否定，他认为，公共利益理论仅以市场失灵和福利经济学为基础，这太狭窄了。[②] 而且，公共利益理论一般将政府规制作为外生制度来考虑，也未考虑规制部门和受规制企业所面临的信息结构、约束条件和所能选择的策略，而拉丰和梯若尔（Laffont and Tirole）将此考虑进来，研究了受规制企业的激励问题。[③]

（二）经济适用住房的政府规制

政府在经济适用住房供给中的规制，主要包含政府规制的目的与驱动力、生产者的价格规制和消费者的准入退出规制。

在政府规制的目的与驱动力分析中，李鸿翔认为，土地出让金和税收是地方政府收入的重要来源，而经济适用住房制度与地方政府财源的对立，使得地方政府在土地供应和政策执行监督力度上并不向经济适用房倾斜，表现为缺乏完整、持续的公共住房发展计划，经济适用住房建设随意、盲目，甚至仅仅以平抑房价为目的。[④] 邓卫认为，经济适用住房制度与住房及土地使用制度市场化改革的总体目标相悖。[⑤] 贾康、刘军民也认为，以行政方式划拨土地的住房供应模式与改革的长远目标并不一致。[⑥] 在政府驱动力缺乏的情况下，选址偏僻成为一种基本现状。邓卫认为，经济适用住房选址容易导致社会阶层在空间上的分化与隔离，形成低收入者聚落，不利于社会和谐共处。孙施文通过实践总结出，经济适用住房使得中低收入群体大量迁移到城市边缘和周边地区，以致其就业机会减少，有

---

① 肖兴志：《现代规制经济分析》，中国社会科学出版社 2011 年版。

② Utton, M. A., *The Economics of Regulation Industry*（Basil Blackwell, 1986）.

③ 让-雅克·拉丰、让-梯若尔：《政府采购与规制中的激励理论》，石磊等译，上海三联书店 2004 年版。

④ 李鸿翔：《从经济适用房政策的实施看我国的住房保障制度》，《中国行政管理》2007 年第 5 期。

⑤ 邓卫：《关于经济适用房建设的反思与对策》，《建筑学报》2001 年第 8 期。

⑥ 贾康、刘军民：《中国住房制度改革问题研究——经济社会转轨中"居者有其屋"的求解》，经济科学出版社 2007 年版。

可能使他们的生存状况出现恶化。①

　　一方面，生产者价格规制会对目标人群的福利产生积极影响。龙奋杰、董黎明认为，经济适用房政策不以损害高收入者的福利方式改善中低收入者的居住条件，是居民住房福利的帕累托改进；而且政府补贴提高了消费者和生产者剩余，改善了产业的整体社会福利。② 林荣茂基于福利经济学等理论分析认为，经济适用房划拨用地相对于货币补贴而言，尽管存在福利净损失，但可以使得有限的政府补贴惠及更多的中低收入家庭，客观上也有利于清晰地界定公共领域的产权，并有助于减少社会福利浪费。③ 另一方面，价格规制会产生价格的双轨制，营造一个巨大的利益空间，利益的追逐将导致规制效果的削弱。魏建、张昕鹏认为，经济适用房制度造成了市场的制度性分割，其产生的市场套利行为瓦解了经济适用房的制度基础④；中央及地方政府对经济适用住房延迟期权价值的博弈导致了地方政府政策执行行为的扭曲。⑤ 颜春梅、黄汉江等众多学者认为，价格规制必然会导致建设过程中建造质量和面积问题。⑥

　　在消费者的准入退出规制中，印堃华、胡彬认为，1998 年房改政策将经济适用住房目标群体定位于大多数中低收入阶层，甚至中偏高群体，必然使得政府的补贴被转化为开发商的生产者剩余和少数中等偏高或高收入阶层的消费者剩余，排斥了真正的目标群体，并会对完全商品房市场产生"挤出效应"。⑦ 何灵认为，目前流转机制的缺乏导致了保障对象的"逆向选择"，保障家庭的违规行为没有受到处罚或处罚乏力会诱发"道德风险"，产权界定不清将导致政府财政收益流失严重等问题。⑧ 张波、刘江涛认为，经济适用住房退出规制的关键在于"资源获利"的合理产

　　① 孙施：《经济适用住房该建在哪里》，《瞭望》2007 年第 52 期。

　　② 龙奋杰、董黎明：《经济适用房政策绩效评析》，《城市问题》2005 年第 4 期。

　　③ 林荣茂：《经济适用房划拨用地补贴与货币补贴的福利、效率与产权分析》，《中国土地科学》2006 年第 4 期。

　　④ 魏建、张昕鹏：《市场的制度性分割：经济适用房制度的博弈分析》，《山东大学学报》（哲学社会科学版）2008 年第 1 期。

　　⑤ 肖新华：《经济适用房政策失效问题研究——基于期权博弈视角》，《华东经济管理》2009 年第 3 期。

　　⑥ 颜春梅、黄汉江：《经济适用房市场的问题与解决对策》，《城市问题》2003 年第 1 期。

　　⑦ 印堃华、胡 彬：《关于经济适用房政策的探索》，《财经研究》1999 年第 11 期。

　　⑧ 何灵：《经济适用房制度改革路径探析——以退出管理为分析视角》，《经济体制改革》2010 年第 1 期。

权退出，认为政府应设立专门的监管和回购机构，深入研究与核定退出经济适用住房的家庭收入标准门槛和回购价格与收益分配方式，为低收入人群提供"基本型"产品等改进经济适用住房制度。①

从以上文献综述分析看，规制理论中的信息风险问题研究主要集中于垄断产业及类似领域，基本定位于公共利益理论等，很少有文献关注保障住房建设中的规制信息不对称问题，关注选择性目标群体的支持问题。经济适用住房制度作为中国特色的住房保障制度，已有的研究涉及了制度的各个层面，十分丰富，但也存在以下不足：第一，经济适用住房制度从本质上讲，是政府的一种价格规制，但从政府规制视角深入研究的很少，尽管对政府干预规制的原理或多或少在不同方面进行了阐述，但对政府将制度补贴通过开发商传递给目标群体，如何激励开发商开发经济适用住房的研究却很少。第二，已有的文献基本上从定性的视角分析制度存在的问题，但存在的问题有多大，如何影响消费者福利和政府目标收益函数，基本上没有涉及，反映制度补贴和制度激励的数量或定量分析的也极少。本章将基于上述文献研究的不足，分析经济适用住房供给中的最佳规制问题，以探讨经济适用住房供给的调整方向。

二　经济适用住房制度与政府规制

经济适用住房制度运行的历程是充满争议的，本节将从制度补贴与规制的角度对制度的核心内容进行重新梳理。

（一）经济适用住房制度与制度补贴

在经济适用住房制度的相关政策文件中，尽管制度补贴主要体现为供给方补贴，但深入考察制度运行的各个环节，制度补贴可以从供给方补贴和需求方补贴进行具体细化。

1. 需求方制度补贴

在经济适用住房制度运行中，政府给予目标人群的补贴从获得的方式方面可分为两类：第一类为间接补贴，政府给予代建开发企业的补贴，如

---

① 张波、刘江涛：《经济适用住房退出机制的构建》，《经济理论与经济管理》2008 年第 7 期。

土地划拨、税费减免等为开发商降低建设成本，通过规制开发企业住房供给价格，为目标人群提供补贴。这是最重要的补贴部分，也是制度的核心目标。第二类为直接补贴，如免缴契税、印花税等税费以及贷款利息减免等，以进一步提高目标群体的可支付能力。

2. 供给方制度补贴

依据 2007 年 11 月建设部等七部委联合下发的《经济适用住房管理办法》第二章"优惠和支持政策"，开发企业获得的制度补贴包含以下几个方面：（1）经济适用住房建设用地以划拨方式供应；（2）经济适用住房建设项目免收城市基础设施配套费等各项行政事业性收费和政府基金；（3）经济适用住房项目外的基础设施建设费用，由政府负担；（4）经济适用住房建设单位可以在建项目做抵押向商业银行申请住房开发贷款；（5）经济适用住房的建设和供应要严格执行国家规定的各项税费优惠政策。显然，第（1）—（3）项是政府对开发企业住房建设部分成本的制度补贴，其目的在于直接降低住房建设中的土地成本等，从而降低住房销售价格，与低收入群体的住房可支付能力相协调，最终实现对低收入群体住房消费的间接补贴，是一种过渡性补贴。而第（4）（5）两项作为一种间接转移支付，发挥对开发企业开发经济适用住房的潜在激励功效。由于非目标群体及目标群体中缺乏支付能力的人群都力图加入经济适用住房的需求中，相对于住房需求，经济适用住房在整体上存在供不应求的局面。因此，经济适用住房建设的成本可以通过市场销售实现成本的回收，并获得制度所规定的 3% 的利润（低于行业平均利润及社会平均利润）。在实际中，开发企业可获得因低自有资金率的准入、税收优惠等所带来的间接补贴，甚至政府通过提供商品房开发用地等形式对经济适用住房的开发者给予补偿。

（二）经济适用住房制度与规制方式

制度巨额补贴所形成的利益追逐市场，内在地规定了政府规制的必要性。在经济适用住房制度的运行中，政府以不同方式给予开发企业和目标消费人群以补贴，同时也对补贴对象分别进行了相应的规制，试图实现或促进制度的和谐运转。

政府委托开发企业开发经济适用住房，给予开发企业或目标消费人群以高额的制度补贴，它对产品进行合理规制成为必然。依据《经济适用住房管理办法》及各地的实际执行方式，本节对政府规制方式作了整理（见表2—1）。

表2—1　　　　经济适用住房制度的规制方式与具体规制工具

	规制对象	规制的主要特征
价格规制	利润率	经济适用住房价格以保本微利为原则，项目利润率按不高于3%核定
产品规制	产品建设	从建设标准、配套建设以及套型面积等方面进行规制
	产品权属	有限产权；从自住、流转、再购房的限制体现有限产权的权能
准入规制	供应范围	从特定区域、户籍、居住时间以及家庭结构等特征进行初步筛选
	供应对象	在供应范围基础上，进一步从家庭收入及住房状况进行具体审核
	配给方式	对符合上述标准的，以轮候（排队或摇号）方式确定最终对象

在表2—1中，政府规制显示，制度规制工具具体体现为价格规制、产品规制和准入规制三种方式。对开发企业的规制包含价格规制和产品规制两类，价格规制确保与目标消费人群的可支付能力相协调，而产品建设标准、配套建设及套型面积的规制保证目标人群享有体面住房，也有利于与其支付能力相协调，这是政府规制的重要目标。而对目标人群的甄别，政府规制也分为两类：第一类通过准入规制的方式，直接对申请人员进行甄别，从产品供应范围初步划定供应对象，然后以家庭年收入、住房困难程度确定资格人群，最后通过排队或随机配给等轮候形式确定购房人群；在直接规制模式中，收入与住房困难程度成为准入的核心规制工具。第二类规制为产品规制，也具有对目标人群起到间接甄别的功能；如产品面积偏小，产品权属有限，流转受到限制等特性，并不能满足高收入人群的居住偏好，可以在一定程度上间接阻止高收入人群的进入；同时产品权属规制，也为目标人群的动态变动提供了进一步甄别的基础。

三　经济适用住房供给的政府规制模型

（一）最优规制模型

基于经济适用住房供给的规制机制，从理想状态的视角考察规制者——政府对系统福利的最大化行为，并在完全信息准则下分析经济适用住房定价等方面的基本特征。

1. 基本模型

考察建设经济适用住房的开发企业。令 q 代表其生产水平，以 $P(q)$ 表示消费者需求的逆函数，$P'(q) < 0$，$\eta(P)$ 为需求的价格弹性。对开发企业住房生产的成本函数，依据其实际运作及以上分析做如下基本假设：（1）开发企业是一区域经济适用住房开发的唯一垄断者，这由土地的固定性及产品特征所决定，该区域内不存在竞争者。（2）在开发企业住房建设中，以可变资本为主，固定资本相对于住房建设项目总成本可忽略不计。[①]（3）住房建设成本的技术参数为 β，不同开发企业住房生产的成本技术参数不同。（4）在住房开发过程中，管理人员的努力 e 对成本产生直接影响，与其呈反向变动关系。（5）在经济适用住房建设中，政府的土地补贴、行政事业费减免等转移支付会直接降低其生产成本，但目的是给予特定目标人群以制度补贴，开发企业并不能从中获利。（6）政府为激励开发企业参与经济适用住房的开发建设，通过不同途径给予开发企业以补贴。[②]（7）政府总能实现对目标家庭规制的最优状态，即不考虑消费者规制的风险问题。（8）基于分析的方便，本书假设政府补贴来源分为政府所有财产的让渡，如土地划拨等，或向富人征税补贴给中低收入人群，无需低收入人群支付，即补贴为系统外流入。

由以上假设，给出经济适用住房开发建设的成本函数：

$$C = (\beta - e - t) \cdot q \qquad (2—1)$$

其中，开发企业的成本技术参数 β，管理人员努力水平 e 和政府的转移支付 t 共同构成开发企业的边际成本 $\beta - e - t$。β 参数为开发企业的私人

---

① 王阿忠：《中国住房市场的价格博弈与政府规制研究》，中国社会科学出版社 2007 年版。
② 如容许开发企业以在建项目做抵押向商业银行申请住房开发贷款，其实质是项目销售资金回收的资金时间价值的转移支付；而在实际中，政府给予的隐形补贴可能更多。

信息，是逆向选择参数；t 来源于政府财产，用于补贴开发企业，用于降低开发企业的边际成本，而无需目标人群承担；e 为开发管理人员选择的道德风险参数，假定 $e \geq 0$，若管理人员发挥了 e 水平的努力，它将使每单位住房开发成本降低 e，管理人员因付出努力而产生的负效用为 $\psi(e)$，且满足条件 $\psi'(e) > 0, \psi''(e) > 0, \psi'''(e) \geq 0$。

开发企业的净福利为：

$$U = T - \psi(e)，其中，T = T_0 + qp(q) - (\beta - e - t)q \tag{2—2}$$

在表达式中，$(\beta - e - t) = MC = AC$，为包含经济利润的边际成本（或平均成本）；而 T_0 是指政府为激励开发企业开发经济适用住房而给予开发企业的一种补贴，它直接增加了开发企业的净福利水平。

考察目标消费人群的福利函数。经济适用住房生产给目标消费人群所带来的效用为 $S(q)$，其中，$S'(q) = p(q), S''(q) < 0$，则消费者剩余为 $S(q) - q \cdot p(q)$。假定仁慈的政府规制者没有自身私利，其所面临的经济适用住房供需系统中的系统福利函数为：

$$W = \lambda \left[S(q) - q \cdot p(q) \right] - \alpha T_0 + \left[T - \psi(e) \right] \tag{2—3}$$

假定政府给予开发企业的补贴 T_0，由政府向非目标消费人群征税进行补偿，以 α（≥ 1）表示征税扭曲系数，λ 表示目标消费者净剩余相对于生产者净剩余在政府心目中的重要程度。由于目标消费为低收入人群，其住房问题的解决有利于社会稳定，可能会给规制者带来更多的间接收益，如政治收益等，因而一般可假定 $\lambda \geq 1$；上式也隐含了住房消费所带来的剩余比同等货币带来的效用更重要。

令 $W(q,e,\beta) = \lambda \cdot S(q) + (\alpha - \lambda) \cdot q \cdot p(q) - \alpha \cdot \left[(\beta - e - t)q + \psi(e) \right]$，则

$$W = W(q,e,\beta) - (\alpha - 1)U \tag{2—4}$$

2. 在完全信息下的最优规制

在规制变量为 U, e, q 时，住房规制者实现目标系统福利函数（2—4）的最大化，假定规制者知道开发企业的技术成本参数 β，也能观察到企业的努力水平 e，那么规制者所面临的唯一约束条件是开发企业的参与约束，可表示为：

$$U \geq 0 \tag{2—5}$$

因此，经济适用住房建设中消费者与生产者的净福利分别为式（2—2）和式（2—3），在完全信息下，规制者在式（2—5）约束下的最大化

为式（2—4），记 $c = \beta - e - t$，则政府最优规制机制为：

$$U^* = 0 \tag{2—6}$$

$$\psi'(e^*) = q^* \tag{2—7}$$

$$\frac{p^* - c}{p^*} = \frac{\alpha - \lambda}{\alpha} \cdot \frac{1}{\eta} \tag{2—8}$$

以上结论显示，在完全信息条件下，规制者没有给开发企业留下租金，而开发企业努力降低成本的边际效应等于边际成本的节约，定价机制则为拉姆齐定价模式的拓展。显然，经济适用住房价格由式（2—7）和式（2—8）共同决定。下面重点分析重要程度参数 λ 与定价机制的政策内涵。

式（2—8）具有自然垄断产品的拉姆齐（Ramsey）定价形式，α 为税收扭曲参数，但此处参数 λ 并非约束条件的影子价格，也不是税收扭曲参数，而是消费者剩余对规制者的重要程度。当住房市场房价很高时，政府对低收入人群享有适当住房将高度重视，甚至可能上升到政治高度，一般可以假设 $\lambda \geq \alpha$。[①]

当 $\lambda = \alpha$ 时，即政府对目标消费人群净剩余的重视程度与税收扭曲程度相同，此时有：

$$p^* = c, \text{ 或 } p^* = AC \tag{2—9}$$

即规制者的最优定价策略为，依据开发企业的边际成本定价或平均成本定价（无固定资产折旧时），尤其在 $\lambda = \alpha = 1$，政府不存在特殊的目标人群，税收也不存在扭曲，其定价为典型的杜比—霍特林（Dupuit-Hotelling）定价。

当 $\lambda < \alpha$ 时，即政府对目标消费人群净剩余的重视程度高于税收系统的扭曲程度，则

$$\frac{p^* - MC}{p^*} = \frac{\alpha - \lambda}{\alpha} \cdot \frac{1}{\eta} < 0 \Rightarrow p^* < MC (= AC) \tag{2—10}$$

式（2—10）表明，定价可低于开发企业的平均成本（未获得正常的社会平均利润），偏离的程度随重要程度 λ 的增加而扩大。此时，企业可实现低于企业平均成本定价，即企业可以在低于社会平均利润的情况下进

---

① 若 $\lambda < \alpha$，则定价高于其平均成本，不需政府给予开发企业转移支付补贴，此时政府所对应的系统福利函数发生变动，规制均衡也不难获得；但由于其与经济适用住房制度运行现状并不吻合，在此不做分析。

行定价，但其以政府转移支付 T_0 为前提条件。在 $U^* = 0$ 的约束下，开发企业获得政府的净转移补贴 T_0 为：

$$T_0 = (\beta - e^* - t) \cdot q^* + \psi(e^*) - q^* \cdot p(q^*) \tag{2—11}$$

（二）经济适用住房供给规制的信息成本

然而，供应给特定消费群体的经济适用住房建设，决定了政府力求了解目标群体住房需求的相关信息[①]，而开发企业成本作为一种商业机密在一定程度上受法律保护。即信息偏在更主要地体现在开发企业和政府之间；而政府为降低信息偏在性问题，采取措施减少信息偏在却面临着规制执行人员的自身私利问题，规制风险难以避免。

1. 信息偏在性与政府规制成本

信息偏在作为经济系统中的一种常态，直接对市场主体的经济行为产生直接影响，也包括政府的规制行为；而政府在规制中也会通过各种措施来减少信息的不对称问题。

（1）信息偏在与政府规制成本。放松分析框架下的完全信息假设条件，假定规制者不能观察到努力水平 e，同时只知道开发企业成本技术参数分为两类，即 $\beta \in \{\beta_1, \beta_2\}, \beta_2 > \beta_1$，且 β 值的分布 $v = Pr(\beta = \beta_1), 1 - v = Pr(\beta = b_2)$，令 $\Delta\beta = \beta_2 - \beta_1$。规制者与开发企业之间的合约建立在双方可以观察的变量 T，MC，q 之上，此合约为每一种类型的开发企业规定一个显示机制；就是说，β_1 型开发企业规定的显示机制为 $\{T_1, MC_1, q_1\}$，对 β_2 型规定的显示机制为 $\{T_2, MC_2, q_2\}$，以使开发企业诚实地汇报自己的成本参数。

令 $e = \beta - t - MC$，则开发企业的目标福利函数可以表示为：

$$U = T - \psi(\beta - t - MC) \tag{2—12}$$

此时，对开发企业的激励问题转变为针对参数 β，边际成本参数 MC 和政府补贴 T 的简单逆向选择问题。而且，只要 T，MC 不变，则开发企业对 q 水平是无差异的。若一个显示机制是诚实的，则其满足如下激励约束：

$$U_1 - T_1 - \psi(\beta_1 - t - MC_1) \geq T_2 - \psi(\beta_1 - t - MC_2) \tag{2—13}$$

---

① 即使存在信息不对称，政府也可以在配售中甄别目标群体的支付能力，通过再次配售的方式，可以识别目标群体的真实信息。

$$U_2 - T_2 - \psi(\beta_2 - t - MC_2) \geqslant T_1 - \psi(\beta_2 - t - MC_1) \qquad (2-14)$$

令 $\Phi(e) = \psi(e) - \psi(e - \triangle\beta)$，又 $\psi'' > 0$，$\psi''' \geqslant 0$，有 $\Phi' > 0$，$\Phi'' \geqslant 0$，即 $\Phi(\cdot)$ 为递增的凸函数，上述激励约束条件可以改写为：

$$U_1 \geqslant U_2 + \Phi(e_2) \qquad (2-15)$$

$$U_2 \geqslant U_1 - \Phi(e_1 + \triangle\beta) \qquad (2-16)$$

每一类型开发企业的个体理性参与约束条件为：

$$U_1 \geqslant 0 \qquad (2-17)$$

$$U_2 \geqslant 0 \qquad (2-18)$$

那么，规制者在开发企业的激励约束（2—15）（2—16）和参与约束（2—17）（2—18）下，最大化期望系统福利。此时，规划变化为如下形式：

$$\max_{(q_1,e_1,U_1;q_2,e_2,U_2)} v\{W(q_1,e_1,\beta_1) - (\alpha-1)U_1\} + (1-v)\{W(q_2,e_2,\beta_2) -$$

$$(\alpha-1)U_2\} \qquad (2-19)$$

显然，在规划（2—19）中，低成本开发企业的激励相容约束条件（2—15）和高成本开发企业的参与约束条件（2—18）都是紧的。因此，将 $U_1 = \Phi(e_2)$ 和 $U_2 = 0$ 代入规制者目标函数（2—19），并对 (q_1, e_1) 和 (q_2, e_2) 求解最大化，最佳规制方案满足：

$$\psi'(e_1) = q_1 \qquad (2-20)$$

$$\frac{p_1 - MC_1}{p_1} = \frac{\alpha - \lambda}{\alpha} \cdot \frac{1}{\eta} \qquad (2-21)$$

$$\psi'(e_2) = q_2 - \frac{\alpha - 1}{\alpha} \frac{v}{1-v} \Phi'(e_2) \qquad (2-22)$$

$$\frac{p_2 - MC_2}{p_2} = \frac{\alpha - \lambda}{\alpha} \cdot \frac{1}{\eta} \qquad (2-23)$$

由式（2—22）可以看出，高成本开发企业降低开发成本的努力 e_2^{AI}（外生确定）低于完全信息条件下的最优努力水平 e_2^*，即 $e_2^{AI} < e_2^*$，是政府规制下企业效率损失风险的体现，即风险衡量式（2—24）中的第二项；若规制者要求高成本开发企业达到最优努力水平，必然会提高给予低成本开发企业的信息租金。由式（2—20）和（2—21）可以看出，对低成本开发企业来说，可以实现与完全信息条件下同样的努力水平和生产水平；但信息不对称使得低成本开发企业有能力模仿高成本开发企业，并以减少 $\triangle\beta$ 的努力实现同样的生产水平和同样的成本。即低成本开发企业模

仿行为所产生的效用水平增益为 $\psi(e_2) - \psi(e_2 - \Delta\beta) = \Phi(e_2)$，这会迫使政府必须给予其 $\Phi(e_2)$ 的信息租金，才能促进其诚实地显示自己的成本参数。因此，信息偏在性使得政府规制者面临着支付给低成本开发企业 $\Phi(e_2)$ 信息租金的风险。

最佳规制方案显示，不对称信息导致了政府规制风险的出现。假定 (q_1^*, e_1^*, β_1)，(q_2^*, e_2^*, β_2) 分别为高、低成本开发企业在完全信息水平下的最优规制，(q_1^*, e_1^*, β_1)，$(q_2^*, e_2^{AI}, \beta_2)$ 为高、低成本开发企业在不完全信息水平下的最佳规制，其所对应的系统总福利分别为 W^{FI}，W^{AI}，则在不对称信息下，政府规制的系统福利损失风险为：

$$\triangle W = W^{FI} - W^{AI}$$
$$= v(\alpha - 1)\Phi(e_2^{AI}) + (1 - v)[W(q_2^*, e_2^*, \beta_2) - W(q_2^*, e_2^{AI}, \beta_2)] \tag{2—24}$$

（2）信息弥合与政府规制成本。由于信息偏在，政府规制不可避免地面临着规制风险，而政府为减少信息差距，在实践中常采用两种方式：一是在签订合同前，使用一个规制机构来弥合信息差距；二是在合同履行过程中或之后，派监督人员监察合同的执行情况。

假定规制机构是仁慈的，其作用就在于收集开发企业的成本参数 β；若规制机构观察的信号 $\sigma \in \{\beta_1, \varnothing\}$，且

$$Pr(\sigma = \beta_1 \| \beta = \beta_1) = \xi$$
$$Pr(\sigma = \varnothing \| \beta = \beta_2) = 1$$

若规制机构观察到信号 $\sigma = \varnothing$，且开发企业报告其成本参数为 β_2。此时，政府派出监督人员监察开发企业是否谎报成本参数；若未谎报参数，则依照原合同执行；反之，将取消开发企业所获得的收益，即在有限责任保护下给予开发企业的最高罚款。令监督人员能完美观察到企业成本参数的概率为 p，而没有获得新信息的概率则为 $1 - p$。

当规制机构没有获得任何信息，即 $\sigma = \varnothing$ 时，规制机构对 β 原有分布 $Pr(\beta = \beta_1) = v$ 进行信息更新，则有：

$$Pr(\sigma = \beta_1, \beta = \beta_1) = v\xi$$
$$Pr(\beta = \beta_1 \| \sigma = \varnothing) = (v - v\xi)/(1 - v\xi)$$

监督者的作用在于让开发企业说真话的诚实显示机制的设计，即设计一对契约 (T_1, c_1, q_1)，(T_2, c_2, q_2)，或 (U_1, e_1)，(U_2, e_2)。则 β_1 型开发企业的激励约束是：

$$T_1 - \psi(e_1) \geqslant (1-p) \cdot [T_2 - \psi(e_2 - \Delta\beta)] + p \cdot [0 - \psi(e_2 - \Delta\beta)]$$

或者等价表示为：

$$U_1 \geqslant (1-p) \cdot [U_2 + \Phi(e_2)] - p \cdot \psi(e_2 - \Delta\beta)$$

在式（2—18）的约束下，政府不放弃租金，则有 $U_2 = 0$；低成本开发企业参与约束，式（2—17）不变，激励约束（2—15）可以改写为：

$$U_1 \geqslant (1-p) \cdot \Phi(e_2) - p \cdot \psi(e_2 - \Delta\beta) \geqslant \Phi(e_2) - p \cdot \psi(e_2) \quad (2\text{—}25)$$

此时，不考虑政府规制所需成本，政府整体规制方案可设计为，以 $Pr(\sigma = \beta_1, \beta = \beta_1) = v\xi$ 的概率对 β_1 型开发企业进行完全信息规制，以 $v - v\xi$ 的概率对 β_1 型开发企业进行非完全信息规制，以 $1 - v$ 的概率对 β_2 型开发企业进行规制。在信息弥合的情况下，政府系统福利函数可以整理为：

$$\begin{aligned} W^{IR} = v\xi \cdot &\{\lambda \cdot S(q_1^*) + (\alpha - \lambda) \cdot q_1^* p(q_1^*) - \alpha \cdot [(\beta_1 - e_1^* - t) \\ & q_1^* + \psi(e_1^*)]\} + v(1-\xi) \cdot \{\lambda \cdot S(q_1) + (\alpha - \lambda) \cdot q_1 p(q_1) - \\ & \alpha \cdot [(\beta_1 - e_1 - t)q_1 + \psi(e_1)] - (\alpha - 1) \cdot \max[0, \Phi(e_2) - p \cdot \\ & \psi(e_2)]\} + (1-v) \cdot \{\lambda \cdot S(q_2) + (\alpha - \lambda) \cdot q_2 p(q_2) - \alpha \cdot \\ & [(\beta_2 - e_2 - t)q_2 + \psi(e_2)]\} \end{aligned} \quad (2\text{—}26)$$

由式（2—26）可以看出，政府最佳规制方案中的拉姆齐定价，即式（2—21）和式（2—23）没有发生改变，β_1 型开发企业的最优努力方案，式（2—20）没有发生改变，但政府为弥合信息不对称的方案，使得 β_1 型开发企业努力的扭曲程度改善为：

$$\psi'(e_2) = q_2 \frac{(\alpha - 1) \cdot v \cdot (1-\xi)}{\alpha \cdot (1-v)} [\Phi'(e_2) - p \cdot \psi'(e_2)] \quad (2\text{—}27)$$

政府事前设置规制机构及事后设置监督机构，使得规制倾向于高能激励，因为由式（2—27）可以看出，e_2 是 ξ、p 的增函数。记 e_2^{IR} 为式（2—27）的均衡解，则政府规制的系统福利损失风险为：

$$\begin{aligned} \triangle W = &W^{FI} - W^{FR} \\ = &v(1-\xi)(\alpha-1)[\Phi'(e_2^{IR}) - p\psi'(e_2^{IR})] + (1-v)[W(q_2^*, e_2^*, \\ & \beta_2) - W(q_2^*, e_2^*, \beta_2)] \end{aligned} \quad (2\text{—}28)$$

由式（2—28）可以看出，在不考虑政府为弥合信息不对称所付出的规制成本的情况下，其最佳规制方案所产生的系统福利损失风险较式（2—24）取得了有效改善。然而，尽管政府可以通过事前派出规制机构或事后进行监督检查的方式减少信息之间的不对称性，但规制机构及监督人员存在的自身私利使得规制易出现规制俘获问题，系统福利损失风险将趋于严重化。

四　规制俘获与政府规制成本

政府在将大量补贴传递给目标消费群体的住房规制中，开发企业和非目标群体为攫取目标消费群体而产生的寻租行为，更易导致政府规制者被收买，产生规制者俘获风险。

经济适用住房规制博弈涉及规制者、开发企业、目标群体和非目标群体。目标群体一般比较分散且难以组织，因而它是福利的享有者，但难以对福利变化，至少在住房生产与配售的短期内产生影响。因此，风险分析主要集中于规制监督人员、开发企业和非目标消费群体之间的设租、寻租问题上。为分析方便，假定高成本开发企业在签订合同后难以违约以获取利润；但低成本开发企业，在信息不对称的情况下，模仿高成本企业，可以在住房产品建设中违约，具体表现形式有：（1）建筑质量低劣；（2）将公建配套按盈利设施经营；（3）将盈利设施成本计入非盈利设施；（4）变更容积率，开发企业私自控制部分住房产品寻租或变相出卖，等等。

无私利的政府，为弥合信息不对称，会派出规制机构以期获取开发企业的技术水平，[①]因而，政府规制依赖于规制机构所提供的信息，规制机构通过向政府提供信息而获得工资。然而，规制机构有着自身的私利，通过信息隐藏，换取开发企业或非目标消费群体的贿赂。因此，政府规制必须通过制度设计来奖惩规制机构，这样才能规避规制领域的行贿受贿这一侵害社会公正的行为。

规制机构从政府那里取得收入 s，其获得的效用为：

$$G(s) = s - s^* \geq 0 \qquad (2—29)$$

其中，s^* 为规制机构的最低保留收入。假定规制机构必不可少，因而政府在任一自然状态下，必须支付 s^* 给规制机构。而规制机构利用相关资源和技能获取企业技术水平的信号 $\sigma = \{\beta_1, \beta_2, \emptyset\}$，并向政府提供报告 r。

---

① 事后监督中的寻租，与事前规制机构设租寻租所得到的结论类似，此处不予考虑。

规制机构的俘获。第一，开发企业对规制机构的控制。若开发企业了解到规制机构已获取其成本参数信号 $\sigma = \beta_1$，规制机构的汇报关系到企业的切身利益，若其真实汇报，将使得企业至少为 $\Phi(e_2)$ 的信息租金下降到 0，因而企业向规制机构提供一笔贿赂，要求隐藏其信号，即向政府汇报 $r = \beta_2$。第二，以中介机构为中心的非目标消费群体对规制机构的控制。经济适用住房每单位产品含有巨额补贴 t，对非目标群体而言，拥有一单位住房产品意味着获得额外收益 t。以中介服务机构为组织者，通过向开发企业、无支付能力却获得购房资格的目标群体或政策规定的部分拆迁户（已有住房）所获得的房源向非目标群体销售，且贿赂规制机构，使得非目标家庭通过政府家庭资格审核及后续购买等。即政府的巨额补贴将会在非目标家庭、中介机构、房源供给者、规制机构等利益集团之间分配。

对低成本开发企业而言，在信息不对称的情况下模仿高成本企业，可提供住房总价值为 $\Phi(e_2)$，其对于非目标群体的价值为：

$$x = \frac{\Phi(e_2)}{C_2} \cdot t \cdot q = \frac{\Phi(e_2)}{(\beta_2 - e_2 - t) \cdot q} \cdot t \cdot q = \frac{t}{(\beta_2 - e_2 - t)} \cdot \Phi(e_2)$$

因此，开发企业、中介机构、规制机构及购买产品的非目标消费群体将同时分享这一潜在价值 x，不妨设开发企业和规制机构所获得的比例分别为 k_{β_1}，k_G 且 $0 < k_{\beta_1}$，$k_G < 1$。在有非目标消费群体寻租的情况下，重新考虑低成本开发企业的激励约束条件，并分析规制机构的激励机制。

对低成本开发企业而言，模仿低成本开发企业生产，不仅可以通过与政府所签订的合同获得 $\Phi(e_2)$ 的信息租金，且通过向中介机构提供房源而获取相关转移支付 $k_{\beta_1} \cdot x$。因而，低成本开发企业的激励约束条件式（2—15）变为：

$$U_1 \geq \Phi(e_2) + k_{\beta_1} \cdot x = \left(1 + \frac{k_{\beta_1} \cdot t}{(\beta_2 - e_2 - t)} \cdot \Phi(e_2)\right) \qquad (2\text{—}30)$$

对规制机构而言，隐藏低成本开发企业及非目标消费群体的信息所获得的收益为：

$$s \geq k_G \cdot x + k_G \cdot \Phi(e_2) = \left(k_G + \frac{k_G \cdot t}{(\beta_2 - e_2 - t)} \cdot \Phi(e_2)\right) \qquad (2\text{—}31)$$

其中，k_G 为开发企业向规制机构行贿占信息租金的比例。

政府规制的效用为开发企业、规制机构和目标消费群体的剩余之和，其表达式可由式（2—4）转化为如下形式：

$$W = U + V + G = [T - \psi(e)] + \{\lambda[S(q) - q \cdot p(q)] - \alpha \cdot T_0\} + \alpha \cdot G$$

可整理为：

$$W = \lambda \cdot S(q) + (\alpha - \lambda) \cdot q \cdot p(q) - \alpha \cdot [(\beta - e - t)q + \psi(e)] - (\alpha - 1) \cdot U - (\alpha - 1) \cdot G \tag{2—32}$$

此时，仁慈政府规制中必须关注防止合谋的方案，即方案不会导致规制机构和开发企业合谋，而且使规制机构诚实汇报企业技术参数及目标群体家庭状况，因此规制均衡中应没有贿赂且不会产生目标消费群体的福利损失。而为防止规制机构向开发企业设租，对政府来说，当规制机构报告可证实的信息 β_1 时，给予规制机构报酬式（2—31）就能实现；为阻止开发企业向规制机构寻租的激励约束条件满足式（2—30），就能促进低成本开发企业诚实地显示企业的参数信息。由激励理论知，对政府来说，提供一个防范合谋的合同是最佳的规制。但为规制机构提供报酬，促进低成本企业诚实显示其信息参数，也会给政府带来一笔额外的期望成本。

那么，在政府派出规制机构以弥合信息不对称的风险时，政府以概率 $\upsilon\xi$ 提供防范规制机构与开发企业合谋的规制方案，使得规制机构诚实汇报开发企业的技术参数为 β_1，即给予规制机构报酬，对 β_1 型开发企业实行完全信息规制。这可表示为：

$$W_\beta = \xi\upsilon\{\lambda \cdot S(q_1) + (\alpha - \lambda) \cdot q_1 \cdot p(q_1) - \alpha \cdot [(\beta_1 - e_1 - t)q_1 + \psi(e_1)] - (\alpha - 1) \cdot U_1 - (\alpha - 1) \cdot G\}$$

在 $U_1 \geqslant 0$ 及式（2—31）的参与约束下，可得政府的最佳规制均衡。显然，完全信息下 β_1 型开发企业的最优努力程度 e_1^*，拉姆齐定价形式及开发企业效用 $U_1 = 0$ 没有发生改变，而规制机构所获得的均衡效用为：

$$G = \left(K'_g + \frac{K_G \cdot t}{(\beta_2 - e_2 - t)}\right) \cdot \Phi(e_2)$$

可将上式简记为：

$$W_{\beta_1} = \xi\upsilon\left\{W^{FI}(e_1^*, q_1^*) - (\alpha - 1) \cdot \left(K'_G + \frac{K_G \cdot t}{(\beta_2 - e_2 - t)}\right) \cdot \Phi(e_2)\right\} \tag{2—33}$$

政府以概率 $Pr(\beta = \beta_1, \sigma = \varnothing) = (\upsilon - \upsilon\xi)$ 提供规制方案，使得 β_1 型开发企业诚实显示自己的技术参数。规制方案可表示为：

$$W_{\emptyset} = (v - \xi v) \{ \lambda S(q_1) + (\alpha - \lambda) q_1 p(q_1) - \alpha [(\beta_1 - e_1 - t) q_1 + \psi(e_1)]$$
$$- (\alpha - 1) U_1 - (\alpha - 1) G \}$$

在式（2—29）和式（2—30）的约束下，可得政府的最佳均衡规制。结果，β_1 型开发企业所获得的均衡效用为：

$$U_1 = \left(1 + \frac{k_{\beta_1} \cdot t}{(\beta_2 - e_2 - t)} \right) \cdot \Phi(e_2)$$

可将上式简记为：

$$W_{\Phi} = (v - \xi v) \left\{ W^{AI}(e_1^*, q_1^*) - (\alpha - 1) \cdot \left(1 + \frac{k_{\beta_1} \cdot t}{(\beta_2 - e_2 - t)} \right) \cdot \Phi(e_2) \right\}$$

$$(2—34)$$

同理可得，政府以概率（$1 - v$）提供的规制方案为：

$$W_{\beta_2} = (1 - v) W^{FI}(e_2, q_2) \tag{2—35}$$

因此，在政府派出规制机构以减少信息不对称问题，并防止规制机构与开发企业及非目标群体之间的合谋时，由式（2—33）—（2—35）可得其最佳规制方案，表示为：

$$W = W_{\beta_1} + W_{\Phi} + W_{\beta_2}$$

$$= \xi v \left\{ W^{FI}(e_1^*, q_1^*) - (\alpha - 1) \cdot \left(k'_G + \frac{k_G \cdot t}{(\beta_2 - e_2 - t)} \right) \cdot \Phi(e_2) \right\} +$$

$$(v - \xi v) \left\{ W^{AI}(e_1^*, q_1^*) - (\alpha - 1) \cdot \left(1 + \frac{k_{\beta_1} \cdot t}{(\beta_2 - e_2 - t)} \right) \cdot \Phi(e_2) \right\} +$$

$$(1 - v) W^{FI}(e_2, q_2) \tag{2—36}$$

由政府的系统福利函数（2—36）可以得到最佳均衡规制。其中，β_1 型开发企业的最优努力程度 e_1^*，拉姆齐定价形式及开发企业效用 $U_1 = 0$ 没有发生改变，β_2 型开发企业的拉姆齐定价也没有发生改变，但其努力程度发生扭曲，令 $f = t / (\beta_2 - e_2 - t)^2$，则努力均衡可表示为：

$$\psi'(e_2) = \alpha \cdot q_2 - (\alpha - 1) \cdot \xi \cdot v \cdot [\Phi'(e_2) \cdot (k'_G + k_G \cdot f) - \Phi(e_2) \cdot$$
$$k_G \cdot f] - (\alpha - 1) \cdot (v - \xi \cdot v) \cdot [\Phi'(e_2) \cdot (1 + k_{\beta_1} \cdot f) - \Phi(e_2) \cdot k_{\beta_1} \cdot f]$$

$$(2—37)$$

式（2—37）显示，努力程度的扭曲也与政府对目标消费群体的补贴程度产生直接联系。记 e_2^{IC} 为式（2—37）的均衡解，则政府规制的系统福利损失风险为：

$$\Delta W = W^{FI} - W^{IC}$$

$$= \underbrace{\upsilon(\alpha-1)\Phi\left(e_2^{IC}\right)\left[\xi\cdot\left(k_G^{'}+k_G\cdot f\right)+(1-\xi)\cdot k_G\cdot f\right]}_{\text{防止合谋所产生的租金损失（维护社会公平的租金损失）}}$$

$$+\underbrace{\upsilon(\alpha-1)(1-\xi)\Phi\left(e_2^{IC}\right)}_{\text{政府的信息租金损失}}$$

$$+\underbrace{(1-\upsilon)\left[W\left(q_2^{*},e_2^{*},\beta_2\right)-W\left(q_2^{*},e_2^{IC},\beta_2\right)\right]}_{\text{高成本企业的效率损失}} \qquad (2—38)$$

由式（2—38）可以看出，政府规制产生的系统福利损失可以分解为三个部分：第一部分为政府防止规制机构与开发企业及非目标群体合谋侵害目标群体的利益，保障社会公平而产生的租金损失；第二部分为开发企业低成本技术的信息租金；第三部分为政府过多支出的租金，是降低对高成本企业的激励而产生的效率损失风险。

五　主要结论与政策建议

由以上分析可以看出，经济适用住房供给中的政府规制，须考虑目标人群收益对政府的重要性，考虑信息的对称性以及规制俘获等问题。具体可得如下主要结论，并给出相应的政策建议。

第一，在信息完全对称的情况下，目标人群收益对政府的重要程度、政府对开发商的转移支付是实现经济适用住房供给最优规制重要的潜在前提条件。一般而言，政府越看重经济适用住房解决目标人群的住房问题进而有助于社会稳定的作用，其定价就会越低，甚至可低于开发商供给的平均成本（即开发商未获得社会平均利润）；若要激励开发商参与经济适用住房开发，则必须给予开发商相应额度的转移支付。

在经济适用住房供给分析中，我们不难发现，给予开发商土地补贴、税费减免等，在制度上并不能转化为开发商的收益，开发商仅仅是补贴的传递者，甚至在经济适用住房定价中，其利润规制为3%，并未达到社会的平均利润，以利润为目标的开发商必然会设法突破限制，导致房价索要过高等一系列问题的出现。而激励开发商合理定价，则需要分析开发商收益的真正来源。以上风险分析显示，开发商的收益包含三个层面：一是制度规定2%的管理费和3%的利润率；二是开发商会利用各种方式或手段，达到多于3%利润水平的收益；三是在实际操作中，政府给予开发商商品房开发的地块，以补偿其潜在的损失等。显然，在三项收益中，仅第一条能得到有效保障，第二、三条面临着极大的不确定性；而要求开发商合理定价，关键在于如何激励开发商放弃或在较大程度上放弃第二项收益。因此，收益激励的关键在于第三项。显然，第三项收益在政府的实际操作中大量存在，但往往并不显化，时常与中国熟人社会的潜规则相联系，在较大程度上处于暗箱操作中。因此，将政府给予开发商的第三条收益补贴阳光化是合理规避定价过高风险的重要路径；而作为土地一级市场供给的垄断者，显然具有很强的可行性。

第二，为防止信息的不对称，弥合信息不对称以及防止政府规制俘获等，仁慈政府的规制成本极高。一般而言，选择性目标支持使得制度补贴在监审不力的情况大量外溢，政府应对策略所产生的规制成本，其理论上限则为补贴的总额。制度补贴总额一般包含土地补贴、税费补贴、公建配套补贴等，若按价值测算，一般占住房价值的50%，在房价居高不下的热点城市甚至更多。

开发商、非目标群体、没有购买能力但拥有资格的目标群体（并非购买，而是转让资格；一般而言，这类人群虽有此意图，但转化为现实的可能性较小）以及各级政府部门中相关群体在利益的驱动下，均有瓜分这一份额的潜在诱惑。因此，将经济适用住房以租赁方式或产权共有方式进行重构，一方面，将直接减少政府对目标人群补贴的额度；另一方面，补贴份额从一次性补贴转化为逐年补贴，可以有效降低一次性补贴额度过大所导致的追逐人群过多问题。重构经济适用住房补贴制度，不仅在于制度补贴额度过大所导致的多方寻租，更在于补贴的不合理性。从公平性角度而言，政府补贴应遵循补贴的阶梯性，即政府补贴与目标群体的收入水平相关，随着收入的增加，补贴额度应相应减少的原则，只有这样，才能体现政策的垂直公平问题。显然，廉租住房与经济适用住房制度的设计并没有遵循这一原则。与廉租住房的租金补贴比较，经济适用住房的出售，是一次性给低收入住房困难家庭解决了住房问题，但低收入户具有相对性特征，当其收入变动不满足条件时，依然拥有住房使用权甚至可能的完全产权，其实质相当于政府为不符合条件的目标群体提供了住房保障，潜在地存在着将保障面扩大到未来有能力购买商品住房的人群上。

第三章　住房保障需求及影响因素

——以武汉市为例

　　住房保障是政府对社会成员中不具备基本住房支付能力者进行的居所帮助，是社会保障体系的一个组成部分。住房保障可分为三个层次：住房救助、住房基本保障、住房政策帮助。住房救助是住房保障最基本的层次，其目的是解决公民最基本的居住需求问题。英国《1985 年住房法案》对不同家庭人口数、最低居室数和居住面积进行了规定。当人均居住面积和人均居室数超过最低标准时，则被认为是居住拥挤（3%）。居住条件在最低居住标准之下的家庭是日本政府在进行公共住房分配时的重要考虑因素。1973 年，日本有 30.4% 家庭的住房在最低居住标准之下。1983 年，该比例下降为 11.4%。1993 年，该比例为 7.9%。2003 年，该比例仅为 4.2%。中国 1999 年出台的《住宅设计规范》所规定的基本住房标准（即最低标准）为：住房的各项基本使用功能齐全，人均住房建筑面积为 13 平方米，住房建筑面积控制在 50 平方米左右。

一　武汉市住房保障需求现状[①]

　　2010 年，武汉市住房保障与房屋管理局对人均住房建筑面积 16 平方米以下的、具有武汉市城镇户籍的住房困难家庭开展了入户调查工作。调查采取全覆盖的方式，覆盖范围包括武汉市七个中心城区、六个偏远城区、两个开发区和一个风景区，最后进入统计的有效数据为 53222 户。

---

　　① 根据武汉市住房保障与房屋管理局的普查数据分析。

（一）住房困难家庭的基本情况

1. 住房困难家庭的基本情况

在 53222 户住房困难家庭中，人均收入在 300 元以下的家庭有 24433 户，占调查总户数的 45.91%。人均收入在 400 元以下的家庭有 31668 户，占调查总户数的 59.5%。即在调查范围内，一半以上被调查家庭处于城市最低收入水平。从职业结构看，43.8% 住房困难家庭处于无业状态，收入来源不稳定（见表 3—1）。

从住房状况看，武汉市城镇住房困难家庭户均住房面积为 6.43 平方米，人均住房面积为 2.16 平方米。自有产权住房家庭有 14944 户，占总户数的 28.1%。自有产权住房家庭的户均住房面积为 10.57 平方米，人均住房面积为 2.92 平方米。无房户所占比重最大，有 21034 户，占全部住房困难家庭户数的 39.5%。

表 3—1　　　　　　武汉市中低收入人群家庭收入水平分布　　　　　（户;%）

家庭人均月收入											
300 元以下		301—600 元		601—824 元		824—1000 元		1000—1400 元		1400 元以上	
户数	占比	户数	占比	户数	占比	户数	占比	户数	占比	户数	占比
24433	45.9	15955	30.0	6529	12.2	3323	6.2	2493	4.7	710	1.3

住房困难家庭的平均规模为每户 2.98 人。三人家庭为 24293 户，占比最高，为 45.6%。二人家庭有 9931 户，占比 18.6%；四人家庭有 7633 户，占比 14.3%。五人家庭及以上占比较小，四人家庭及以下占比达到 90.3%。

2. 住房困难家庭中已享受住房保障的基本情况

住房保障享受情况主要包括享受购房优惠政策、廉租住房保障。其中享受购房优惠政策包括享受过购买房改房、单位集资建房、经济适用住房、拆迁安置住房以及其他类型住房的优惠政策。在此次调查的 53222 户住房困难家庭中，有 3579 户家庭享受过购房优惠政策，占住房困难家庭的 6.7%；有 13433 户家庭享受过廉租住房保障，占住房困难家庭的 25.2%；有 1453 户家庭持有经济适用住房购买资格证，占住房困难家庭的 2.7%，这部分家庭实际上已纳入住房保障范围。总计共有 34.6% 的住房困难家庭享受了政府提供的住房保障。还有 34757 户住房困难家庭（占比 65.4%①）未享受过任何形式的住房保障。

在 3579 户享受过购房优惠政策的困难家庭中，有 2838 户享受了房改房政策，其比例最高，为 79.3%，其余按照比例由高到低分别是拆迁安置住房（352 户，9.8%）、单位集资建房（175 户，4.9%）、其他类型住房（156 户，4.4%）和经济适用住房（58 户，1.6%）。

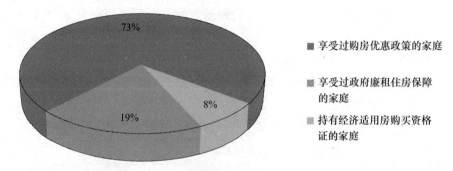

图 3—1　武汉市城镇住房困难家庭已享受保障情况

（二）住房困难家庭的住房保障需求

1. 户型结构需求

从表 3—2 中可以看到，在 53222 户住房困难家庭的选择中，首先是选择二室一厅户型结构的家庭户数最多，有 35048 户，占武汉市城镇住房困难家庭总户数的 65.9%；其次是选择三室一厅户型结构的家庭，有 10074 户，占武汉市城镇住房困难家庭总数的 18.9%；最后是选择一室一厅户型结构的家庭，共有 8098 户，占武汉市城镇住房困难家庭的 15.2%。从整体上看，住房困难家庭对二室一厅有明显偏好，对三室一厅的需求大于对一室一厅的需求。

从家庭规模和人均收入两方面来分析其对保障方式选择的影响，由于

---

①　比例较高的原因是此为时点统计数，由于对住房困难家庭保障面积标准的逐步提升，由 12 平方米提升至 16 平方米，不断有家庭获得完全保障退出和新标准提高而被纳入保障范围。此调查未涵盖已通过政府提供的保障而退出的这一部分家庭。

数据缺失，无法运用交叉数据对住房困难家庭的保障需求做更细致的分析。① 因此分析的是这两个因素各自对住房需求的影响，并且在分析调查结果中未考虑区位因素对住房需求的影响。

表3—2　　　　　2010年武汉市城镇住房困难家庭规模与户型需求状况　　　（户；%）

规模/户型结构	总户数	户型结构					
		一室一厅		二室一厅		三室一厅	
		户数	占比	户数	占比	户数	占比
1人户	6221	3935	63.3	2050	33.0	235	3.8
2人户	9931	2083	21.0	7155	72.1	692	7.0
3人户	24293	1497	6.2	18954	78.0	3842	15.8
4人户	7633	351	4.6	4391	57.5	2891	37.9
5人户	3542	180	5.1	1722	48.6	1640	46.3
6人户	1027	31	3.0	487	47.4	509	49.6
7人户	366	13	3.6	190	51.9	163	44.5
8人户及以上	209	8	3.8	99	47.4	102	48.8
总计	53222	8098	15.2	35048	65.9	10074	18.9

资料来源：武汉市住房保障和房屋管理局。

---

① 此处所指交叉数据是指在某一面积标准同时在某一收入水平下所对应的住房困难家庭户数。

表3—3　　2010年武汉市城镇住房困难家庭人均收入与户型需求状况　　（户；%）

人均月/户型结构	户型结构					
	一室一厅		两室一厅		三室一厅	
	户数	占比	户数	占比	户数	占比
300元以下	5135	21.0	15791	64.6	3505	14.4
301—400元	790	10.9	5098	70.5	1347	18.6
401—450元	189	8.7	1494	68.9	485	22.4
451—500元	262	9.3	1924	68.3	631	22.4
501—550元	123	7.9	1063	67.9	379	24.2
551—600元	169	7.8	1489	68.6	512	23.6
601—650元	83	5.8	956	67.0	388	27.2
651—700元	191	9.8	1301	66.5	464	23.7
701—750元	81	5.6	950	65.7	415	28.7
751—824元	93	5.5	1154	67.9	453	26.7
825—850元	60	8.0	487	64.6	207	27.5
851—900元	63	7.8	514	63.9	228	28.3
901—1000元	259	16.8	918	59.5	366	23.7
1001—1100元	195	19.0	613	59.9	215	21.0
1101—1200元	161	21.3	443	58.5	153	20.2
1201—1300元	99	22.1	258	57.46	92	20.5
1301—1400元	37	14.0	172	65.15	55	20.8
1400元及以上	108	15.2	423	59.58	179	25.2
总计	8098	15.2	35048	65.85	10074	18.9

资料来源：武汉市住房保障和房屋管理局。

在不考虑住房价格和租金的条件下，住房困难家庭的家庭规模对其户型需求（住房需求面积）有较大影响。住房困难家庭规模越小，越倾向于选择小户型；规模越大，越倾向于选择大户型。当家庭人数超过三人后，四人及以上家庭对三室一厅户型结构的需求激增，此时，对三室一厅的需求基本上与二室一厅持平。总体而言，在除了一人户家庭以外的其他住房困难家庭中，选择二室一厅的比重都是最大的。

在不考虑家庭规模的情况下，住房困难家庭的人均收入对其户型选择有很大影响。因为收入直接决定了购买力。最低收入人群自然倾向于选择较小规模的户型。而对于家庭规模较大（4人户及以上），特别是处于偏低收入水平的住房困难家庭，即使在二室一厅和三室一厅住房中，更偏好三室一厅，但受收入水平的限制，在具体考虑购买时，也会理性地选择二室一厅。这也与表3—3中所反映的数据一致，在不同收入水平的住房困难家庭中，选择二室一厅的比重几乎都是最大的。

通过以上分析，我们可以得到以下结论：首先，二室一厅应该成为新增保障性住房的主要户型结构。其次，在各类保障性住房户型标准（建筑面积）的制定中，可以考虑按适度比例（如10%，根据一室一厅、二室一厅、三室一厅总的户型需求比为1∶8∶1推算）提供一批三室一厅户型（建筑面积为80—90平方米左右[①]）的保障性住房。该保障性住房的性质可采取前期只租赁，后期可定向出售的灵活方式，在保障初期，将其用作为住房家庭规模较大且处于偏低收入层的住房困难家庭提供实物配租。在一定年限后，等到武汉市保障性住房有了一定比例的稳定存量后，为方便物的退出和人的退出，可采取面向一定的住房困难家庭出售。[②] 到时，有购买能力的住房困难家庭为进一步改善居住环境，对此部分面积较大的住房会有较大的需求。因此即使在此时住房家庭规模较大户数占总体住房困难群体的比例较小（9.7%）的情况下，按10%建设的存量也不会浪费。在未来更长远的住房保障中，这会为保障性住房中、后期运营管理，为将来保障性住房"物"的合理退出做长远准备。

2. 保障方式需求分析[③]

在此次调查中，住房保障方式选择有购买经济适用房、租赁经济适用住房、获得租金补贴、配房租赁。希望购买经济适用房的家庭数量最多、比重最大，共16578户，占武汉市城镇住房困难家庭总户数的31.2%；

---

① 在这个建筑面积标准下，5人以上家庭大部分的人均住房面积都能达到16平方米的人均标准。

② 具体面向对象不在此处探讨，可考虑引入激励机制，对那些按时准时交租，配合收入审核，房屋质量维护较好的家庭予以优先考虑。

③ 参照武汉市住房保障与住房供应体系研究课题组《武汉市住房保障与住房供应体系研究》，2010年。

希望获得配房租赁的家庭数量、比重次之，共 16093 户，占武汉市城镇住房困难家庭总户数的 30.2%；希望租赁经济适用房的家庭共 13131 户，占武汉市城镇住房困难家庭总户数的 24.7%；希望获得租金补贴的家庭共 7418 户，占武汉市城镇住房困难家庭总户数的 13.9%。①

（1）经济适用住房需求与廉租住房需求之比较

希望购买经济适用房和租赁经济适用房的家庭比重为 55.8%，希望获得配房租赁和租金补贴的家庭比重为 44.1%；而由表 3—1 可知，600 元以下的中低偏下收入家庭所占比重为 75.9%。这部分人群在现行住房保障中属于廉租房保障范围，然而调查中对廉租住房保障方式的需求仅为 44.1%，远小于所对应的这一人群的占比。这说明，尽管住房困难户的收入水平很低，但对面积更大的经济适用住房的需求超过了对面积较小的廉租住房的需求。

（2）实物补贴偏好与货币补贴偏好之比较

实物补贴方式主要包括经济适用住房、租赁经济适用住房、廉租住房的配房租赁。货币补贴方式主要是廉租房租金补贴。希望购买经济适用房、获得配房租赁和租赁经济适用住房的家庭数量（合计 45802 户）远远超过希望获得租金补贴家庭的数量。这说明，从总体上看，与货币补贴方式相比，住房困难家庭更偏好"获得"实物型保障。

（3）实物补贴中租赁式保障与产权式保障之占有方式比较

选择租赁式住房保障（租赁经济适用住房、配房租赁、租金补贴）的住房困难家庭共 36642 户，占 68.9%，选择产权式住房保障（购买经济适用住房）的家庭占 31.1%，选择租赁式住房保障家庭户数是选择产权式住房保障家庭户数的 2.2 倍。住房困难家庭对租赁式保障的偏好大于产权式保障。如果有条件购买，选择产权式保障（购买经济适用住房）的家庭会更多。

3. 家庭规模、收入对住房保障方式需求的影响

（1）家庭规模对住房保障方式需求的影响

武汉市住房困难家庭的规模对其住房保障方式需求有一定的影响。选择配房租赁的家庭，随着家庭规模的扩大，选择配房租赁的比例逐渐减少，在家庭人口达到 3 人之后，选择配房租赁的比例大幅度下降。廉租住

---

① 有两户家庭未填写保障方式选择意愿，因此总数为 53220 户。

房面积一般在 50 平方米左右。这与前面分析家庭规模对住房需求面积存在一定的正向相关性结论一致。选择购买经济适用住房的家庭，随着家庭规模的扩大，选择购买经济适用住房的比例不断提高。选择租赁经济适用住房的家庭，在各个不同规模的家庭中对其选择的占比较为稳定。家庭规模对选择这种方式的影响不太明显。选择租金补贴的家庭，随着家庭规模的扩大，选择租金补贴的比例逐渐减少。但对于选择租赁经济适用住房和租金补贴的家庭，在所有规模层次中，选择租赁经济适用住房的家庭都要比选择租金补贴的家庭多。

表 3—4　　　2010 年武汉市城镇住房困难家庭规模与保障方式需求

家庭规模	住房保障方式							
	购买经适房		租赁经适房		配房租赁		租金补贴	
	户数	占比（%）	户数	占比（%）	户数	占比（%）	户数	占比（%）
1 人户	948	15.2	1295	20.8	2865	46.1	1112	17.9
2 人户	2219	22.3	2502	25.2	3712	37.4	1497	15.1
3 人户	8259	34.0	6156	25.3	6595	27.2	3283	13.5
4 人户	2770	36.3	1923	25.2	1948	25.5	992	13.0
5 人户	1698	47.9	840	23.7	635	17.9	369	10.4
6 人户	453	44.1	266	25.9	204	19.9	104	10.1
7 人户	144	39.3	97	26.5	87	23.8	38	10.4
8 人户及以上	87	41.6	52	24.9	47	22.5	23	11.0
总计	16 578	31.2	13 131	24.7	16 093	30.2	7 418	13.9

说明：有两户家庭未填写保障方式选择意愿，因此总户数为 53220 户。

资料来源：武汉市住房保障和房屋管理局。

（2）收入对住房保障方式需求的影响

1）各收入段群体保障方式选择分析

首先，我们对收入分层，分别研究各收入段群体对各种住房保障方式的选择。在此，我们重点关注 300 元以下，301—600 元，600—824 元，

824 元以上四个收入段群体的住房保障选择。

　　300 元以下：最低收入水平。

　　301—600 元以下：廉租房保障政策覆盖范围。

　　600—824 元：目前政策的内夹心层——不符合廉租房保障对象但无力购买经适房群体。

　　824 元以上：低收入中较高收入的中低困难人群为政策外夹心层——不符合经适房保障对象，也无力购买商品房。拟为公租房保障对象。①

　　处于 300 元以下收入段的户数共有 24431 户，占全部住房困难家庭总户数的 45.9%。在该收入段，有 16334 户住房困难家庭，占该收入层的 66.85%，超过一半选择廉租住房保障方式。且在所有选择廉租住房保障方式的家庭中，这一群体占比最大，为 69.5%。这说明收入在 300 元以下人群的主要保障需求集中于廉租住房的保障方式。在廉租住房具体保障方式的选择上，配房租赁需求与货币补贴的需求户数分别为 10887 户和 5447 户，比例约为 2：1。这说明，收入在 300 元以下的家庭更希望通过实物型保障方式获得住房保障。这是理性的选择，因为享受实物配租的经济利益远远大于货币补贴。若是考虑区位因素，只要廉租房位置合适，人们更会倾向于这种选择。在对各具体区位数据的分析中也可以看到，在中心城区选择配房租赁的比重较大，在偏远城区或是市场租金较低的地区，住房困难家庭更愿意选择租金补贴。

　　处于 301—600 元收入段的户数共有 15955 户，占全部住房困难家庭总户数的 29.97%。假设这一部分群体人均住房面积全部为人均 12 平方米以下人群则属于廉租住房保障范围，然而，从表 3—5 可知，人均月可支配收入在 301—400 元之间的家庭中，选择经济适用住房的家庭在同收入组别全部住房困难户中的比重为 56.6%；人均月可支配收入在 401—600 元之间的家庭中，选择经济适用住房的家庭（包括购买经济适用住房和租赁经济适用住房）在同收入组别全部住房困难户中的比重平均为 75.1%。另外，301—400 元收入层，401—600 元收入层对租赁经济适用住房的需求均大于对配房租赁的需求，说明人均收入 301—600 元的廉租房保障对象的住房困难群体对经济适用房保障方式的需求大于对廉租房保障方式的偏好，对租赁面积更大的经济适用住房的需求大于对配房租赁的

———————————

　　①　目前，公共租赁住房面向城镇中低收入家庭的标准为 1800 元以下。

需求。

处于601—824元收入层的住房困难家庭共有6529户，占全部住房困难家庭总户数的12.2%。这部分人群为目前政策的"内夹心层"，他们不符合廉租房保障对象，虽是经适房保障的面向对象但又是无力购买经适房的住房困难群体。其中有3727户，即57.1%的家庭选择购买经济适用住房，有1861户家庭选择租赁经济适用住房，占该收入段全部住房困难家庭的28.5%。选择经济适用住房的家庭（包括购买经济适用住房和租赁经济适用住房）在同收入组别全部住房困难户中的比重平均为85.6%。对配房租赁和租金补贴的需求较小，二者合计占比仅为14.4%。说明人均收入601—824元的"内夹心层"群体对购买经济适用住房的愿望非常强烈。对租赁经济适用住房的偏好大于对廉租住房配房租赁保障方式。

处于824元以上收入段的住房困难家庭共有6305户，占全部住房困难家庭总户数的11.8%。这部分人群为目前政策的"外夹心层"：该群体不符合经适房购买资格，又无力购买普通商品住房。根据目前的政策导向，这部分住房困难家庭将被纳入公共租赁房保障范围。在这一收入段中，有3644户家庭选择购买经济适用住房，占同收入段全部住房困难家庭的57.8%。有1735户家庭选择租赁经济适用住房，占同收入段全部住房困难家庭的27.5%。这说明，人均收入824元以上收入段的"外夹心层"群体对拥有产权式保障的愿望非常强烈，并且这一群体的购买力相对前三个收入段群体更大，公租房保障政策应在结合家庭规模、住房需求偏好和购买力等因素的基础上，考虑采取亦租亦售的灵活方式，为该住房困难群体提供替代租赁经济适用住房的发展型或是过渡型住房保障。

综合上面对各收入段住房困难群体的分析可以得出，各收入层对经济适用住房的需求量均较大，除300元以下收入段外，其他三个收入段对经济适用住房的需求占同收入段人数的比例均超过50%。各收入段选择租赁经济适用住房的家庭占比基本上都在20%—30%之间，相对而言比较稳定。300元以下低收入家庭对廉租住房特别是实物配租保障方式的偏好最大。另外，除此以外的其他收入段对租赁经济适用住房的偏好均大于对租金补贴的偏好。

表 3—5　2010 年武汉市城镇住房困难家庭人均收入与保障方式需求状况　（户；%）

人均月可支配收入	住房保障需求方式							
	购买经适房		租赁经适房		配房租赁		租金补贴	
	户数	占比	户数	占比	户数	占比	户数	占比
300 元以下	3324	13.6	4773	19.5	10887	44.6	5447	22.3
301—400 元	2102	29.1	1996	27.6	2131	29.5	1006	13.9
401—450 元	823	38.0	713	32.9	461	21.3	171	7.9
451—500 元	1227	43.6	854	30.3	522	18.5	214	7.6
501—550 元	694	44.4	531	33.9	255	16.3	85	5.4
551—600 元	1037	47.8	668	30.8	368	17.0	97	4.5
601—650 元	735	51.5	473	33.2	164	11.5	55	3.9
651—700 元	1070	54.7	565	28.9	247	12.6	74	3.8
701—750 元	823	56.9	409	28.3	168	11.6	46	3.2
751—824 元	1099	64.7	414	24.4	138	8.1	49	2.9
825—850 元	453	60.1	194	25.7	86	11.4	21	2.8
851—900 元	481	59.8	222	27.6	77	9.6	25	3.1
901—1000 元	870	56.4	433	28.1	199	12.9	41	2.7
1001—1100 元	534	52.2	322	31.5	133	13.0	34	3.3
1101—1200 元	430	56.8	224	29.6	86	11.4	17	2.3
1201—1300 元	255	56.8	123	27.4	63	14.0	8	1.8
1301—1400 元	154	58.3	69	26.1	34	12.9	7	2.7
1400 元及以上	467	65.8	148	20.9	74	10.4	21	3.0
总计	16578	31.2	13131	24.7	16093	30.2	7418	13.9

说明：有两户家庭未填写保障方式选择意愿，因此总户数为 53220 户。

资料来源：武汉市住房保障和房屋管理局。

2）收入水平对住房保障方式选择偏好分析[①]

首先，我们看收入对实物补贴与货币补贴保障方式选择偏好的影响。

---

① 武汉市住房保障与住房供应体系研究课题组：《武汉市住房保障与住房供应体系研究》，2010 年。

从表3—6所列数据来看，实物形式的住房保障与货币形式的住房保障方式的选择与收入水平的高低没有太大关系，在各收入层，选择实物住房保障方式的家庭数绝对地超过选择货币补贴保障方式的家庭数。在住房困难家庭总数中占比达到59.5%的人均收入400元以下群体，对实物形式住房保障的选择占同收入层全部困难户的比重高达79.6%。在人均月可支

表3—6 　　　2010年武汉市城镇住房困难家庭人均收入与实物形式

住房保障、货币形式住房保障的需求方式 （户；%）

人均月可支配收入	住房保障需求方式			
	实物形式的住房保障需求		货币形式的住房保障需求	
	户数	占比	户数	占比
300 元以下	18984	77.7	5 447	22.3
301—400 元	6229	86.1	1 006	13.9
401—450 元	1997	92.1	171	7.9
451—500 元	2603	92.4	214	7.6
501—550 元	1480	94.6	85	5.4
551—600 元	2073	95.5	97	4.5
601—650 元	1372	96.1	55	3.9
651—700 元	1882	96.2	74	3.8
701—750 元	1400	96.8	46	3.2
751—824 元	1651	97.1	49	2.9
825—850 元	733	97.2	21	2.8
851—900 元	780	96.9	25	3.1
901—1000 元	1502	97.3	41	2.7
1001—1100 元	989	96.7	34	3.3
1101—1200 元	740	97.8	17	2.3
1201—1300 元	441	98.2	8	1.8
1301—1400 元	257	97.3	7	2.7
1400 元及以上	689	97.0	21	3.0
总计	45802	86.1	7418	13.9

资料来源：武汉市住房保障和房屋管理局。

配收入 400 元以上的家庭中，选择实物形式住房保障方式的家庭在同收入组别全部住房困难户中的比重更是在 90% 以上，选择实物形式住房保障方式的家庭在全部住房困难户中的平均比重高达 86.1%。由此来看，实物形式住房保障与货币形式住房保障方式的选择与收入水平的高低没有必然的关系。

其次，收入对产权式保障和租赁式保障方式选择偏好的影响。收入水平的高低对产权式保障和租赁式保障的选择有显著影响。以人均月可支配收入 600 元为分界线，人均月可支配收入在 600 元以上的家庭共12834 户，选择产权式保障的家庭数为 7371 户，占人均可支配收入 600元以上总户数的 57.4%，且人均月可支配收入超过 1400 元的家庭，选择产权式保障的比例达到 65.8%。人均月可支配收入 600 元和 600 元以下的家庭共 40386 户，选择产权式保障的家庭数为 7020 户，比 600 元以上家庭的选择还少 351 户。人均月可支配收入 600 元和 600 元以下的家庭户数是人均月可支配收入 600 元以上家庭的 3.1 倍，由此来看，人均收入水平的高低是决定产权式保障和租赁式保障选择的重要决定因素，收入水平越高，越倾向于选择产权式保障，收入水平越低，越倾向于选择租赁式住房保障。

（三）结论

通过对住房困难家庭住房保障需求的分析，可以得出以下结论：

1. 收入水平高低是决定住房保障方式需求的重要因素，收入水平越高的家庭越倾向于产权式保障，收入水平越低的家庭则越倾向于租赁式保障，特别是实物配租方式。

2. 从整体上看，对实物补贴保障方式的需求远大于对货币补贴保障方式的需求，考虑到目前还有 34757 户未进行实物配租，65.3% 的被调查住房困难家庭的住房保障尚未得到覆盖。这说明在未来一段时间里，提供住房保障的实物产品供给仍是住房保障工作的核心。

3. 随着经济适用住房逐步退出保障舞台，公租房保障政策可以在结合家庭规模、住房需求偏好和购买力等因素的基础上，考虑确定一部分公租房采用承租一定年限后，承租人可优先购买承租住房的产权，为住房困难家庭中的高收入群体提供发展型或是过渡型住房保障。

二　武汉市的住房保障层次

（一）住房救助需求

住房救助是指针对收入很低，除去必要生活开支后剩余收入难以支付最低标准住房市场租金 40% 的住房困难家庭，政府所给予的住房保障形式。

基于中国基本住房标准规定，武汉市住房救助对象可界定为人均住房面积不足 13 平方米、收入不及平均收入 37% 的最低收入家庭（各城市可依据当地市场租价和低收入人群必要生活开支后的剩余收入各自确定）。在现行制度中住房救助需求一般指廉租住房的实物配租需求和货币补贴需求两种形式。

对武汉市住房救助标准，可利用如下公式确定其标准中的收入标准：

$$\frac{（低收入家庭人均可支配收入 - 低收入家庭人均消费支出）\times 低收入家庭人口数}{市场租金 \times 最低标准基本住房面积}$$

$$\leq 40\%$$

表 3—7　　**武汉市住房救助收入标准的测算数据（2010 年数据）**

	平均每户家庭人口（人）	平均每人每月可支配收入（元）	平均每人每月消费性支出（元）	平均每人每月剩余收入（元）	家庭剩余收入（元）	占最低标准住房租金比（%）
最低收入户	3.3	558.69	482.78	75.91	250.50	33.40%
低收入户	3.2	828.7	696.83	131.87	421.98	56.26%
中偏下收入户	3	1115.92	892.61	223.31	669.93	89.32%

资料来源：根据武汉市统计局统计数据计算。

在以上公式中，市场租金 = 15 元/平方米，最低标准基本住房面积 = 50 平方米，假定各收入户剩余收入占租金比重，平均每人每月可支配收入在各组的组中值之间服从均匀分布，则收入标准 I 有如下表达形式：

$I = 558.69 + （828.7 - 558.69） × （40\% - 33.4\%） / （52.26\% - 33.4\%） = 637（元）$

家庭人均可支配收入为 1734 元/月，则收入标准为人均可支配收入的 37%，即家庭人均月收入低于 640 元的家庭需要政府提供住房救助。

武汉市住房保障与房屋管理局对住房建筑面积低于 16 平方米以下需要政府提供住房保障家庭的全样本调查数据显示，人均收入在 650 元以下的家庭共计 38752 户，若位于 600—650 元之间的家庭均匀分布，则 16 平方米以下且在 640 元以下需要住房保障的家庭约有 38467 户。

在 53222 户调研家庭中，28.08% 即 14944 户家庭拥有自有房产，假定住房面积在 （0，16） 服从均匀分布，则有 12143 户符合住房 13 平方米以下的住房面积标准，2802 户不符合标准；再假定自有住房人群与所有群体的收入分布一致，则有 8776 户符合收入标准，3366 户不符合收入标准。因此，自有住房人群中约有 6168 户家庭不符合上述面积和收入标准。

在此标准下，武汉市大约有 32299 户家庭需要政府给予住房救助保障。对该保障范围应实行全面"应保尽保"。

（二）住房基本保障需求

住房基本保障指针对收入较低，除去必要生活开支后的剩余收入，已具有一定能力支付一定标准住房的市场租金的较大部分（如 40% 以上），但依然难以支付其市场租金 80% 的住房困难家庭，政府所给予的住房保障形式。

假定一定标准住房的面积为 60 平方米，武汉市基本住房保障需求对象可界定为人均住房面积不足 16 平方米、收入不及平均收入 68% 的低收入家庭（各城市可依据当地市场租价和低收入人群必要生活开支后的剩余收入分别确定）。在现行制度中，住房基本保障需求主要是指公共租赁住房需求。

对武汉市住房基本保障的标准，可利用如下公式确定标准中的收入标准：

$$40\% < \frac{（低收入家庭人均可支配收入 - 低收入家庭人均消费支出）× 低收入家庭人口数}{市场租金 × 最低标准基本住房面积} \leqslant 80\%$$

表3—8　　　　住房基本保障的收入标准测算数据（2010年数据）

	平均每户家庭人口（人）	平均每人每月可支配收入（元）	平均每人每月消费性支出（元）	平均每人每月剩余收入（元）	家庭剩余收入（元）	与最低标准住房租金比（%）
低收入户	3.2	828.7	696.83	131.87	421.98	46.89
中偏下收入户	3	1115.92	892.61	223.31	669.93	74.44
中等收入户	2.9	1497.6	1159.2	338.4	981.36	109.04

其中，市场租金＝15元/平方米，一定标准住房面积＝60平方米，假定各收入户剩余收入占租金的比重，平均每人每月可支配收入在各组的组中值之间服从均匀分布，则收入标准 I 有如下表达形式：

I ＝1115.92＋（1497.6－1115.92）×（80%－74.44%）/（109.04%－74.44%）＝1177（元）

家庭人均可支配收入为1734元/月，则收入标准在人均可支配收入37%与68%之间，或家庭人均月收入在637元与1177元之间的家庭，需要政府提供住房救助。

人均住房面积不足16平方米且收入不及平均收入37%—68%的中偏低、低收入家庭，应全部纳入城镇住房基本保障范围。

（三）住房政策帮助对象需求

住房政策帮助对象，是指家庭已有一定收入，但以家庭35%的收入依然难以支付一定标准普通商品住房的购买月还贷额80%的住房困难家庭，需要政府给予住房购买政策上的支持。

假定一定标准住房的面积为70平方米，武汉住房政策帮助对象可界定为人均住房面积不足16平方米、收入不及平均收入76%的中低收入家庭（各城市可依据当地市场租价和中低收入人群家庭人均可支配收入分别确定）。在现行制度中，住房政策帮助对象的需求主要是指部分产权保障的住房需求，如经济适用住房、限价商品住房。

对武汉市住房政策帮助对象的收入标准可以如下公式进行确定：

$$\frac{\text{中低收入家庭人均可支配收入} \times \text{中低收入家庭人口数} \times 35\% \times [(1+\text{月利率}) \times \text{还款月数} - 1]}{\text{市场房价} \times \text{一定标准住房面积} \times 70\% \times \text{月利率} \times (1+\text{月利率}) \times \text{还款月数}}$$

$\leqslant 80\%$

其中，中低收入家庭人口数取 2.95，利率为年利率（7.05%）的 8.5 折优惠利率，还款期为 20 年，市场房价取 2010 年普通商品住房（不包含经济适用住房和高档商品住房）平均价格 5535 元/平方米，一定标准住房面积取 70 平方米，贷款为房屋价值的 7 成。由上述公式计算，每月需还贷款 1942 元，则对应的家庭人均可支配收入值为 1317 元。

家庭人均可支配收入为 1734 元/月，则收入标准为人均可支配收入的 76%，或人均月收入低于 1317 元的家庭需要政府提供住房政策帮助。即人均住房面积不足 16 平方米且收入不及平均收入 76% 的低收入家庭，应全部纳入城镇住房政策帮助范围。

三 保障住房需求的影响因素：以公租房为例

影响保障住房需求的因素较为复杂，不同地区、不同的保障方式，其影响因素差异较大。现有研究大部分是规范分析，缺少实证研究，更缺少对保障对象的调研和分析。课题组以武汉市为调查对象，对影响公租房的因素进行了实证分析。本次调查采用了随机抽样和配额抽样相结合的方法，以确保样本的代表性和随机性。首先，根据各区的统计情况，结合经济发展水平、行业等因素进行配额；其次，在各个区内选择具有代表性的区域进行配额；最后，在各选择区域进行随机抽样。共发放问卷 300 份，回收问卷 286 份。经过处理，286 份问卷中有效样本 238 份，经汇总和检验认为这些样本具有良好的代表性。调查共涉及武汉户籍家庭 190 户，占总体的 79.8%；非武汉户籍家庭 48 户，占总体的 20.2%。所选户籍人口与非户籍人口之比为 3.96，与 2011 年底的户籍人口和非户籍人口统计比例接近。[①] 在 238 户中三口之家有 151 户，占总体的 63.4%；四口之家有 59 户，占 24.8%。可以看出，三口之家占了样本的相当大的比例，与武

---

① 《2011 年武汉市国民经济和社会发展统计》，中国经济网（http://www.ce.cn/macro/more/201202/29/t20120229_ 23117038_ 4.shtml）。

汉市户均人口为 2.78 人的人口分布状况吻合。[①]

对调查数据进行处理后，利用 Logistic 模型对影响中低收入家庭选择公租房的因素进行分析和测度，得到影响需求方行为选择的主要因素，为公租房供给机制的改进提供了一定的政策支持。

（一）研究假设

虽然有众多因素影响中低收入家庭选择公租房，但由于时间、数据的可获得性等因素的限制，本书仅通过对中低收入家庭进行问卷调查分析可能存在的影响因素，主要包括中低收入家庭的特征、影响需求的公租房客观条件两个方面。

1. 中低收入家庭的特征

市场经济理论和以舒尔茨为代表的"理性小农学派"都认为，个人是理性的，会根据自身所拥有或控制的资源，兼顾长短期利益，选择使自身利益最大化的行为方式。根据这种理论，中低收入家庭会根据其特征，结合客观情况选择最有利于自己的居住消费方式。这些特征主要包括家庭收入、家庭人口数和户籍性质。

（1）家庭收入

家庭收入直接决定一个家庭的可支付能力，进而影响一个家庭的住房选择。高收入家庭可支付能力强，可以通过购买商品住房解决住房问题；中等收入家庭可支付能力一般，可通过租房解决住房问题；而低收入家庭则需要补贴、取得相应的支付能力后才能解决住房困难问题。因此，不同的收入水平将直接影响住房的消费方式。现有的众多研究都证实了这一点。[②] 但居住公租房将给居住者贴上身份标签——中低收入者，所以考虑到心理方面的因素，收入较高的家庭一般不会选择公租房。因此，假设 H_1：收入高低与租住公租房的概率负相关；H_2：收入高低与租住公租房的概率正相关。

---

① 武汉市统计信息网：《武汉市 2010 年第六次全国人口普查主要数据公报》，http://www.whtj.gov.cn/Article/ShowArticle.aspx? id=6417。

② 李文斌：《美国不同时期的住房补贴政策：实施效果的评价及启发》，《城市发展研究》2007 年第 3 期；景娟、刘志林等：《低收入住房政策的国际经验借鉴：需求方补贴》，《城市发展研究》2010 年第 6 期；周蕾：《住房补贴政策的消费促进效应及其影响因素研究——基于上海廉租房货币配租政策 Logistic 分析》，《上海经济研究》2010 年第 4 期；G. F. Hassan, "The Enabling Approach for Housing Supply Drawbacks & Prerequisites-Egyptian Experiences," *Alexandria Engineering Journal*, 2012 (1), p.1-9.

（2）家庭人口数

家庭人口数可能是影响中低收入家庭是否选择公租房的另一重要因素。公租房一般为50平方米，若家庭人口数较多，选择公租房虽然可以节省成本，但也可能产生拥挤；若家庭人口数较少，则难以负担住房消费的成本。考虑到人均居住面积，人口数为2—3人的家庭可能会申请公租房。因此，假设 H_3：人口数较多和较少的家庭会放弃租住公租房；H_4：人口数为2—3人的家庭会选择租住公租房。

（3）户籍性质

即户籍是否属于城市户口，因为拥有不同的户籍，将会享受不同的政策、社会待遇，拥有不同的社会资源如信息渠道、人际关系等，进而在面对实际情况时会采取不同的行为方式。城市户籍家庭可能会拥有更广泛的信息渠道，进而迅速了解公租房信息，在符合申请条件的前提下更有机会租住公租房，但可能会由于城市户籍的优越感，同时碍于心理因素而放弃租住公租房。因此，假设 H_5：武汉市户籍的中低收入家庭不愿意选择租住公租房；H_6：非武汉市户籍的中低收入家庭愿意选择租住公租房。

2. 影响需求的公租房客观条件

公租房的客观条件包括公租房与中低收入家庭工作单位的距离、与城区的距离、公租房的布局方式（主要表现为公租房建设的集中程度）、公租房面积的大小等，这些也可能是影响中低收入家庭是否选择公租房的主要因素。

（1）公租房与工作单位的距离

公租房与中低收入家庭工作单位的距离会影响中低收入家庭的生活成本，包括时间成本和交通费用等。中低收入家庭选择租金远低于市场租金水平的公租房可以节省大量的住房消费成本。然而，若公租房距工作单位很远，则会导致交通成本急剧上升。作为一个理性的经济人，当上升的交通成本超过减少的住房成本后，就会选择放弃节约的住房成本即表现为放弃租住公租房。因此，假设 H_7：中低收入家庭的租住意愿随着公租房距工作单位的远近而下降或者上升，当二者较近时，租住意愿和租住概率会上升；H_8：反之。

（2）公租房与城区的距离

公租房与城区的距离将直接决定交通的便捷性、生活设施的完备性，同时决定公租房所在区域是否可以满足中低收入家庭就业的需要。王和李（Wang & Li）、郑思齐等的研究结果显示，中低收入家庭对城市中心住宅有强烈的偏好，并十分重视公共交通的便捷性和可达性。[1] 汪冬宁等人和王承慧等人的研究认为，保障房建设选址偏僻，基础设施不完善，会降低就业效率和生活质量。[2] 虽然中低收入家庭居住在城区内可以享受良好的交通、生活设施等，但较好的生活和工作环境意味着更高的生活成本，如相对较高的租金、物业管理费等，鉴于自身收入和可承受的住房消费成本有限，他们又会倾向于远离城区的公租房。因此，假设 H_9：中低收入家庭倾向于选择距城区较近的公租房；H_{10}：反之。

（3）公租房的布局方式

公租房的布局方式主要表现为公租房建设的集中程度，即公租房在一个小区中所占的比例。居住小区不仅是地理和社会的空间，也是文化的空间，通过对文化空间进行定义，人们会对其形成较为一致的看法即"标签"，从而成为对社会互动产生影响的符号，公租房就是一种标签，入住公租房就意味着入住者属于中低收入家庭，这会造成居住空间的"污名化"[3]，所以可能由于回避标签而不愿租住公租房。但是由于社会分层、心理因素和经济承受能力等原因，中低收入家庭又可能倾向于集中居住。因此，假设 H_{11}：中低收入家庭倾向于非集中建设的公租房；H_{12}：反之。

（4）公租房面积

居住面积的大小将影响中低收入家庭住房成本的大小，因为公租房按面积缴纳租金，面积增加就意味着租金总额的增加，而他们的收入有限，增加住房支出就意味着减少其他方面的开支甚至减少必需品的开支[4]，所以在能够满足基本居住需求的前提下，他们会选择适宜的面积以节约租金开支。因此，假设 H_{13}：中低收入家庭倾向于选择能够满足居住的面积适宜的公租房；H_{14}：反之。

① Wang, D. G., & Li, S. M., "Socio-economic Differentials and Stated Housing Preferences in Guangzhou, China," *Habitat International*, 2006（2）, pp. 305-326.

② 汪冬宁、汤小橹、金晓斌、周寅康：《基于土地成本和居住品质的保障住房选址研究——以江苏省南京市为例》，《城市规划》2010 年第 34 期；王承慧、杨靖：《保障性住房建设规划编制方法初探——以南京六合区"三房"建设规划为例》，《现代城市研究》2009 年第 1 期。

③ 罗震宇、秦启文：《城市居住空间分异与群体隔阂——对失地农民城市居住问题与对策的思考》，《城市发展研究》2009 年第 1 期。

④ "(HUD) Homes and Communities: Community Planning and Development, Utility Bills Burden the Poor and Can Cause Homelessness," http://www.hud.gov/offices/cpd/library/energy/homelessness.cfm. Accessed 27.07.11.

（二）实证研究

1. 变量设定

通过总结已有的相关研究结果和对区域特殊因素的归纳[1]，选择家庭人均月收入、家庭人口数、户籍性质、公租房与单位和城区的距离及其布局方式、面积大小七个因素作为自变量，以是否租住公租房为因变量。各变量编码含义、样本均值和标准差统计见表3—9所示。

表3—9　　　　　　　　　　设定变量名称与统计性质

变量	变量含义	样本均值	标准差
X_1	家庭人均月收入（元）：≤600 = 1　　600∑ − 1200 = 2　　≥1200 = 3	2.19	0.809
X_2	家庭人口数：1，2，3，4，5，6，7，按实际填写使用	3.73	0.893
X_3	户籍性质：武汉户籍 = 0　非武汉户籍 = 1	0.48	0.501
X_4	与工作单位的距离：非常近 = 5　较近 = 4　一般 = 3　较远 = 2　非常远 = 1	3.19	1.280
X_5	与城区的距离：非常近 = 5　较近 = 4　一般 = 3　较远 = 2　非常远 = 1	3.29	1.213
X_6	布局方式：非常集中 = 5　较集中 = 4　一般 = 3　较分散 = 2　非常分散 = 1	2.90	1.134
X_7	面积大小：小 = 1　中 = 2　大 = 3	2.45	1.029
Y	是否租住：租住 = 1　不租住 = 0	0.50	0.501

2. 模型设定

因变量 $Y = 1$，表示中低收入家庭租住公租房，$Y = 0$ 表示中低收入家庭放弃租住公租房，属于非连续的二分变量，线性模型不再适用，故选择二元 Logistic 模型来分析影响公租房的需求因素。Logistic 模型的基本形式为：

$$P_i = F(1/Y_i) = \frac{1}{1 + e^{-Y_i}}$$

---

① 李君、李小建：《农村居民迁居意愿影响因素分析》，《经济地理》2008 年第 5 期；Sampo, R., Anneli, K., "Socio-economic Residential Differentiation in Post Socialist Tallinn," *Journal of Housing and the Built Environment*, 2003 (1), pp. 49-73.

假定 $Y_i = \beta_0 + \beta_1 X_1 + \beta_2 X_2 + \cdots + \beta_n X_n + \upsilon_i$

机会比率 $\dfrac{P_i}{1-P_i} = e^{Y_i}$，则 $Y_i = \mathrm{Ln} \dfrac{P_i}{1-P_i}$。

经过变换可以得到：

$$\mathrm{Ln}\frac{P_i}{1-P_i} = \beta_0 + \beta_1 X_1 + \beta_2 X_2 + \cdots + \beta_n X_n + \upsilon_i$$

因此，$\mathrm{Logit} P = \mathrm{Ln} \dfrac{P_i}{1-P_i} = \beta_0 + \sum\limits_{i=1}^{n} \beta_i X_i + \upsilon_i$

从而构造了一个线性模型。[1]

其中，以 P_i 表示中低收入家庭租住公租房的概率，则 $1-P_i$ 表示中低收入家庭不租住公租房的概率，β_0 为常数项，β_i 为各变量系数，υ_i 为随机扰动项，X_i 分别为家庭人均月收入（X_1）、家庭人口数（X_2）、户籍性质（X_3）、与工作单位的距离（X_4）、与城区的距离（X_5）、布局方式（X_6）、面积大小（X_7），n 为自变量个数，本研究中 $n=7$。

模型显著性可通过整体模型拟合优度检验和个别参数检验来验证，整体模型拟合优度检验可用 Pearson x^2 值和 Hosmer-Lemeshow 值，当 x^2 整体达到显著水平而 Hosmer-Lemeshow 值未达到显著水平时，表示模型整体的适配最佳。个别参数检验可用 Wald 和 Score 检验值，当 Wald 值和 Score 值达到显著性水平，表示自变量与因变量之间有显著的关联，可以有效预测观察值在因变量中的概率值。通过利用整体模型拟合优度检验和个别参数检验两种途径可以有效检验模型的预测效果，在模型建立之后将采用这两方面的检验方法进行检验。

（三）模型回归结果与分析

1. 模型检验

利用 SPSS 19.0 对样本数据进行回归处理，在给定显著性水平 0.05 的条件下，若 P 值小于 0.05，则表明自变量对因变量有显著的影响。[2] Logistic 模型的分析方法采用向前条件法，经整理得到表 3—10、表 3—11 和表 3—12。

---

[1]　吴明隆：《问卷统计与分析实务——SPSS 操作与应用》，重庆大学出版社 2011 年版，第 437 页。

[2]　谢龙汉、尚涛：《SPSS 统计分析与数据挖掘》，电子工业出版社 2012 年版，第 210 页。

表 3—10   **整体拟合优度检验**

评价指标	Chi-square	df	Sig.
拟合优度（Hosmer-Lemeshow）	5.692	8	0.682
Pearson x^2（Model Chi-square）	89.53	5	0.000

从表 3—10 可以看出，$x^2 = 89.53$，$P < 0.001$，达到 0.05 的显著水平；Hosmer-Lemeshow 检验值为 5.692，$P > 0.05$，未达到显著水平，说明自变量和因变量之间有很好的关联度。因此，家庭人均月收入、公租房与工作单位和城区的距离及其布局方式、面积大小对中低收入家庭是否租住公租房具有显著影响。

表 3—11   **模型个别参数显著性检验**

方程中的变量						
变量	B	S.E,	Wals	df	Sig.	Exp（B）
X_1	-0.817	0.209	15.354	1	0.000	0.442
X_4	0.267	0.130	4.181	1	0.041	1.306
X_5	0.296	0.137	4.682	1	0.030	1.344
X_6	0.336	0.155	4.714	1	0.030	1.399
X_7	-0.760	0.166	20.988	1	0.000	0.468
常量	0.965	1.014	0.906	1	0.341	2.624
不在方程中的变量						
X_2	–	–	–	1	0.338	–
X_3	–	–	–	1	0.356	–
逐步选择模型中显著的自变量 X_1、X_7、X_5、X_6、X_4						

再从个别参数的显著性水平来看，由表 3—11 可知，家庭人均月收入、公租房与工作单位和城区的距离及其布局方式、面积大小五个自变量的 Wald 指标值分别为 15.354、4.181、4.682、4.714、20.988，均达到 0.05 的显著水平，表示这五个变量与是否租住公租房组别间有显著关联，

可以有效预测租住和不租住公租房组别，其中 X_1、X_7 系数为负，X_4、X_5、X_6 系数为正，验证了假设 H_1、H_{13}、H_7、H_9、H_{12}，即家庭人均月收入提高，公租房面积增大将减小中低收入家庭租住公租房的概率；公租房与单位和城区的距离减小，其布局方式更集中将增加中低收入家庭租住公租房的概率。而 X_2、X_3 不显著，故无法验证假设 H_3、H_4、H_5、H_6 成立的情形，即无法预测户籍性质和人口数对中低收入家庭选择是否租住公租房的影响。从而得到如下预测模型：

$$P = \frac{e^{0.965 - 0.817X_1 + 0.267X_4 + 0.296X_5 + 0.336X_6 - 0.760X_7}}{1 + e^{-(0.965 - 0.817X_1 + 0.267X_4 + 0.296X_5 + 0.336X_6 - 0.760X_7)}}$$

为验证预测模型的正确性和有效性，将样本数据代入预测模型进行检验，得到样本选择公租房的概率，并以 0.5 为分割点确定预测分类，即概率大于 0.5 时，认为该样本选择租住公租房；概率小于 0.5 时，认为该样本不选择租住公租房。从表 3—12 可知，原 117 户不租住（$Y = 0$）公租房的中低收入家庭的观察值根据模型的分类预测，有 91 户预测正确（$Y = 0$），26 户预测错误（$Y = 1$），原 121 户租住（$Y = 1$）公租房的中低收入家庭的观察值根据模型的分类预测，有 88 户预测正确（$Y = 1$），33 户预测错误（$Y = 0$），整体分类正确的百分比为 75.2%，高于一般认为 75% 的模型预测基本准确率。[1] 因此，该模型可以很好地解释影响中低收入家庭群体选择公租房意愿的因素。

表 3—12　　　　　　　　　　预测分类正确交叉表

已观测		已观测		百分比校正
		$Y =$		
		0（不租住）	1（租住）	
$Y =$	0（不租住）	91	26	77.8
	1（租住）	33	88	72.7
总计百分比		–	–	75.2

① 吴明隆：《问卷统计与分析实务——SPSS 操作与应用》，重庆大学出版社 2011 年版，第 459 页。

2. 回归结果与结论

根据模型回归结果，并进一步分析得到如下结论：

第一，家庭人均月收入的高低对中低收入家庭选择公租房的概率具有显著的负向影响，即收入越高，选择公租房的概率越小。主要原因是收入提高，经济承受能力增强后会选择改善居住环境，且居住在公租房中将形成"污名化"的标签[1]，影响其社会交往。再者，公租房的居住环境较差、传统拥有产权的观念等也是人均收入水平与租住概率负相关的原因。

第二，公租房与工作单位和城区距离对中低收入家庭选择公租房的概率具有显著的负向影响，即距离减小，租住概率上升。公租房与工作单位和城区的距离是公租房的区位因素，区位将显著影响中低收入家庭的就业状况和生活成本，若区位偏僻，本区域将无法满足就业的需要，而且由于交通的原因，也难以获得城区的就业机会；即使获得，也必然需要承受高昂的交通成本和时间成本。此外，区位不好还存在着基础设施、公共设施不配套的现象，这会严重影响生活质量，因此，中低收入家庭选择公租房的概率与工作单位和城区距离负相关。

第三，公租房建设布局的集中程度对中低收入家庭选择公租房的概率具有显著的正向影响，即公租房的建设布局越集中，选择的概率越大。主要是由于心理承受和社会分层的原因，个体在社会中会选择与自己社会地位、生活习性相类似的个体交往，因此，中低收入家庭倾向于集中居住。同时，与商品住房区混合在一起会相对增加生活成本，中低收入家庭在有限的收入下难以承受高昂的住房消费成本，这也是他们选择集中居住的重要原因，所以中低收入家庭倾向于集中居住。

第四，公租房的面积大小对中低收入家庭选择公租房的概率具有显著的负向影响，即面积越大，选择的概率越小。这主要是因为面积大就意味着租金、物业管理费等费用较多，但中低收入家庭的收入有限，在满足基本居住需求后，难以承受不必要的开支，因此中低收入家庭倾向于能够满足基本居住需求的适宜面积。

第五，研究发现，户籍和家庭人口数不是决定是否选择公租房的显著

---

[1]　罗震宇、秦启文：《城市居住空间分异与群体隔阂——对失地农民城市居住问题与对策的思考》，《城市发展研究》2009 年第 1 期。

影响因素,可能是因为武汉市处于内地,户籍的影响不明显,相对而言,户籍人口没有显著的优势,因此影响不显著。同时被调查家庭集中于三口和四口人,偏离众数的数据非常少,因此对公租房选择的影响不显著。

第四章 典型城市住房保障发展与改革探索

——深圳市、武汉市、黄石市案例

一 深圳市住房保障制度改革实践与创新

（一）深圳市住房保障制度改革历程

深圳市住房保障与住房制度改革关系密切、相互关联。1988 年，紧随土地制度改革的步伐，深圳出台了《深圳经济特区住房制度改革方案》，在全国范围内率先拉开了住房制度改革的帷幕，标志着深圳住房制度改革从前期探索阶段转入正式实施阶段。改革的深入推进，在一定程度上缓解了包括低收入家庭在内的职工家庭住房问题，为住房保障工作的开展奠定了基础。1990 年，深圳市政府开始以一定的规模组织建设社会微利房（类似于经济适用住房），面向住房困难的户籍低收入家庭出售。1999 年，为加快住房社会化和商品化进程，促进消费，拉动经济发展，深圳出台了第 88 号市人民政府令，解除了安居房（包括社会微利房）的产权约束，规定安居房取得全部产权后可以上市交易。截至 2005 年，市、区政府出售经济适用房等住房约 3.2 万套，有效地解决了户籍低收入家庭的住房困难问题。同时，为了鼓励归国留学生等人才来深圳创业，深圳还面向归国留学生提供了 200 套经济适用住房。从 2002 年开始，配合国家相关政策的出台，深圳市全面启动了廉租住房保障工作，并逐步建立了以货币补贴为主、实物配租为辅的廉租住房保障制度。

2003 年，在全国大多数城市停止实施实物分配住房政策，政府职能从管理型向服务型转变的背景下，深圳出台了市政府第 104 号文，首次提出构建与深圳市社会经济发展相配套、以经济适用住房、廉租住房为主导的多层次住房保障体系的原则规定。2007 年，根据《国务院关于解决城市低收入家庭住房困难的若干意见》的相关规定，深圳市政府出台了《关于进一步促进深圳市住房保障工作的若干意见》。作为新时期指导深圳市住房保障工作的纲领性文件，对保障性住房准入条件、资格审查、定期复核、退出机制等进行了明确规定。以此为标志，深圳市住房保障工作进入了新的历史阶段。此后，深圳先后出台了一系列政策法规：《深圳市公共租赁住房管理暂行办法》《深圳市经济适用住房管理暂行办法》《深圳市廉租住房保障管理办法》《中共深圳市委深圳市人民政府关于实施人才安居工程的决定》以及《深圳市保障性住房条例》。保障住房条例的出台，标志着深圳市住房保障步入了法制轨道。

（二）深圳市住房保障的成效

1. 保障住房建设力度大

截至 2010 年末，深圳市已建成保障性住房总建筑面积约 0.27 亿平方米，占深圳市住房总建筑面积的 6.6%，占深圳市商品住房建筑面积的 26.5%；深圳市保障性住房已建成总套数约 27 万套（其中市本级财政安排投资建设 7.8 万套，区级财政安排投资建设 2.6 万套，单位房改房等其他保障性住房 16.6 万套），占深圳市住房总套数的 3%，占深圳市商品住房总套数的 25%。

表 4—1　　　　　2006—2010 年保障性住房完成情况　　　　　（套）

年份	已安排筹集建设总套数	类型		
		经济适用住房	公共租赁住房	廉租住房
2006	13707	13707	0	0
2007	21735	11019	10579	137
2008	54544	18164	36380	0
2009	29032	5962	23070	0
2010	50000	15300	34700	0
合计	169018	64152	104729	137

资料来源：深圳市住房和建设局。

　　"十一五"期间,深圳市新增安排筹集建设保障性住房共计 16.9 万套,总建筑面积约 1267 万平方米,比"十一五"规划安排的建设目标超出 2.9 万套。①"十一五"期间,计划安排建设的保障性住房数量,相当于深圳市过去 30 年已建成的保障性政策住房总量的 63%(见表 4—1)。

　　2011 年,深圳市保障性安居工程完成建设投资约 88.7 亿元,其中,市财政完成投资约 32 亿元,区财政完成投资约 11.5 亿元,社会完成投资约 45.2 亿元。计划新增安排保障性安居工程项目 6.2 万套,实际新增安排约 6.2 万套,占"十二五"规划 5 年总体目标的 25.8%。其中,公共租赁住房约 3.4 万套,安居型商品房约 2 万套,拆迁安置房约 0.8 万套。计划新开工保障性安居工程项目 7.3 万套,实际新开工约 7.6 万套,占"十二五"规划 5 年总体目标的 36.2%。其中,公共租赁住房 4.5 万套,经济适用住房约 0.2 万套,安居型商品房约 2 万套,拆迁安置房约 0.9 万套。2011 年,计划竣工保障性安居工程项目 1 万套,实际竣工约 1.05 万套,占"十二五"规划 5 年总体目标的 5%。其中,公共租赁住房约 0.79 万套,经济适用住房约 0.02 万套,安居型商品房约 0.05 万套,拆迁安置房约 0.19 万套。②

表 4—2　　　　2011 年、2012 年保障性安居工程实施情况　　　　(万套)

年度	指标	实际完成	公共租赁住房	安居型商品房	拆迁安置房	经济适用住房
2011	新增安排	6.2	3.4	2.0	0.8	0
	新开工	7.6	4.5	2.0	0.9	0.2
	竣工	1.05	0.79	0.05	0.19	0.02
2012	新增安排	4				
	新开工	3.8759	2.7303	0.1353	1.1331	
	竣工	1.7981				

　　资料来源:深圳市住房和建设局。

---

① 深圳市住房和建设局提供数据。
② 同上。

2012 年，计划新增安排保障性安居工程项目 4 万套，建筑面积约 262 万平方米；计划新开工保障性安居工程项目 3.5 万套，其中，公共租赁住房约 2.07 万套，安居型商品房约 0.77 万套，拆迁安置房约 0.66 万套；计划竣工保障性安居工程项目 1 万套，其中，公共租赁住房约 0.66 万套，经济适用住房约 0.21 万套，安居型商品房约 0.13 万套。而实际新开工、竣工住房数分别为 3.8759 万套、1.7981 万套，超计划目标 10.74% 和 79.81%[①]（见表 4—2）。

2. 住房保障覆盖面逐步扩大

近年来，深圳市不断加大住房保障工作的力度，2007 年、2008 年，深圳市分别面向社会低收入家庭提供 6006 套、2726 套保障性住房，基本上解决了 2005 年 12 月 31 日之前取得本市户籍低收入家庭住房困难问题。同时，自 2005 年以来，深圳廉租住房保障覆盖率已达 100%，目前登记在册、符合条件的 2494 户低保户均已享受了廉租住房保障，做到了"应保尽保"。"十一五"规划期内，深圳市基本解决了户籍低收入家庭住房困难问题。2010 年，深圳市进一步将住房保障对象从户籍低收入家庭扩大到户籍住房困难家庭，从户籍人群扩大到符合一定条件的非户籍人群。目前，深圳已初步形成了双特困家庭租住廉租住房，"夹心层"家庭等群体租住公共租赁住房，低收入家庭购买经济适用住房的多层次住房保障体系。此外，根据城市发展和产业升级的需要，深圳将高层次专业人才、高新技术产业人才、创新产业人才、初级公务员、军休干部等群体的住房问题，纳入住房政策体系加以统筹考虑。保障对象从户籍低收入家庭扩大到户籍无房家庭，从户籍住房困难家庭向非户籍住房困难人才家庭延伸，形成了多层次、广覆盖的住房保障体系。

3. 形成了有特色的住房保障体系和保障方式

建立和完善了以公共租赁住房和安居型商品房为主，以货币补贴为重要补充的住房保障方式。2007 年，深圳市在全国率先建立了公共租赁住房制度，其主要目的在于解决廉租住房和经济适用住房保障范围之间"夹心层"人群的住房问题，实现廉租住房、公共租赁住房和经济适用住房在不同保障层次和保障范围之间的无缝衔接。同时根据人才安居工程的需要，创造性地提出"安居型商品房"这种新的保障类型。除实物保障外，还进

---

① 根据深圳市住房和建设局提供的数据整理。

一步扩大了货币补贴的范围，对杰出人才、领军人才实行3—10年的免租优惠政策或住房租赁补贴，对高、中、初级人才实施3年的住房租赁补贴。目前形成了以安居型商品房、公共租赁住房解决户籍无房家庭住房困难，以公共租赁住房、租房补贴解决非户籍人才家庭住房困难的住房保障体系。

4. 构建了完善的住房保障工作管理机制

深圳市不断总结经验教训，逐步摸索出一套相对成熟完善、系统科学的住房保障工作管理机制。一是科学制定住房规划计划。制定住房保障发展"十一五"、"十二五"规划和年度实施计划，有效协调规划和具体建设等问题，切实发挥了规划的龙头和指导作用；二是积极筹集房源，采取清退、市场竞拍、租赁和配套建设等方式，多渠道筹集保障性住房房源；三是落实资金，积极引入了企业代建等模式，充分运用社会力量和资金加强保障性住房的开发建设力度，以缓解政府财政压力；四是严格准入条件，强化资格审查，采取"三级审核，两次公示"，"九查九核"的审核模式（即对申请家庭户籍、车辆、住房、保险、个税、存贷款、证券、残疾等级及优抚对象等情况的"九查九核"），并将工作重点下移至街道办事处和社区站；五是定价定租，采取政府物价管理部门定价方式，并充分考虑低收入家庭的经济承受能力；六是加强后续管理，加强定期复核，建立完善了公共租赁住房退出机制与经济适用住房的产权管理制度。深圳市住房保障的"统一规划、统一计划、统一筹建、统一对象、统一合同范本、统一价格标准、统一时间安排和统一产权管理"等"八个统一"，不仅规范了系统科学的住房保障工作管理机制，而且对进一步推动深圳住房保障工作，促进住房保障工作长效化、常态化起到了积极的促进作用。

5. 保障住房建设模式日趋完善

积极借鉴香港等地轨道交通建设运营的成功经验，通过地铁车辆段（站）上盖物业配建、商品房用地出让配建、城市更新配建等方式，多渠道筹建保障性住房，提高土地资源利用效率，解决土地供应"瓶颈"问题；通过探索代建总承包、引入BT等模式，拓宽保障性住房投融资渠道，加快建设速度，缓解资金压力；在保障性住房建设上推行绿色建筑标准，打造宜居社区。

（三）深圳市住房保障改革创新的主要举措和经验

深圳市一直重视中低收入家庭的住房问题，尤其是2007年以来，深圳住房保障工作取得了显著成绩。其主要措施和经验如下。

1. 强化理论研究和调研，为住房保障改革提供科学依据

住房保障是社会保障体系的有机和重要组成部分，涉及社会公平正义与社会和谐稳定。为确保住房保障工作的科学合理、可持续发展，深圳市住房保障工作坚持以理论研究、基础调查为先导，以先进的住房保障理论为指导，积极创新住房保障工作新思路、新方法和新模式。

自 2006 年以来，深圳市住房保障政府主管部门先后设立了《深圳市住房保障体系总体方案研究》《深圳市公共租赁住房建设和管理模式研究》《深圳市企业自有用地政策性住房建设问题研究》《深圳市保障性住房轮候登记制度研究》等一系列课题，并组织专业机构、社会力量进行全面研究。2007 年，深圳市承接了原国家建设部《公共租赁住房（含廉租房）建设及管理机制研究》课题，在扎实研究的基础上，率先提出了"公共租赁住房"的概念，以及以公共租赁住房覆盖两个"夹心层"，实现住房保障对象无缝对接的基本思路。2007 年 9 月，为切实掌握全市户籍低收入住房困难家庭的情况，在深圳市政府统一部署和指导下，深圳在全市范围内全面开展了户籍低收入住房困难家庭情况的普查工作，取得了圆满成功。经过普查，深圳市住房保障主管部门首次全面准确地掌握了深圳市户籍低收入住房困难家庭的数量、分布和收入等第一手资料，为深圳住房保障规划、计划的修订和调整，政策的制定，保障性住房管理提供了科学的数据支撑和积极有效的技术支持。

2. 健全和完善的住房保障政策法律体系，保证了住房保障工作的顺利推进

深圳市相当重视住房保障的立法工作。2007 年，市政府出台了《关于进一步促进深圳市住房保障工作的若干意见》；2008 年，出台了有关廉租住房、公共租赁住房、经济适用住房等相关规定，初步构建了以深圳政府第 262 号文件为核心，由《深圳市公共租赁住房管理暂行办法》《深圳市经济适用住房管理暂行办法》和《深圳市廉租住房保障管理办法》组成，具有深圳特色，涵盖廉租住房、公共租赁住房和经济适用住房的多层次住房保障政策体系。为提升住房保障法规的层次，健全住房保障法规体系，2011 年颁布、实施了《深圳市保障性住房条例》。同时，不断完善、充实和细化包括非户籍常住家庭申请公共租赁住房的申请办法、保障性住房轮候登记、保障性住房诚信管理等在内的相关制度规范。健全的住房保

障政策法规体系，有力地保证了住房保障工作的有序推进，使住房保障法
制化、规范化。

3. 多渠道筹建保障性住房房源，拓宽保障性住房资金筹集渠道

为提高住房保障的覆盖面，深圳市创造性地提出了筹建保障性住房的
"八种渠道"：（1）市、区政府直接投资组织建设；（2）鼓励企业投资建
设保障性住房（含房地产开发企业建设经济适用住房及采取 BOT 方式参
与建设公共租赁住房）；（3）在部分出让的商品住宅用地上按一定比例配
套建设保障性住房；（4）在旧城旧村改造中按一定比例配套建设保障性
住房；（5）调整原有的待建土地建设保障性住房；（6）将在各类产业园
区建设中相关企业集中配套建设的公寓、宿舍纳入全市公共租赁住房管理
体系；（7）政府依法没收的可以用于公共租赁的住房；（8）住房保障机
构向社会购租的住房。筹措的房源被统一纳入全市住房保障体系。

稳定的资金来源是保障性住房建设的保证，为缓解政府财政压力，深
圳市开创性地提出了保障性住房资金筹集的"八个渠道"：（1）市、区财
政部门拨付用于保障性住房建设的专项资金；（2）全市年度土地出让净
收益的一定比例；（3）住房公积金增值收益中扣除计提住房公积金贷款
风险准备金、管理费等费用后的余额；（4）出售保障性住房回收的资金；
（5）出租保障性住房及配套设施的租金收入；（6）财政借款；（7）社会
捐赠用于保障性住房建设的资金；（8）通过投融资改革纳入保障性住房
建设的社会资金。

4. 创新住房保障工作机制，职责明确，运作规范

自 2008 年起，按照统筹兼顾、属地管理原则，深圳建立了市、区两
级住房保障工作责任分解制度，通过市政府与区政府签订责任书的形式，
将保障性住房用地申报、建设等任务分解至各区和其他相关职能部门。
2009 年成立了市住房和建设局，进一步强化政府的住房保障职能，并实
行市、区、街道三级管理网络，加强区、街道住房保障力量和基础工作力
度。在住房保障规划计划、房源筹集、资金落实、申请审核、定价定租、
后续管理等方面实行"八个统一"的原则，提出了筹建保障性住房的
"八种来源"和资金筹集的"八个渠道"，并建立了"三级审核，两次公
示"的"九查九核"审查程序，逐步摸索出一套相对科学的住房保障管
理工作机制；有效地促进了深圳市保障性住房建设管理效率的提升，提高
了整个住房保障工作效率，保证了住房保障分配的公平。

5. 制定较为科学的租售价格与货币补贴标准，引导居民理性地选择住房消费

深圳市保障性住房租售价格与货币补贴标准以市场商品住房价格以及社会其他存量住房价格为参照依据，根据不同保障对象和收入水平，实施差异化的租售价格，利用价格杠杆因素，引导保障对象选择合理的住房保障方式，促进保障性住房与市场商品住房价格相互补充、良性互动。将存量政策性住房（包括福利房、微利房和房改房等）的租售价格逐步纳入公共租赁住房和安居型商品房价格体系，实施统一管理。针对不同住房困难家庭出租的公共租赁住房，实行差异化的货币化补贴标准，建立"市场租金、租补分离、梯度补贴"的公共租赁住房保障模式。

6. 建立了统一的住房保障信息系统，完善了准入与退出机制

深圳市建立了全市统一的保障性住房数据库，整合全市住房保障对象的户籍、住房、收入、资产、社保、学历职称等信息，建立互联互通的住房保障管理信息系统。强化准入，提高审查效率，促进保障性住房分配的公开、公平与公正；推行住房保障专员制度，完善了住房保障申请审核机制；建立了保障对象信息诚信申报及动态核查机制。申请家庭在轮候以及享受住房保障期间，户籍、住房、收入、资产、社保等情况如发生变化，按规定要主动向住房保障主管部门申报。健全了后续监管和动态核查机制，对弄虚作假骗购、骗租保障性住房或骗取货币补贴，未按合同约定使用保障性住房或存在转租、转售等违规违约行为的，依法严肃查处，同时作为不良行为予以记载、公示，并记录进个人诚信档案。

二　武汉市住房保障制度改革实践与创新

（一）武汉市住房保障的发展情况

武汉市早在 1988 年，就在全国率先开展了建设解困房和住房合作社的工作，以解决低收入家庭的住房困难问题，开启了对居民住房保障的探索工作。经过十多年的发展，到目前为止，已经初步建立了以提供经济适用住房（1993 年开始）、廉租住房（2002 年开始）、限价商品住房（含棚改房、2007 年开始）、公共租赁住房（2010 年开始）等为保障方式的，主要面向社会最低收入和低收入家庭的多层次住房保障体系。

1. 经济适用住房保障的发展情况

武汉市从 1993 年起建立了经济适用住房制度。经济适用住房建设一直是武汉市住房保障建设和供给的主体。2005 年出台了《武汉市经济适用管理办法》，此后，于 2008 年、2009 年进行了修改和完善，目前执行的是 2009 年颁布，于 2010 年实施的《武汉市经济适用管理办法》；2012 年武汉市停建经济适用住房，将其并轨至公共租赁住房体系。

武汉市经济适用住房的准入条件为具有城镇户口的低收入住房困难家庭。目前执行的具体收入和面积标准为人均可支配收入在 824 元以下，且人均住房面积在 16 平方米以下的家庭。由于武汉市经济适用住房需求较大，为了限定购房对象，从 2005 年起，武汉市实行经济适用住房资格证申领制度。符合条件的持证家庭通过摇号办法确定购房资格。自 2006 年以来，武汉进入大规模的城市化阶段，因重点市政工程而产生了大批拆迁安置户。部分经济适用住房房源被用于安置拆迁户。在经济适用住房房源的分配上，优先给拆迁户安置经济适用住房，然后是对社会销售的经济适用住房，只有通过摇号排队办法，符合条件的困难家庭才能购买经济适用住房。在整个"十一五"期间，面向社会公开销售的经济适用房为 19737 套，占 5 年销售总数的 26%。2009 年，面向社会公开销售的房源仅占 14%（见表4—3）。

表4—3　　　　　　　2006—2011 年经济适用住房分配情况统计　　　　　（万平方米；套）

年份	竣工	销售	其中					
			公开销售	占比（%）	对接拆迁	占比（%）	安排廉租房	占比（%）
2006	58.64	8571	3155	37	5234	61	182	2
2007	98.35	9646	2362	24	6712	70	572	6
2008	122.27	19025	7240	38	11128	59	657	3
2009	163.34	19170	2691	14	15138	79	1341	7
2010	135.26	20400	4289	21	10960	54	5151	25
2011	–	15060	4000	27	11060	73	–	–
合计	577.86	91872	23737	26	60232	65	7903	9

资料来源：武汉市住房保障和房屋管理局提供数据。

说明："十一五"竣工和销售情况含"十五"结转的项目。

武汉市经济适用住房价格从 1998 年的 980 元/平方米上涨到 2011 年的 3050 元/平方米，上涨了 311%（见表 4—4）。武汉市经济适用住房准入条件为人均可支配收入 824 元以下的家庭。实际上，符合购买资格的家庭并没有购买能力。以 2011 年为例，经济适用住房的房价收入比为 8.3，超过国际通行的房价收入比 3—6 倍的正常区间。

表 4—4　　　　1998—2011 年武汉市经济适用房平均销售价格情况　　　　（元）

年份	1998	1999	2000	2001	2002	2003	2004	2005	2006	2007	2008	2009	2010	2011
价格	980	1296	1420	1431	1530	1714	1950	2300	2550	2680	2720	2850	2900	3050

资料来源：武汉市住房保障房屋管理局。

2. 集资合作建房

自 1988 年以来，武汉市在全国较早成立了社会型住宅合作社①，而且还有 100 余家单位集资合作建房，共建 562.91 万平方米，为 5.3 万户住房困难的职工家庭改善了住房条件。集资合作建房是一种定向建设的经济适用住房，面向对象为本单位职工，不能对外销售。准入方式是以本单位按经济适用住房政策所规定的购买资格条件对申请人打分排队确定，不用办理经济适用房购买资格证明。从 2009 年起，武汉市停止以集资合作建房名义建设经济适用住房。2010 年完成计划拟建的集资房建设后，集资合作建房于 2011 年正式退出武汉市住房保障体系。

3. 限价房住房保障政策

武汉市限价房主要解决城市及国有工矿棚户区改造、旧城改造、重点工程建设项目的被拆迁住房困难家庭的拆迁安置问题。因此根据限价房在武汉的实践模式，称其为"限价安置商品房"更恰当。武汉市自 2007 年起开始建设限价安置商品房，单套套型建筑面积控制在 90 平方米以内。《武汉市限价安置商品房建设管理试行办法》规定："限价房建设应当与市重点工程项目拆迁对接。限价房建设用地公开出让前，应当合理确定房屋最高销售价格、销售对象、套数及面积、建设工期、销售监管等限制性内容，并在项目用地的出让文件和出让合同中予以明确。"可以看出，武

---

① 1991 年，武汉市建成全国最早、最大的社会型合作住宅小区。

汉市限价房采取的是先限房价再定地价的方式。

表4—5　　　　2003—2010年集资合作建房竣工面积　　　　（万平方米）

年份	集资合作建房	年份	集资合作建房
1998年末累计	155.78	2005	52.87
1999	26.57	2006	51.67
2000	19.6	2007	32.65
2001	15.2	2008	40.6
2002	16.65	2009	—
2003	27.47	2010	87.17
2004	36.68	合计	562.91

资料来源：武汉市住房保障和房屋管理局。

4. 武汉市廉租住房保障发展及现状

武汉市自2002年开始建立廉租住房制度。2003年，廉租住房保障工作全面展开。从2003年发展至今，最初仅对2905户低保家庭提高保障，其中租金核减2677户，配房租赁228户。到2010年底，政府已累计投入廉租住房保障资金近14.59亿元，共对6万余户低收入困难家庭实行了廉租住房保障，其中，配房租赁20283户，租金补贴42533户，租金核减5019户，基本实现了对全市人均月可支配收入600元以下、人均住房建筑面积12平方米以下的低收入住房困难家庭的"应保尽保"。

武汉市廉租房保障制度发展经历了"一个转变，三次扩容和一次提标"。

"一个转变"是指廉租房主要保障方式的选择，从以货币补贴为主逐步转向以实物补贴为主。自2008年以来，廉租住房建设套数呈上涨趋势，由2007年的385套激增至2008年的1505套；2009年达到7500套，同2008年相比又翻了5番；2010年，配房租赁套数为10000套。扩容、提标是指保障准入标准不断放宽，补贴标准逐渐提高。到2006年底，对16176户人均住房使用面积在6平方米以下的最低收入家庭全面实现廉租住房保障。第一次扩容是在2007年，标准放宽为使用面积8平方米的满足条件的低保家庭；2008 年上半年完成对全市该标准以下 21569 户的全覆盖。第二次扩容是在 2008 年下半年，标准放宽至人均可支配收入 400 元以下，使用面积 8 平方米的低收入困难家庭，覆盖面较先前仅涉及低保家庭有所扩大。2010 年上半年完成了对这一人群的"应保尽保"。2010 年第三次扩容，将范围扩至人均每月可支配收入 600 元以下（含）且人均建筑面积 12 平方米以下的家庭。截至目前，武汉市已基本上实现了对中心城区人均月可支配收入 600 元以下、人均住房建筑面积 12 平方米以下的城镇低收入住房困难家庭的"应保尽保"。

另外，廉租房补贴标准也逐步提高，按人均建筑面积 13 平方米，每平方米补贴标准从 6 元/月调整至 7—10 元/月不等，其中，中心城区标准统一为 10 元/月。

表 4—6　　　　　　　　2003—2010 年廉租房情况统计　　　　　　　　（户）

保障方式	2003 年	2004 年	2005 年	2006 年	2007 年	2008 年	2009 年	2010 年
租金核减	2677	3584	5326	7917	7850	8000	5564	5019
租金补贴	–	–	2106	7959	12441	29523	27125	42533
配房租赁	228	129	236	300	385	1505	7500	10000
合计	2905	3713	7668	16176	20676	39028	40189	57552

说明：①租金核减和租金补贴为累计数，即下一年度包括上年度完成数据和退出保障的数据。

②廉租房租金标准每平方米使用面积 0.75 元/月。

5. 武汉市 2003—2010 年保障性住房供给结构情况

2003—2010 年各类保障性住房竣工面积总计达 1185 万平方米，其中，经济适用住房竣工面积 749.79 万平方米，占各类保障性住房竣工面积总数的 63.28%；廉租住房竣工面积 105.855 万平方米，占 8.93%；集资合作建房竣工面积 329.11 万平方米，占 27.78%[①]（见表 4—7）。

---

① 武汉市住房保障和房屋管理局提供数据。

表4—7 　　　　 2003—2010 年武汉市保障性住房供应情况（按竣工面积）

（万平方米；%）

年份	住房竣工面积	经济适用住房竣工面积	经济适用住房占比	廉租住房竣工面积	廉租住房占比	集资合作建房竣工面积	集资合作建房占比	保障性住房合计占比
2003	600.24	61.16	10.19	1.25	0.21	27.47	4.58	14.97
2004	608.91	56.25	9.24	0.71	0.12	36.68	6.02	15.38
2005	722.25	54.52	7.55	1.30	0.18	52.87	7.32	15.05
2006	774.47	58.64	7.57	1.65	0.21	51.67	6.67	14.46
2007	811.62	98.35	12.12	2.12	0.26	32.65	4.02	16.40
2008	768.23	122.27	15.92	7.83	1.02	40.6	5.28	22.22
2009	824.58	163.34	19.81	39.00	4.73	–	–	24.54
2010	3452.70	135.26	3.91	52.00	1.51	87.17	2.52	7.94

资料来源：武汉市住房保障和房屋管理局。

说明：①廉租房由套数换算得到竣工面积；2003—2007 年套均面积约 55 平方米，2008 年后套均面积约为 52 平方米；2009 年、2010 年套均面积约为 50 平方米。

②集资建房数据含军队建房；2009 年停止下达建设集资合作建房计划，2010 年竣工面积为 2008 年未完成的计划；2011 年起停止建设集资合作建房。

6. 武汉市 2011—2013 年保障住房发展情况

截至 2013 年上半年，武汉市已开工建设各类保障性住房 1030.6 万平方米，计 256374 套（户），占规划总目标的 64%。其中，廉租住房开工建设 55.9 万平方米，计 11183 套，占目标任务的 56%；公共租赁住房开工建设 326.7 万平方米，计 59398 套，占目标任务的 47%；经济适用住房开工建设 223 万平方米，计 29735 套，占目标任务的 61%；限价商品住房开工建设 425 万平方米，计 47220 套，占目标任务的 65%；棚户区改造开工建设计 108838 套（户），占目标任务的 83%。2011 年至 2013 年 6 月，武汉市商品住房供应面积分别为 1585.46 万平方米、1474.23 万平方米和 588 万平方米，其中普通商品住房与保障性住房供应量分别为 1355.57 万平方米、1281.11 万平方米和 490.45 万平方米，占新增商品住房供应量的比例分别为 85.5%、86.9% 和 83.41%。[①]

表 4—8　　　　2003—2010 年武汉市各类保障性住房供应结构情况　　（万平方米;%）

年份	经济适用房		廉租房		集资合作建房		每年的总竣工积
	竣工面积	占该年保障房总竣工面积的百分比	竣工面积	占该年保障房总竣工面积的百分比	竣工面积	占该年保障房总竣工面积的百分比	
2003	61.16	68.04	1.254	1.40%	27.47	30.56	89.884
2004	56.25	60.07	0.7095	0.76	36.68	39.17	93.6395
2005	54.52	50.16	1.298	1.19	52.87	48.64	108.688
2006	58.64	52.38	1.65	1.47	51.67	46.15	111.96
2007	98.35	73.88	2.1175	1.59	32.65	24.53	133.1175
2008	122.27	71.63	7.826	4.58	40.6	23.78	170.696
2009	163.34	80.73	39	19.27	—	—	202.34
2010	135.26	49.29	52	18.95	87.17	31.76	274.43
合计	749.79		105.855		329.11		1184.755

　　资料来源：武汉市住房保障和房屋管理局。

表 4—9　　　　　　　2011—2012 年保障住房发展情况统计　　　　　　（套;%）

类别	"十二五"规划指标	2011—2012 年实际完成数	完成规划指标的比重
新增廉租住房	20000	8655	43.28
新增公共租赁住房	127000	53113	41.82
新建经济适用住房	49000	25890	52.84
棚户区改造	131000	94553	72.18
新建限价商品住房	73000	41297	56.57
合　计	400000	223508	55.88

　　数据来源：武汉市住房保障和房屋管理局。

　　[①]　武汉市住房保障和房屋管理局提供数据。

　　2011 年，武汉市提出建立和完善以公共租赁住房为主的租赁型保障和以限价商品住房为辅的产权型保障并行的新型住房保障体系。为建立以公共租赁住房为主的住房保障体系，武汉市积极推进各类保障性住房并轨工作。2013 年 6 月，武汉市已暂停受理经济适用住房购买资格申请，同时启动公共租赁住房租赁资格证明申请，将原经济适用住房保障对象优先纳入公共租赁住房保障，公布了公共租赁住房保障标准，将城镇中等偏下收入家庭和符合条件的新就业职工纳入保障范围。当前，经济适用住房与公共租赁住房正式并轨，初步构建了住房保障体系以公共租赁住房为主体的住房保障供给体系。

　　保障性住房准入标准放宽，住房覆盖面逐步扩大。一是暂停受理经济适用住房购买资格申请，启动公共租赁住房租赁资格证明申请，原经济适用住房保障对象优先纳入公共租赁住房保障。二是降低了公共租赁住房准入条件。城镇居民家庭申请人须具有本市城镇常住户口，共同申请人具有本市城镇常住户口或持有武汉市居住证；申请人须具有稳定工作，家庭上年度人均月收入低于 3000 元，单身居民低于 3500 元；无房或人均住房建筑面积低于 16 平方米；申请人与共同申请人之间有法定的赡养、抚养或者扶养关系。符合前三项条件且达到 28 周岁的未婚人员、不带子女的离婚或丧偶人员可作为单身居民申请。新就业职工申请人及共同申请人具有本市城镇常住户口或持有武汉市居住证；申请人具有大中专及以上学历，且毕业未满 6 年；上年度申请人及共同申请人人均月收入低于 3000 元，单身居民低于 3500 元；申请人已与用人单位签订一年以上（含一年）期限的固定劳动（聘用）合同，且正常缴纳社会保险金或住房公积金；申请人和共同申请人在本市范围内无房且未承租公房。将新就业大学生和外来务工人员纳入公共租赁住房保障范围。三是逐步扩大廉租住房保障范围。家庭人均月可支配收入 600 元以下、人均住房建筑面积 12 平方米以下的城镇低收入住房困难家庭可以申请配房租赁；货币补贴标准提高至人均建筑面积 13 平方米。截至 2013 年 5 月底，中心城区已对 11091 户保障对象实施实物配租，对 30457 户实施租金补贴（含实物配租轮候家庭 14082 户），合计 41548 户。四是限价商品房的销售对象从原先的被征收家庭扩展到由人才强市战略引进的各类人才。

（二）洪山模式创新：城中村改造与公租房建设融合①

保障性住房建设资金需求巨大，仅依靠政府财政投入，难以保证住房保障的可持续发展。"十二五"期间，公共租赁房是住房保障的重点，由于租赁式住房保障一次性投资大，而投资收回是依靠出租的租金纯收益，投资回收期长，利润空间有限，社会资金参与公共租赁房融资的积极性不高。如何吸引社会资金，加快公租房建设是解决保障住房资金短缺的有效途径。武汉市洪山区政府吸引社会资金在城中村改造中建设公租房（简称"洪山模式"）方面进行了有益的探索。

1. 洪山模式

2011 年，武汉市洪山区政府在马湖村和南湖村"城中村"改造中，试点建设一部分公租房，是将城中村改造还建项目与公租房房源筹建有机结合起来的一种模式。具体体现为：

在规划建设新区前，村集体作为城中村改造项目投资主体先了解掌握哪些村民愿将还建多余房源用于公租房，并与村民签订委托协议，明确由村集体成立的经营实体负责这部分房源的具体租赁事务；而公租房建设采取整栋集中建设模式，以便于集中管理。具体租赁模式为：村民委托村集体经营实体统一租赁；村集体经营实体与公租房运营机构签订包租协议（9年）；公租房管理部门依据公租房政策核定资格并确定租户；租户与村集体经营实体签订租赁协议，即村民不与公租房运营机构和租户发生直接关系。房屋由政府出资进行简单装修，承租人购置简单家具即可拎包入住。公租房的租金水平是由第三方专业估价机构根据所在地同类住房市场租金水平评定的。由政府先按市场租金向村集体组织统一包租，纳入"公共租赁房"保障体系中，然后租赁给符合条件的城镇中低收入困难家庭和新就业职工，再针对各被保障对象的具体情况实行有差别的租金补贴。

武汉市洪山区马湖村和南湖村的 855 套公租房作为武汉市第一批城中村改造的公租房已全面竣工并按公租房的准入条件受理申请。其经验具有推广价值。

2. 洪山模式特征解析

洪山模式是公租房筹建的新模式，其最大特征就是建立了一种新的保

---

① 该部分发表在《中国房地产》2012 年第 2 期上。

障方式——货币配租，并与城中村改造结合起来，成功地化解了社会众多矛盾问题。

（1）货币配租

"货币配租"是"实物配租"和"货币补贴"两种住房保障方式以外的另一种新型住房保障方式。即政府向住房困难家庭提供指定房源（房源可以来源于社会，也可由政府新建）后，先由房源提供者向租户收取市场租金，而后政府依据各家庭可支配收入，给予目标群体相应的货币补贴，实现该群体住有所居的目标。

货币配租方式吸收了货币补贴的优点，也解决了货币补贴所存在的部分问题。货币补贴模式与实物配租模式相比较，一是无需政府重新投入土地及大量的资金，就能实现对目标群体住房保障的目的；二是在住房保障财政支出既定的情况下，可以覆盖更多的目标群体，充分发挥资金的保障效率；三是货币补贴较实物配租更便于管理；对获得实物配租的目标家庭来讲，巨大的租金利益使得目标家庭在收入得到改善后也不愿退出，退出机制缺乏，已成为廉租住房实物配租的硬伤，而货币补贴模式只要政府停止发放补贴资金，则收入改善后的目标家庭就直接退出了保障范围。显然，货币配租方式吸收了货币补贴的这些优点。货币补贴模式往往是以住房存量拥有符合政府规定及目标群体要求的适当住房为前提条件的，而这一条件，尤其在中国各大中城市，难以得到满足。因此，获得货币补贴的家庭常常将补贴挪用，以补贴家庭生活开支，并没有改善其居住环境。而货币配租，作为一种指定社会房源的配给模式也改变了货币补贴这一明显的劣势。

货币配租方式吸收了实物配租的优点，也解决了实物配租所存在的缺点问题。正如上文所说，一方面，政府既定房源的实物配租，是符合政府要求和目标家庭需求的房源，不会产生货币补贴所出现的补贴资金外溢现象。另一方面，货币配租也解决了实物配租存在的严重缺陷，如实物配租中的住房需要政府投入大量土地和资金等各种资源，且保障人群数量有限；实物配租所产生的"悬崖效应"会对劳动力市场供给产生抑制效应，即目标家庭为了持久获得廉租住房保障，不愿向市场提供劳动；否则，其工资报酬的获得将使得该群体不再符合廉租房保障的条件，而退出意味着家庭生活环境的恶化，实物配租的退出机制形同虚设。即使一些家庭已不再符合廉租房配租条件，但该家庭也会通过各种方式继续占有廉租房，在社会稳定高于一切的现实中，已制定的退出机制形同虚设。显然，货币配租通过调整补贴的额度，并不会导致目标群体生活条件的恶化。同时，补贴权掌握在政府手中，政府停止住房补贴，该群体便自动退出了住房保障范围。当然，货币配租也存在一些缺点：一是租户无法自由选择住房。二是政府既须筹集房源，又须提供住房补贴，执行成本较实物配租和货币补贴更大。三是若政府直接建房，与实物配租一样存在资金筹集的困难问题。

（2）与城中村改造相结合

城中村改造是当前社会矛盾比较集中的难点问题之一。洪山模式则是将低收入人群保障住房建设问题和城中村改造两大难点问题合二为一，成功地化解矛盾的典型模式。

洪山模式既解决了保障性住房建设资金与房源的筹集问题，又解决了城中村农民生活来源保障问题。目前，各地保障性住房建设最大的"瓶颈"即建设资金的筹集，在洪山模式中，由村集体及农户利用征地及拆迁安置补偿费等建设公租房，分担了政府建设保障房的资金压力，缓解了保障性住房房源筹集的问题。由于村集体对巨额补偿款项缺乏必要的投资理财知识，村民同样缺乏对高额拆迁补偿款项的支配管理能力。若运用不善，很可能出现村集体投资亏损和农民短期内将补偿款项挥霍殆尽的情况。在洪山模式中，政府按市场定价以包租形式向村集体和村民租赁房屋，为其提供了长期稳定的收入来源，在很大程度上解决了城中村农民的生计保障问题。

洪山模式对保障性住房建设质量的要求，解决了城中村存在的环境痼疾问题。保障性住房建设质量不仅包含建筑质量，而且包括相关配套设施与配套服务。村集体作为责任主体，按照城市规划和保障性住房户型的要求统一规划建设；在统一规划、选址上建立了完备的基础设施、配套公共设施和相应的服务设施，较城中村无序的建筑及脏乱差的环境而言，在清除了脏乱差环境的同时，也消除了安全隐患，为住房者提供了更安全、更有保障的出租屋。

洪山模式既缓解了政府保障性住房建设任务的难度，也为城中村农民市民化及其发展提供了基础。目前各地实行的改造主要是针对城中村的环境改造而没有重视实现农民生存方式转变及未来的发展。现有的各种改造模式，大多没有使农民的生存技能、生活方式发生改变。而洪山模式则可在新建成的小区中，将小区后期运营中的绿化、保洁、保安等物业管理岗位安排给城中村农民（先通过岗前培训），为其提供了工作机会；同时，改变了过去单一的土地保障方式（即土地征收补偿安置方式），向就业、医疗、养老等全方位的社会保障转变，真正实现村民变市民的身份转变。

3. 洪山模式的完善

然而，洪山模式中的土地供给存在明显的盲区，在实际执行中也遇到了供过于求的现实问题。显然，要推广洪山模式就必须改进和完善洪山模式所存在的问题。

（1）土地所有权权能的完善

在洪山模式中，村集体基于城中村改造筹建公租房所使用的土地并非集体建设用地，是已被征收的国有土地，属于国有划拨土地性质，这一性质决定了将产权归属于村集体或村民所有的公租房，存在明显的政府土地补贴性质。而在洪山区公租房营运模式中，政府按市场租金支付给村集体经济组织住房租金，所有租金收入（当然包含土地所有权权能所体现的绝对地租）全部归村集体和村民。显然，洪山模式中政府既存在着对房屋供给者的土地补贴，也存在着对租赁者的货币补贴；后者是政府保障职能的体现，但前一补贴却明显缺乏相应的法律法规依据。对城中村改造中的土地所有权权能的完善可从两个方面进行。第一，城中村改造作为一项公共利益事件，政府可基于社会稳定以及农民市民化过程中所存在的各种困难，以及村集体和农民对公租房建设的支持，将土地所有权权能所带来的收益暂时赠予村集体和农民；在时机成熟时，政府应征收土地所有权所带来的收益。第二，已有部分省市利用集体建设用地开展公租房建设的试点工作也为城中村改造中如何实现土地所有权权能提供了完善的视角。即政府无需将所有集体土地完全征收，可留部分土地维持集体建设用地的性质，用于村集体及农民未来发展之需；若如此，洪山模式中公租房营运模式与土地所有权权能并未产生冲突，对土地性质不变的未来城中村改造，这一模式立足的依据更为充分。

（2）公租房定价与准入机制的完善

洪山模式中公租房的目标群体被定位为户籍在洪山区的中等偏下收入、住房困难家庭及工作单位在洪山区的部分新就业职工。户籍住房困难家庭的准入条件为上年度人均月收入不高于 1500 元，单身居民月收入不高于 2000 元，人均住房建筑面积在 8 平方米以下。新就业职工准入条件为上年度家庭人均月收入不高于 2000 元，单身人员月收入不高于 2500 元，并要求申请人在洪山区内用人单位就业，且毕业未满 5 年的大中专院校毕业生。然而，在 855 套公租房中，仅 331 户申请，出现公租房供过于求的局面。造成这种局面的原因有以下方面：第一，公租房定价过高，或补贴过低；第二，公租房准入条件存在问题；第三，公租房选址存在问题。因此，洪山模式可从如下几个方面进行调整和完善。

第一，改变当前的定价模式，采取适度控租政策。从洪山模式来看，不仅存在土地补贴问题，而且政府对该批住房投入了每平方米 400 元的装修费，再者，政府包租方式节省了农户自身经营过程中所出现的房屋空置、管理维修等各种问题，减少了农民的出租成本，这为洪山模式中的公租房适度控租奠定了基础。

第二，改变当前的单一补贴模式，采取依据收入分层补贴模式。入住率低的另一原因可能是补贴幅度低的问题，一些收入较低的人群不愿申请。在补贴总额一定的情况下，可依据申请人群的收入分层，针对不同收入人群分层补贴，可将一些收入较低的人群纳入其中。

第三，在准入机制中，适度调整面积标准与收入标准，注重两种标准之间的关联性。显然，家庭人均面积低于 8 平方米的准入条件过于苛刻，一般会出现"应保未保"的问题，因为这类家庭收入来源大多有限，在很大程度上导致收入线形同虚设。而收入标准明显存在过高问题，已超过了武汉市 2010 年的家庭平均收入水平，从收入条件来看，存在"保不应保"的问题。因此，目前的洪山模式应将面积标准调整到 13 平方米（最低标准的基本住房面积）或 16 平方米标准（廉租房标准），适当降低收入准入标准。

第四，在准入机制中，对新就业职工可以"鼓励拼租，平摊租金"的方式增加公租房的吸引力。如对新就业职工，对于愿意两入拼租的申请者可考虑采取酌情减免物业费等激励手段。市场租金在政府给予 30% 的补贴后平摊到两个共同申请人后，大大降低了保障对象的租房负担，其价格优势会增加公租房的吸引力。

第五，选址应调整为到产业工业园区等通勤成本低的地方。由于居民的住房实际支付能力，不仅需要考虑居民的实际可支配收入，而且应考虑既定房源与申请人员工作地址之间所产生的通勤成本，包含交通成本和时间成本。因此，当前公租房租户考虑的可能并不是定价高或补贴低的问题，也不是可支配收入能否支付的问题，而是交通成本和时间成本问题。

三　黄石模式：改革创新与经验

公共租赁住房制度是中国住房保障未来发展的重点，如何构建可持续营运的公共租赁住房运行机制是其改革发展的关键。黄石市率先进行了保障住房供给体系并轨改革的探索，其被誉为"黄石模式"。黄石市作为住房和城乡建设部公共租赁住房试点城市，国家开发银行开发性金融支持保障性住房体系建设试点城市，结合自身的实际情况，积极实践，大胆探索，逐渐形成了"政府主导——社会参与——专业平台——商业运作"的公共租赁住房保障模式，为保障性住房建设探索出一条新的路子，具有较强的借鉴性与推广性。

（一）黄石模式的主要做法

公共租赁住房是指政府提供政策支持，限定户型面积、供应对象，政府给予租金补贴，面向中低收入住房困难家庭和"夹心层"等群体出租的保障性住房。黄石市自2009年以来率先在全国探索住房保障制度创新，试行公共租赁住房政策。其主要做法体现在以下几方面。

1. 将多种保障住房产品归并为公共租赁住房，形成统一的保障住房供给体系

从2009年起，黄石市对全市原国有直管公房（含财政投资住房）、廉租房、未出售的经济适用房（含集资房合作房）、行政事业单位及国有企业自管住房、限价商品房、棚户区改造、城中村改造及旧城改造中用于安置的共有产权房（政府与安置对象共有产权）、公务员公寓、外来务工人员周转房等进行清理，统一归并为公共租赁住房。至此，全市实行单一的保障性住房产品——公共租赁住房；同时出台政策鼓励社会单位、个人将多余的住房纳入公共租赁住房体系，按统一的公共租赁住房政策管理。目前，黄石市形成三种类型的公共租赁住房：一是公益型公租房，即政府享有产权的公租房；二是社会型公租房，即由社会投资者享有产权的公租房；三是混合型公租房，政府和社会投资共同享有产权的公租房。单一的

段落缺失

住房保障产品不仅简化和规范了保障性住房产品的管理，提高了地方政府对保障性住房的执行效率，也有利于原不同类型的住房受保障对象实现住房保障的机会公平，真正实现了保障人群的"应保尽保"目标，扩大了住房保障的覆盖面，不仅解决了城市低收入住房困难家庭的住房问题，也向城市新就业职工、外来务工人员和"夹心层"人群提供公共租赁房。据统计，至2011年底，建设和筹集保障住房4.63万套，实现了人均月收入600元以下、人均住房面积14平方米以下家庭的住房保障。另外，统一的公共租赁住房体系有助于将分散的公共资源化零为整，有效地扩大了公共租赁住房的房源，为后续的改革打下了基础。

2. 多渠道筹措资金，解决了保障性住房建设的资金需要

保障性住房建设资金需求巨大，仅依靠政府财政投入，难以保证住房保障的可持续性。为了解决保障住房建设资金的不足，黄石市采取了多渠道筹集资金方式：（1）成立了保障性住房建设和棚户区改造投融资专业平台——众邦城市住房投资有限公司，较好地解决了建设资金不足的问题。该公司是实行企业化管理的国有事业单位，为非营利性机构，采取独资或合资合作投资建设公共租赁住房。该公司在2009年成立之初，政府为其出资4000万元并将国有住房资产7500万元划拨给它，同时，将国有直管公房（含财政投资住房）、廉租房、未出售的经济适用房（含集资房、合作房）及在建的保障住房等优质资产注入该公司，增强了公司的融资能力。至2011年底，公司注册资本金由组建时的1.15亿元扩大到5亿元，总资产由2亿元增加到20亿元，累计融资、吸纳和带动各类社会资本10亿元。① （2）整合各类政府政策性保障住房专项资金，发挥财政资金的效应。将中央财政用于城市棚户区改造和公租房建设的转移支付资金、中央投资补助廉租住房建设和国有工矿棚户区改造的资金、省财政配套资金、地方土地出让金的10%和住房公积金的增值收益金、地方政府其他自筹用于廉租住房的建设资金等各种政策性资金加以整合，统一投入建设公共租赁住房。（3）保障住房用地实行土地出让，其出让收入专项用于保障住房建设。黄石市实行保障住房用地的土地储备制度和有偿使用制度，一方面，保证保障性住房建设用地的需要，目前已储备6000亩保

---

① 杨晓波：《创新机制，打造平台，扎实推进保障性住房建设》，《湖北省住房改革与发展研究会会刊》2011年第16期。

障住房用地；另一方面，增大保障住房建设资金的供给。将保障住房用地的出让收入扣除政府土地开发投入后的收益全部投入保障住房建设，实行专款专用。（4）银行贷款。黄石市是国家开发银行开发性金融支持保障性住房体系建设试点城市，2010年，国家开发银行制定了《开发性金融支持黄石市住房保障体系建设试点的实施方案》，优先扶持黄石市以棚户区改造和公共租赁住房为主的保障性安居工程建设，目前，共获得国家开发银行贷款额度51亿元，其中第一期贷款6亿元已发放到位；第二期22亿元已通过国家开发银行总行评审。

3. 实行"市场租金，租补分离，分类补贴，先租后卖"的市场运行机制

公共租赁住房如何制定租金价格，其住房补贴标准问题，不仅关系到公共租赁住房的保障目标能否实现，而且也直接关系到公共租赁住房的可持续营运问题。黄石市创造性地设计了"市场租金，租补分离，分类补贴，先租后卖"的公共租赁住房保障的运行机制。其主要内容：一是租金由市场定。公共租赁住房租金遵循价值规律，依据地段、房型、面积等因素，参照同地段、同类型房屋的市场租金水平制定房租价格。二是补贴由收入定。保障对象向住房保障中心申领补贴，住房保障中心按照申请人的收入（资产）和住房等情况分类核定补贴，实行梯度和差别化的补贴，符合享受住房租赁补贴条件的家庭情况，其租赁补贴标准与租赁片区的市场租金对应分为若干档；并且每年都要审核一次，根据审核情况调整补贴标准。《黄石市公共租赁住房租金和补贴管理实施细则》规定了公共租赁住房补贴发放标准。其补贴的具体标准为：城市最低收入家庭按保障面积和片区市场租金的90%发放补贴；城市低收入家庭按保障面积和片区市场租金的80%发放补贴；引进的高层次人才、在黄石工作的省部级以上劳动模范、全国英模、荣立二等功以上的复转军人、烈士家属、伤残军人家庭等按保障面积和片区市场租金的40%发放补贴；新就业人员、外来务工人员按保障面积和片区市场租金的30%发放补贴。三是住房补贴由"暗补"变"明补"。黄石市住房租赁补贴统一向保障对象发放住房券，租户按租约按期交付租金，按季度发放租金补贴，实行租补分离，将原来的住房保障通过各种形式和途径的"暗补"，转变为以市场租金和发放住房券为基础的"明补"机制。这避免了"暗补"的暗箱操作和分配不公问题，既解决了因不同户型，不同区位的实物补贴差异所导致的不公平问

题，也通过针对不同收入者提供不同的补贴标准，体现了垂直公平，体现了住房保障的公平性。可以说，黄石模式的公共租赁住房运行机制，找到了公平与效率的较好平衡点。四是"先租后卖，租售转换"。《黄石市公共租赁住房管理暂行办法及实施细则》规定："公益性公共租赁住房先租后售、租售并举，承租人享有优先购买所租住的公益性公共租赁住房的权利。"

"公益性公共租赁住房承租人在租满五年后，可申请购买其所租住的公益性公共租赁住房的完全产权。"公共租赁住房租住满一定年限后，若保障对象有能力且愿意购买，可部分出售，承租人享有"部分产权"。在"共有产权"期间，按照公共租赁住房进行租赁管理；租住满5年后，承租人可全部购买，享有完全产权。承租人购买完全产权，在实现保障住房——"物"的退出的同时，实现了保障对象——"人"的退出，初步构建了公共租赁住房流转机制，有效地解决了保障住房良性循环和可持续发展问题。

（二）黄石模式的启示

黄石市从2009年开始，积极探索公共租赁住房制度，在公共租赁住房供给体系、融资机制、分配营运、后期管理等方面进行了一系列的改革和创新。其改革实践对中国住房保障制度建设具有启示作用。

1. 构建以公共租赁住房为主体的住房保障体系，有利于逐步实现住房保障公共服务均等化的目标

中国自20世纪90年代以来，先后出台了经济适用住房政策、集资合作建房政策、廉租住房政策、限价商品住房政策、公共租赁住房政策，基本上形成了以产权式保障（主要是经济适用住房）为主、以租赁式保障为辅的保障住房供给体系。由于住房保障供给多元、多层次运行且互不衔接，这种多轨运行的供给体系存在诸多问题。一是政策上的无缝覆盖但在实际操作中，由于保障性住房的供应不足与保障对象的住房支付能力不足，在廉租住房与经济适用房之间，在经济适用房与公共租赁住房之间，在经济适用住房与限价商品住房之间存在大量的缝隙难以覆盖，即所谓的"夹心层"人群，使"应保未保"和"保不应保"的问题较为突出。二是各类保障对象难以明确界定，保障"错位"。以经济适用住房为例，1994—2007年，其保障对象为城镇中低收入家庭；2007—2009年为城镇

低收入家庭。2010 年，保障对象为城镇低收入家庭和城镇中低收入家庭。城镇低收入家庭和相当部分的城镇中低收入家庭不具备购买经济适用住房的基本支付能力，经济适用住房存在制度性的不公平问题。三是现行的保障住房供给层次划分标准不科学，保障住房分配不公平。在现行的住房保障供给体系中，经济适用住房、公共租赁住房、廉租房的准入条件是以人均收入水平和人均住房面积为标准的；而集资建房、合作建房及限价房是针对特定人群的，没有准入标准。由于准入标准设置不科学，保障住房供给体系是一种跳跃的断层式的住房保障体系，导致保障住房分配的不公平。四是多层次的保障性住房分类供应造成在准入与退出环节中，其执行与监管的高额制度成本，造成保障资源的制度性耗散，降低了住房保障的实际效率。多层次的保障性住房分类供应体系有违住房保障的公平与效率原则。鉴于此，黄石市构建了以公共租赁住房为主的保障性住房供应体系，实现了供应体系并轨的改革，创新了供给机制，将经济适用住房、集资住房、合作住房、廉租住房等保障性住房统一转化为公共租赁住房，增量保障性住房全部被并入公共租赁住房。黄石模式构建了以实现"住有所居"为目标，以统一的保障住房供给体系满足保障人群的多元化保障需求的住房保障供给体系。供给体系统一为公共租赁住房后，根据保障对象的住房面积及收入水平等情况，实行分类分层次保障和有区别的梯度租金补贴政策，即原属于廉租房保障对象的，申请公租房仍享受原廉租房的待遇，实行实物配租或提高租金补贴标准；原属于经济适用住房（含部分限价房）保障对象的，实行货币配租或货币补贴。①"黄石模式"简化和规范了保障性住房供给渠道，提高了政府对保障性住房的执行效率，也有利于原不同类型的保障对象实现住房保障的机会公平，保证了住房保障的无缝覆盖，对实现"住有所居"的住房保障目标具有普遍的指导意义。

2. 公共租赁住房建设、营运管理实行市场化运作机制，有利于实现住房保障的可持续发展

公共租赁住房是采取市场化方式运作，还是由政府包揽？这是公共

---

① 货币配租是指政府和企业投资兴建保障房，政府对保障房营运进行统一管理，按照市场租金水平的标准收取租金，政府给予保障对象一定的租金补贴。货币补贴则是政府不需要为保障对象提供保障房，由保障对象自行在住房市场上租房，同时给予一定货币补贴或者住房券，提高保障对象的住房支付能力。

租赁住房能否可持续发展的重要问题。目前从各地的实践来看，公共租赁住房运作模式可以归纳为三种：（1）政府模式。即土地无偿划拨，由政府投资、政府融资、政府营运管理。（2）混合模式。即政府无偿划拨土地或以土地入股，由社会机构融资和投资建设，公共租赁住房产权归政府，投资者享有经营管理权。（3）市场化模式。即公共租赁住房的投资建设采取市场化模式，社会各类企业通过出让方式获得用地，由企业融资和投资建设，产权属投资企业所有，政府规定投资企业不得改变公共租赁住房的性质。政府在住房保障体系中应发挥主导作用，政府应承担为中低收入者、低收入者（包括城市外来务工者）提供住房保障的责任，用政府"看得见的手"弥补市场这只"看不见的手"的缺陷，真正实现"住有所居"的社会目标。但政府主导住房保障，并不意味着包揽住房保障的全部，若由政府全部包揽，将会重蹈计划经济时代福利住房的覆辙，住房保障不可能得到持续发展。黄石市在市场化运作方面进行了大胆的探索和创新，具有很强的启示作用。（1）公共租赁住房投融资的市场化。黄石市以公共租赁住房制度为核心构建了融资平台，实行多股力量在一个平台上汇集，强化了投入支撑。成立了保障性住房建设和棚户区改造投融资专业平台——众邦城市住房投资有限公司，较好地解决了建设资金不足的问题。同时，实行市场化租金，保证了保障性住房投资者的投资回报，有效地吸引了民间资本、社会资本进入保障住房建设。（2）公共租赁住房用地实行土地出让制。中国目前住房保障用地基本上采用划拨方式，而土地划拨本质上是一种住房保障的实物补贴，当保障对象入住并享受住房租金补贴时，就同时享有实物补贴和货币补贴的双重补贴。由于划拨的土地没有通过市场化运作，其内在的土地价值无法体现，也就难以量化政府的住房保障投入，这与变"暗补"为"明补"的货币补贴改革思路相违背。黄石市实行保障住房用地出让制，实行土地有偿使用，有利于公租房产权的明晰，便于后期公共租赁住房退出保障序列，也避免了现有住房保障"双重补贴"而产生的新的不公平。（3）构建了住房保障动态调整机制和公共租赁住房流转机制。当保障对象收入水平提高后，则降低补贴标准或取消补贴，实现保障对象"人"的退出；公共租赁住房租住满一定年限后，若保障对象有能力且愿意购买，可部分出售，保障对象享有"部分产权"。租住满5年后，可全部购买，持有完全产权，较好地解决了普遍存在的"退出难"问题。

3. 管理机制创新——高效的住房保障工作机制

为稳步推进住房保障工作，提升政府部门的工作效能，保证住房保障的公平性，黄石市探索并实践了保障性住房工作的新机制、模式和方法：（1）以保障有力为目标，构建了市房管局、住房保障中心、众邦公司共同推进保障性住房建设的"三驾马车"运作体系，三者既相互配合、共同协作，又互相制约、互相监督。房产主管部门负责研究和制定相关政策，制定中长期发展规划和年度供应计划。市住房保障中心负责贯彻实施住房保障政策，具体负责申请受理、资格审查、租赁补贴的审核和发放等政策性业务。众邦城市住房投资有限公司作为公益性公共租赁住房营运主体，承担保障性住房建设、投融资、出租、出售和经营管理等工作，代表政府管理国有资产，对纳入公租房管理的社会房源进行租赁管理。（2）创新保障性住房申请审核模式，实行"全程公示"制度，即预公示、审核公示、信用公示、配租公示，使住房保障信息公开透明，保证住房保障分配的起点公平、结果公平。（3）建设了"黄石市公共租赁房管理信息系统"。利用现代信息技术，将住房保障的相关信息集合起来，使其公开透明。这种措施有效地遏制了弄虚作假和"保不应保"的问题，保证了保障住房分配的公平，也提高了住房保障分配、管理的效率。

（三）以公共租赁住房为重点的新型住房保障制度的难点及政策改进

实施住房保障供给体系并轨，构建以公共租赁住房为主体的住房保障供给体系，实现住房保障公共服务均等化的目标，促进住房保障体系的可持续发展是中国住房保障制度改革创新的关键。但住房保障是一项长期性、艰巨性和复杂性的系统工程，因此必须从顶层设计中国住房保障制度，完善住房保障供给并轨过程中的住房保障政策。

1. 保障住房供给并轨改革实行"新房新政策，老房老政策"

中国住房保障制度设计与实践具有典型的问题导向性，使得现有保障体系因难以达到改革的初衷而受到质疑。黄石模式"一个篮子归并"、"一个口子保障"是将原来的"以问题为导向"的住房保障政策体系转向以整体视角重新设计住房保障供给体系的顶层制度。住房保障供给体系的改革，涉及保障利益的调整与重构，为避免政策变动所带来的改革阻力，降低并轨改革所引起的制度变迁成本，确保并轨改革过程中社会各相关利益群体的和谐稳定，一方面需要保证政策的连续性；另一方面又需要制度创新，这必须处理好"新、旧政策"的衔接。住房保障供给体系的改革，涉及保障利益的调整与重构，必须把握好"新、旧政策"的衔接。一是现阶段不同保障住房供给体系并轨，实行"新房新政策，老房老政策"。廉租房并入公共租赁住房体系后，仍实行低租实物配租、货币配租或提高货币补贴标准；原经济适用住房申请家庭，并入公共租赁住房体系后，实行梯度差别化补贴政策。二是对原经济适用住房（含集资房、合作房）进行产权界定，明晰购买人和政府的产权比例。严格限定经济适用住房（含集资房、合作房）上市交易的时间，符合上市交易条件的住房在交易后，按其所持有产权的比例补缴土地出让金，其转让的增值收益由原购买人和政府按产权比例分享。三是清理在建或已立项未开工的经济适用房、集资合作房项目，进行分类处理。在建的经济适用住房项目，应优先出售给现有经济适用住房持证家庭，将剩余部分全部转化为公共租赁住房；将在建的集资建房或已立项未开工的经济适用房、集资合作房项目，全部转化为公共租赁住房。

2. 全面落实"住房分配货币化"的住房补贴政策，完善住房公积金制度，提升居民住房消费支付能力

1998 年，国务院出台的《国务院关于进一步深化城镇住房制度改革，加快住房建设的通知》明确提出，1998 年下半年开始停止住房实物分配，逐步实行住房分配货币化。在停止住房实物分配后，房价收入比在 4 倍以上的，对无房和住房面积未达到规定标准的职工实行住房补贴。住房分配货币化是中国住房制度改革的重大举措，将住房实物分配转变为以货币形式发放住房补贴，变住房的一次分配为二次分配，增加职工工资中的住房消费。但是，截至目前，2002 年以前的在职职工，属无房和住房面积未达到规定标准的，中央、省财政拨款的行政事业单位，垄断型国有公司的货币化补贴基本落实，但省以下地方政府及其他单位基本上未实施补贴，货币化补贴政策还远未到位。对 2002 年以后参加工作的职工，基本上未实行货币补贴，由于目前职工工资中未含住房消费部分，因此，应按原有政策落实住房补贴政策，对老职工（2011年以前参加工作的）实行一次性补贴和逐月补贴相结合的办法，对新职

工（2011 年以后参加工作的），实行逐月补贴。①在住房改革和住房保障制度建立过程中，新政策与原有政策应相互衔接，以保证住房政策的连续性。通过落实货币化补贴政策，对新老职工在住房分配问题上做到公平合理。

调整和完善住房公积金政策，允许保障对象用公积金支付房租，以提升保障对象的支付能力。住房公积金制度是中国法律规定的重要的住房社会保障制度，其目的是保障人们"住有所居"和改善居民的住房条件。目前，公积金采取"双向"筹集制度，单向缴存比例为 5% —12%。住房公积金缴存差距较大，行政事业单位与企业之间，国有企业与非国有企业之间缴存比例与额度悬殊，更有一些单位（主要是民营企业、私营企业等）未按规定为职工缴纳公积金，公积金缴存制度设计上的缺陷强化了已有国民收入初次分配的不公问题。同时，住房公积金的使用制度实质上有"劫贫济富"之嫌，从公积金资金使用的安全性考虑，住房公积金的借款人必须是已缴纳了公积金的储户，具备一定的还贷能力，且住房贷款的月房产支出与收入比控制在 50% 以下（含 50%），月所有债务支出与收入比控制在 55% 以下（含 55%）。这种制度安排使得中低收入家庭难以获得公积金贷款。公积金采取"低存低贷"的政策，导致了公积金二次分配的不合理。同时，住房保障对象也难以用公积金支付房租，《住房公积金管理条例》第 24 条规定，"房租超出家庭工资收入的规定比例的"，可以提取职工住房公积金账户内存储余额用于支付房租。住房公积金制度应重点解决初次分配与二次分配中的不公问题。公积金制度必须成为以中低收入群体为核心目标群体的政策性住房的支持工具。住房保障对象本身是社会的弱势群体，收入水平较低，政策应向中低收入家庭倾斜。因此，应从强化和完善公积金缴存制度，按照人均住房面积标准确定公积金缴存的基本标准，使所有在职人员在公积金的初次分配中基本均等；完善"低存低款"和住房公积金使用政策，建立保障性住房与个人公积金贷款购房定向衔接制度，应允许中低收入家庭提取公积金用于支付住房租金，以增加其住房消费能力。

_____

①　一次性补贴，即按从参加工作当年起至 2011 年的实际工龄进行补贴。以湖北省直机关职工住房分配货币化补贴为例，一次性补贴的计算公式为：（22 元 × 该职工的实际工龄 + 13 元 ×1992 年底以前的工龄）×未达标面积；月补贴标准为：职工当月标准工资 ×32%。

3. 改革现有保障住房财政资金分类管理办法，设立住房保障基金

目前，保障性住房财政资金主要有中央财政专项补助资金、省级财政配套资金及地方政府财政资金。中央财政资金主要包括中央预算内投资安排的廉租住房补助资金及廉租住房建设专项补助资金①、公租房建设的补贴资金、城市棚户区（旧城）改造补贴资金、工矿棚户区改造补贴资金。省级财政资金主要包括公共租赁住房建设配套资金和对棚户区以奖代补给予的资金。地方财政资金主要包括财政年度预算资金、住房公积金增值收益在扣除风险准备金和管理费用之后的余额、土地出让金净收益的 10%、经济适用住房上市交易向政府缴纳的土地收益等。保障性住房财政资金的使用是与其保障供给体系相对应的，其保障资金"各有其位"，专款专用，严格限定各自的使用范围，相互之间不能"错位"。分散且"各归其位"的保障性住房财政资金使用政策，一方面是住房保障财政资金由于受政策的限制而闲置未用，难以发挥财政资金的杠杆作用；另一方面是有限的住房保障财政资金难以发挥"乘数"效用，造成住房保障资金的严重短缺。黄石市在改革试点中，将所有财政资金集中使用，打破了原有的政策规定，取得了较好的效果。但是在现有的体制和财政资金管理框架下，这一做法还难以在全国普遍推行。因此，必须将现有的分散的保障性住房财政资金进行整合，充分发挥财政促进住房保障可持续发展的杠杆引导作用。基本设想是将现有中央财政安排的各类保障性住房建设专项补助资金、财政转移支付资金、省级及地方政府配套的资金、住房公积金增值收益、国有土地出让净收益的 10%、保障住房出售的回笼资金进行整合，设立住房保障基金，形成稳定规范的、统一的住房保障财政资金。地方政府根据住房保障年度目标和财政能力，将保障住房的财政资金纳入市、区二级财政预算，实行预算管理，形成稳定规范的资金来源，建立有利于住房保障可持续发展的财政保障机制。

---

① 财政部 2011 年修订的《中央补助廉租住房保障专项资金管理办法》规定，廉租住房专项资金按照有关地区年度发放租赁补贴户数以及购买、改建、租赁廉租住房套数等因素，并结合财政困难程度系数计算分配。发放租赁补贴户数以及购买、改建、租赁廉租住房套数，权重各占 40% 和 60%。其计算公式为：某地区专项资金总额 = 〔（该地区年度租赁补贴户数 × 该地区上年度财政困难程度系数）÷ Σ（各地区年度租赁补贴户数 × 相应地区上年度财政困难程度系数）× 40% +（该地区年度购买、改建、租赁廉租住房套数 × 该地区上年度财政困难程度系数）÷ Σ（各地区年度购买、改建、租赁廉租住房套数 × 相应地区上年度财政困难程度系数）× 60%〕× 年度专项资金总额。

第五章 公共租赁住房问题

《我国国民经济和社会发展十二五规划纲要》提出了"重点发展公共租赁住房，逐步使其成为保障性住房的主体"这一目标。发展公共租赁住房，有利于完善住房供给体系，增加住房供给，调整住房结构；可以有效地满足中等偏下收入人群"夹心层"的住房需求；有利于引导合理住房消费，逐步形成住房梯度消费模式。公共租赁住房的发展，需要从建设、供给、融资、分配及运营管理等方面完善相关政策，以促进公共租赁住房体系的可持续发展。

一 公共租赁住房建设问题

（一）公租房的空间布局问题

公共租赁住房的空间布局是公租房建设中的重要问题。合理的公租房空间布局不仅事关公租房政策的具体实施效果，还关系着社会的和谐与城市的健康发展。同时，从国外住房保障实践经验来看，保障住房空间布局的规划调控，正成为继政策调控、金融调控之后新的住房保障措施。[①] 笔者拟从公租房区位空间选择的依据及原则和公租房的空间布局方式两方面对公租房空间布局问题进行探讨和分析，以期加深对该问题的理解和认识，更好地发挥公共租赁住房的功能。

1. 公租房区位空间选择的依据及原则

公租房作为保障住房，其区位空间选择不同于普通商品住房，除了要符合城市的基本规划之外，还需要综合考虑保障住房的自身内涵、政策目

---

① 朱晨、岳岚：《基于规划调控的英国住房保障措施研究》，《城市发展研究》2007 年第2 期。

标、保障对象需求和未来发展方向等多种因素，遵循一定的依据和原则。

（1）公租房区位空间选择的适宜性

公租房是保障性住房中的一部分，其首要特征是保障性，其区位空间选择应当确保保障对象的基本生活便利和相对优良的居住环境，即满足区位空间选择的适宜性。一般而言，这主要包括其所处的地理环境应较为优良，相应的城市公共基础设施、商业服务网络以及周边环境应较为完善和理想。

然而，当前中国保障住房区位空间的现状往往是地处远城区，地理位置偏僻，公共配套不完善，入住的保障对象普遍存在出行难、上学难、就医难、就业难等困境，进而加大了入住对象的居住成本，削弱了保障住房的保障属性，在部分城市甚至出现了保障住房的保障对象弃购、弃租等现象，造成住房保障资源的浪费。

其原因是，原有的经济适用住房、廉租住房等保障住房的土地都是行政划拨的，在地方政府对土地财政高度依赖的背景下，在地方政府运营城市的商业理念下，为了控制保障住房的土地成本，更是为了政府减少土地出让金损失，保障住房的用地区位往往被选择在拆迁成本较小、土地价格较为低廉的远城区。保障住房的区位空间在单纯的市场规律下，单靠土地价格进行区位选择，必然会造成空间布局的扭曲，使得本来在住房消费方面就处于弱势的保障对象在住房空间的享有上也趋于弱势，违背了保障原则，加大了社会不公，不利于和谐社会的构建。

为改变这一现状，政府需要转变思路，变保障住房区位选择的价格考虑为适宜性考量，回归保障住房的自身属性。具体而言，公租房区位空间选择的适宜性原则可以细分为[①]：其一，区位分布的均衡优先。即公租房应在一定程度上较为均匀地分布在城市的各个区域。这有利于保障对象公平地享有城市的空间资源与福利性公共设施，同时，通过差异化的区位供给，实现公租房居住成本的差异性，满足不同保障对象的多样化选择，促进社会阶层的流动。其二，大运量城市快速交通邻近地区优先。根据经典的城市经济学居民住宅选址模型，通勤成本是影响城市住宅宜居性的主要因素之一。大运量城市快速交通以其相对低廉的交通成本和高效稳定的运

———
① 汪冬宁、汤小橹、金晓斌、周寅康：《基于土地成本和居住品质的保障住房选址研究——以江苏省南京市为例》，《城市规划》2010 年第 34 期。

力为低收入人群的出行，特别是就业通勤提供了便利，满足了保障对象的宜居要求。其三，公共配套设施优先。对要求生存性保障的低收入住房困难家庭而言，他们对城市公共配套设施的依赖程度往往较高。公租房的布局和规划，应当与医院、学校、商场、公园以及交通等设施体系相匹配，从而为保障对象提供更好的社会公益服务，降低其居住成本，提高保障水平。

（2）公租房区位空间选择的发展性

公租房区位空间选择的发展性主要指公租房作为保障住房，其区位选择应当易于实现保障对象自身的发展及保障住房社区的持续发展。即要求公租房的区位空间既有利于保障对象融入城市社会，推动社会融和及社会阶层的流动，又要有利于保障住房社区摆脱贫苦再生产的困境，实现社会稳定和经济增长。

如果说，保障住房的区位空间选择的适宜性是保障住房建设的静态标准，那么区位空间选择的发展性就是对保障住房的动态要求。因为保障住房的建设，不单是形成一个对保障对象而言适宜的居住社区，更是要求这个社区能持续发展，富有活力，不至于陷入贫困和衰败的长期过程。在英、美等国的住房保障实践中，对衰败社区的复兴，已经成为其住房保障工作的主要内容之一。而中国当前的保障住房还在大规模新建之中，相关问题尚不显著，但应做到防患于未然，从保障住房的区位空间规划中就应尽量满足其未来发展的需要。

对中国公租房建设而言，其区位空间的发展性尤为重要。因为公租房的保障对象相当大一部分是因收入结构而暂时存在住房困难的城市中偏低收入家庭及以新毕业大学生为代表的新近就业职工，这部分群体具有很强的发展潜力与发展愿望，他们不仅要求公租房作为衣食住行的一部分满足生存的需要，而且要求公租房作为社会资源的载体满足发展的需要。

为满足公租房保障对象发展的要求，为满足公租房社区发展的需要，我们应在公租房区位空间选择中强调其发展性。具体而言，公租房区位空间选择的发展性原则可细分为：其一，城市发展方向趋同优先。即要保持保障住房社区的长远发展，需要结合城市自身发展方向和发展时序，避免与城市总体规划相背离，或步调相差过大而造成基建配套长期缺失。只有在城市总体规划框架下，选取有发展潜力的新城，适度集中建设，让其带动新城发展,进而分享城市空间拓展所带来的利益和便利,才能促进保障住房社区的长期繁荣。其三,适当与产业用地靠近。要防止保障住房社区的贫困再生产,就必须增加保障对象的就业率,变政府输血为自身造血。将保障住房与产业用地混合布局,将不同土地使用功能间内在的人流、物流、信息流以及社会空间结构进行有机联系与整合,这样既可以就地解决部分保障对象的就业问题,还可以提高社区的活力。

2. 公租房空间布局问题

关于公租房的空间布局方式,主要是探讨在保障住房社区层面上,公租房在空间上应该集中建设还是分散建设的问题。

从中国保障住房的发展现状来看,地方政府为了控制土地成本,为了方便统一管理,往往采用集中建设的方式。如目前北京市总规模约 2600 万平方米的经济适用住房,位于集中建设的 52 个经济适用住房项目中,其中,丰台区南苑西居住区,总建筑面积达到 60.6 万平方米,提供经济适用住房 7393 套和廉租房 590 套。而 2010 年南京市开始在城市郊区建设超大型保障房社区,单个社区建筑面积可达 200—300 万平方米,号称"城市住宅大型区"①。大规模的集中建设正成为中国保障住房空间布局方式的主要特征之一。

然而,从欧美国家住房保障的发展历程来看,保障住房的集中建设,往往会造成社会弱势群体的空间集中,进而产生贫困集中、社会隔离等现象,带来一系列的社会问题。如法国在 20 世纪 50 年代,集中建造了大量的、高密度的社会住宅,结果在 70 年代逐渐沦为贫民聚居地,所带来的居住隔离现象影响深远,成为 2006 年法国巴黎大骚乱的主要原因之一。美国在 1950 年建造的近 130 万套公共住房,大部分集中建设于内城地区,现在居住的绝大多数是贫困人群,形成所谓"坍塌的内城"现象。

面对保障住房集中建设对城市发展和社会稳定所造成的巨大问题,欧美国家纷纷试行混居政策。法国 20 世纪 90 年代在整个城市范围内重新布局社会住宅以创造"社会混合",借此带动不同阶层人口的重新分布以消除居住隔离。② 美国一方面通过以"section 8 计划"和"MTO(Moving to

---

① 宋伟轩:《大城市保障性住房空间布局的社会问题与治理途径》,《城市发展研究》2011 年第 8 期。

② 赵明、弗兰克·舍雷尔:《法国社会住宅政策的演变及其启示》,《国际城市规划》2008 年第 2 期。

Opportunity）计划"为代表的政策对贫困的空间进行分散，一方面通过以"Hope Ⅵ计划"为代表的政策进行衰败社区的复兴，促进包容不同收入阶层混合社区的形成。① 英国通过以《规划法》第 106 条款为代表的"规划配建"方式推行社会住房与普通商品住房的混合，实现居住融合。②

鉴于国外保障住房实践的经验，中国学者通常认为，保障住房不应该集中建设，应该通过分散建设与其他类型住房混合，以促进不同收入阶层群体的融合。并指出，混合居住较之于保障住房的集中建设，在以下方面存在突出优势：加强社会交往，促进社会融合；增加公平机会，降低地区歧视；提高低收入社区的健康、教育水平，提升居民的满意度；鼓励社会主流价值观，减少反社会行为；降低不同阶层的社会冲突，维护社会稳定，促进社会和谐；创造并积累社会资本；鼓励和提升美学多样性。③ 但同时相关研究也表明，混居模式的确提高了公共住房的住房质量、商品服务设施和基础设施水平，也可能因此对贫困家庭产生排斥效应；如果混居人群阶层差距过大，可能会引起邻里之间的紧张关系；通过不同收入阶层的混居帮助低收入群体获得更多的就业机会，往往更容易发生在差距不大的阶层之间。④

通过加深对混居政策的优势与局限性的认识，结合中国当前的实际国情，笔者认为，中国的保障住房混居政策宜采用分类梯度混合居住模式，即将住房社区分为两种主要类型：一种是由中等收入者与低收入者混合居住；另一种是由中等收入者与高收入者混合居住。两类住房相互联系，使部分环境与设施可以共享，形成丰富的多样性设施，以满足不同的需要。这种基于"社区混合，邻里同质"规划理念的"大混居，小聚居"保障住房空间布局方式，使不同收入阶层的居民既能相互独立，又有机会相互交流，从而有利于缓解差距过大的阶层间的紧张与冲突，有利于增加各阶层的社区归属感，有利于促进相似阶层间的沟通和融合。

---

① 孙斌栋、刘学良：《美国混合居住政策及其效应的研究述评》，《城市规划学刊》2009 年第 1 期。

② 刘志林、韩雅飞：《规划政策与可支付住房建设——来自美国和英国的经验》，《国际城市规划》2010 年第 25 期。

③ 焦怡雪：《促进居住融合的保障性住房混合建设方式探讨》，《城市发展研究》2007 年第 5 期。

④ 孙斌栋、刘学良：《欧洲混合居住政策效应的研究述评与启示》，《国际城市规划》2010 年第 25 期。

　　在实际操作上，公租房"大混居，小聚居"的空间布局方式可以通过在普通商品住房中分散配建来实现。即通过规划调控，要求在普通商品住房新建中必须按一定比例配建公租房，同时根据公租房建成面积比例给予一定的政策优惠鼓励。这种方式改变了保障住房的集中建设模式，减少了单独选址的难度，使公租房在城市空间内均衡分散布局，同时由于公租房保障对象收入的宽泛性，更容易将不同收入的保障对象与不同类型的商品房社区进行相似匹配，更容易贯彻分类梯度混合居住政策，促进社会整合和社会可持续发展。

　　随着社会经济发展水平及居住水平的不断提高，笔者认为，公租房的空间布局方式应变集中建设模式为配建模式，并作为具有强制性的长期政策来执行，其合理比例可确定在5%—10%左右。

（二）公租房的建设标准问题

　　公共租赁住房建设标准的内容，包括建筑质量标准、套型面积标准、配套设施标准等，这里主要探讨公租房的套型面积标准。保障住房的建设标准是衡量中国住房保障水平的核心指标，是引导保障住房建设和消费的主要手段，是体现保障住房功能的重要因素。[①] 如何科学地制定公租房适宜的套型面积标准对中国当前公租房建设显得尤为重要。为此，笔者拟从住房建设标准的内在决定因素及其公租房建设标准的合理水平两方面展开研究。

　　1. 住房建设标准的内在决定因素

　　（1）由经济社会发展阶段所决定

　　经济社会的发展阶段一方面决定了居民住房消费能力；另一方面又刺激了居民的消费需求，进而影响着居民对住房面积的需求水平。

　　就一个国家的城市化水平、经济发展状况与住房面积标准的相互关系而言，国际上的普遍做法是，以40%和70%的城市化率为界限，将城市化进程大致划分为三个阶段，对应着三类城市住房标准[②]：第一类，城市化水平低于40%，人均GDP小于1000美元，城市居民人均居住面积低于

　　① 郭玉坤：《城镇住房保障水平研究》，《生产力研究》2008年第2期。
　　② 陈保禄：《城市住宅建设标准影响机制新探》，《上海城市管理职业技术学院学报》2007年第2期。

8 平方米，是全面满足城市住房数量需求的时期，可实行最低的城市住房居住标准——每户一套住宅。第二类，城市化水平在 40%—70% 之间，人均 GDP 超过 1000 美元，城市居民人均居住面积在 8—15 平方米之间，住房需求从数量的满足向质量的满足转变，可实行合理的城市住房居住标准——人均一间住房。第三类，城市化水平超过 70%，人均 GDP 超过 1 万美元，城市居民人均居住面积超过 15 平方米，属于住房质量要求的全面满足时期，可实行舒适健康的城市住房居住标准——优化的居住环境和完善的住房配套设施。

目前，中国城镇化率为 50%，人均 GDP 超过 4000 美元，处于城市化发展的第二阶段，即城市人口激增，住房建设压力增大，要实现满足住房数量需求向住房质量需求的转变，中国城镇住房面积必然会呈现出增长态势。我们须认清现实发展形势，依据经济水平确定与之相适应的住宅面积标准。

（2）土地资源的约束

住房消费不同于一般商品，它不仅是一种经济消费，而且是一种空间消费，即需要消耗土地资源。而土地资源具有面积有限、不可替代、不可再生三个基本特征，这决定了住房面积是不可能无限增大的。[①] 即住房面积的标准除了受到经济水平的影响之外，更受到土地资源条件的约束和限制。

在当前开发利用土地资源的技术水平既定的条件下，土地资源充裕，住房面积水平就可能较高；而土地资源紧张，住房面积水平就可能很低。以日本为例，尽管其经济发达，人均收入水平处于世界前列，但其人均住房面积水平却相对偏低，原因就在于其国土面积狭小，耕地资源稀缺。[②] 可见，土地资源对住房面积水平具有极大的刚性约束。

尽管中国的土地资源总量丰富，但人均土地资源占有量较少，总体上仍处于资源稀缺状态。特别是城市建设一般征用可耕地，因此耕地面积可以作为土地资源拥有量的替代考量。目前，中国人均耕地面积由十多年前的 1.58 亩减少到 1.38 亩，仅为世界平均水平的 40%。同时，耕地总面积

[①]　陈百明：《土地资源学概论》，中国环境科学出版社 1996 年版。

[②]　施梁：《由土地约束看未来我国城镇居民住房面积水平定位》，《建筑学报》2002 年第 8 期。

约为 18.26 亿亩，已逼近国家明确坚守的 18 亿亩耕地红线。土地资源的稀缺已经面临着严峻形势。

近年来，中国经济高速发展，城市化进程持续加快，城市建设用地急剧膨胀，城镇住房与土地资源之间的矛盾日益凸显。而住房面积水平的提高必然会导致人均居住用地与城市建设用地的增加，将加剧与中国稀缺的土地资源的矛盾。因此，必须将土地资源条件作为确定中国住宅面积标准的前提和基础。

（3）家庭结构与规模的变迁

中国城镇居民住房消费主要以家庭为单位，因此家庭结构与规模的变迁，必然会引起家庭住房消费行为的变化，从而对住房面积的需求和供给提出不同的要求和标准。

不同的家庭结构，其住房消费特征往往随着家庭生命周期的发展而呈现不同的变化。[①] 家庭初婚阶段，通常为夫妻核心家庭，具有家庭结构简单、住房消费偏弱等特点，故对住房面积的要求较低。即使部分因为生育子女考虑而要求住房一步到位的初婚家庭，仍以小户型和中等户型为主，同时这些家庭往往是住房的首次置业。随着家庭生命周期的发展，当形成一般核心家庭即父母与子女的三口之家时，家庭住房消费能力提高，对住房改善的需求明显。特别是中国传统的以血缘为联系的家庭共居现象，如多代直系亲属组成的直系家庭，仍然占有不可忽视的比重，其家庭结构的复杂与规模的增大，必然伴随着更高的住房面积要求。处于此阶段的家庭大部分是基于住房改善的再次置业。此后，随着一般核心家庭又分化为新的初婚期夫妻核心家庭和老年夫妻核心家庭，即子女长大各自成家，父母独居，家庭住房消费的能力和意愿呈回归趋势，对住房面积的要求有所回落。

从当前城镇家庭结构与规模来看，一方面中国实行多年的计划生育政策促使家庭规模逐渐变小，一般三口之家的核心家庭数量增多，同时在人口日益迁移、流动的社会趋势下，青年人外出就业、成家的比重逐渐提高，冲击着血缘联系的家庭共居传统。因此，中国城镇的家庭结构仍将呈现出以核心家庭为主，直系家庭居次，单人家庭作为补充的基本状态，结构日益简单、规模逐渐小型化将成为中国家庭结构未来的发展趋势，而中

---

① 刘贵文、李婧：《我国家庭住房适宜居住面积》，《住宅科技》2007 年第 2 期。

国住房需求单位也随之趋于小型化，以中小户型住宅为主。

2. 公租房建设标准的合理水平

公租房建设标准的合理水平，必然受住房建设标准的内在决定因素的制约，也因公租房自身的特点而具有独特的要求。

目前，从中国公租房建设标准的现状来看，各地公租房的套型面积基本上控制在 40—60 平方米。[①] 如深圳规定新建公租房的单套建筑面积不超过 50 平方米，户型包括单间、一房一厅和两房一厅；北京公租房户型分为单居套型、小套型、中套型和大套型，面积从 30 平方米到 60 平方米不等；上海公租房主要为成套小户型住宅和集体宿舍，新建成的住宅套均建筑面积一般控制在 40—50 平方米。同时，2011 年 9 月，温家宝总理主持的国务院常务会议对公租房的套型面积作出了明确要求，即要"以小户型为主，单套建筑面积以 40 平方米为主"。可见，公租房建设标准问题已经得到国家的高度关注，而各地的公租房实践也与国家的要求大致一致。

笔者认为，这样的公租房套型面积标准有待进一步改进。当前国家的建设标准是一种典型的保障性标准，即基于最基本的生活需求而制定的带有社会保障性质的标准，它主要依据城镇居民健康、安全等方面的基本需要以及对政府保障能力的考量。其制定方法局限于先从建筑学角度探讨各种生活活动所需的"标准空间"，再根据各种空间的功能联系进行"合理的归并"，最后进行面积的汇总。但公租房不仅仅是对保障对象最低生活需要的保障，其政策目标是应对城市居民的住房困难问题，其保障对象相当一部分只是处于暂时性住房困难阶段，这群人具有极大的发展空间，公租房需要保障其正当的发展权。同时，公租房作为未来中国住房保障体系的核心，还肩负着对中国城市居民合理住房消费方式和理念的引导。因此，公租房的合理建筑标准宜超越保障性标准，采用引导性标准，确保其对中国住房建设和消费的引导，使其对引导住房消费理念、制定适宜的住房建设规划和实施有效的住房宏观调控发挥重要的指导作用。

为此，可将公租房建设标准的合理水平设定为：单套建筑面积以 50 平方米为主，最高不超过 80 平方米，在此标准下，可建设 80 平方米、70 平方米及 20—60 平方米等多种套型。其合理性可以归纳为以下几点：

[①]　王锟：《中心城市公共租赁住房实施比较及研究》，《建筑经济》2010 年第 7 期。

其一，50平方米和80平方米是中国住宅适宜居住面积标准的两个阈值。研究表明，在居住条件完全相同的情况下，建筑面积对居民家庭的效用，即由于面积而获得的满意度，具有显著影响。其边际效用曲线表现为一条双峰曲线，在80平方米和50平方米处分别得到最优解和次优解。建筑面积不到50平方米时效用较低，50—60平方米之间的效用明显提高，在60—80平方米之间有所降低，在80平方米以上达到最大值。[①] 因此，宜选用50平方米作为公租房主要供给的单套建筑面积标准，以80平方米作为公租房建筑面积标准的最大值。

其二，公租房最高建筑标准为80平方米，有利于建立科学的退出机制。从保障住房的功能来看，国家之所以限定公租房主要为40平方米的小户型，是因为要使其只对受保障者起到过渡性住房的作用，通过公租房与商品房的隔离，实现公租房"物"的循环和保障对象"人"的退出。但从公租房的长远发展来看，这并不可取。科学的公租房退出机制应该是通过"物"和"人"的退出，实现住房保障资源的循环。因为作为"物"的公租房，随着时间的推移，必然伴随着使用折旧所带来的自身价值耗散与维护费用增加所带来的成本上升，只有通过公租房"物"的退出，才能保证住房保障资源的保值、增值。故为了有利于未来部分公租房逐步退出保障序列，应该将其最高建筑标准提高为80平方米。

其三，公租房最高建筑标准的提高与户型限制的突破，有利于满足公租房未来发展的需要。进入2000年以来，中国人均住房建筑面积快速增长，从2000年的20.3平方米到2005年的26.1平方米，再到2010年的31.6平方米。为避免保障对象因保障面积与人均住房面积相差过大而引发新的不公平感，公租房的面积标准就应该具有一定的前瞻性。如果当前的公租房最高建筑标准设得偏低，在"十二五"期间就可能因为赶不上人均住房建筑面积的增长而无法发挥原有的保障功能，甚至会面临拆掉重建的可能，进而造成住房保障资源的浪费。另外，公租房作为中国未来住房保障体系的主体，必然要求其能以单一的产品满足多样化的住房保障需求。只有提高公租房的最高建筑面积标准，突破单一的户型限制，才能确保这一目标的实现。

---

① 高晓路：《北京市住宅价格的影响因素及适宜居住面积标准》，《地理研究》2010年第3期。

二　公租房的土地供给问题

公共租赁住房的土地供给问题是关系到公租房建设的核心问题之一。土地供给作为住房供应的源头,是影响住房供应最基本的一环。充足的土地供给,既是保障住房开工建设的首要条件,也是其可持续发展的有力保障。而中国住房保障却长期面临土地供给不足的困境,其背后单一的保障住房土地供给方式是主要原因。故本章选取土地供给方式作为研究公租房土地供给问题的突破口,对之进行探讨和分析,以期为中国公租房建设提供有益的参考。

(一) 公租房土地供给方式改革的必要性

中国传统的保障住房土地供给方式主要是行政划拨,其本质是政府通过土地资源的直接投入实现对保障对象进行住房保障的实物补贴。但从中国住房保障当前的现状和未来的发展方向来看,公租房的土地供给方式应该从行政划拨方式向有偿使用方式转变。

首先,国家一方面规定普通商品住房土地供给必须通过"招拍挂"的有偿出让方式,另一方面又推行保障住房土地供给的行政划拨方式,其结果是人为地造成土地供应价格的双轨制,出现"同地不同价"的现象。土地价差及伴随而来的住房价差,无疑给房地产市场的投资者留下了巨大的投机空间,使得住房保障领域的寻租现象屡禁不止,住房保障资源被严重浪费。将保障住房土地供给转变为有偿使用,可以通过提高土地成本,减少其利润所得,进而有效地挤压投机空间,以减少投资者的寻租冲动。对于保障用地的有偿使用是否会降低住房保障水平的顾虑,笔者认为,可将保障住房土地有偿出让所得变为住房保障基金,以货币补贴的形式发放给保障对象,使得原有的住房保障水平得以维持。

其次,土地供给采取有偿出让方式,有利于公租房产权的清晰,便于上市流转。由于中国实行社会主义土地公有制,土地所有权归国家或集体所有。同时,土地产权是住房产权中不可缺少的部分。普通商品住房往往通过缴纳一定期限内的土地使用费而获得土地的使用权,从而保证该期限内住房产权的完整性。而保障住房的土地供给采用行政划拨,在其需要上市流转的时候,就会因土地产权的缺失而造成保障住房产权的混淆。对此，目前普遍的做法是当保障住房需要上市流转时，必须按国家核定的标准向政府补缴一定的土地收益。但由于国家核定的土地收益，往往滞后于实际土地价值的市场变化，特别是无法体现因城市开发与社区成熟而带来的土地增值收益，最终使得这部分收益从国家手中流失。转变公租房土地供给为有偿出让，可确保其上市流转时不存在产权障碍，并且土地的增值潜力也反映在市场化运作下的土地出让价格中，从而确保政府应得的土地收益的实现。

最后，公租房土地供给采用划拨方式，可能会形成实物与货币的双重补贴。"十二五"期间，中国住房保障在住房供求关系缓和以及住房租赁市场有了一定的发展后，将逐步转为以货币补贴为主。而公租房作为"十二五"期间住房保障的主要供给方式，其租赁式保障形式又与货币补贴的方向天然契合，必然会成为未来住房保障货币补贴改革的突破口与主要承载对象。土地划拨本质上是一种住房保障的实物补贴，公租房土地供给如采用划拨方式，则当保障对象入住并享受住房租金补贴之时，就同时享有实物补贴和货币补贴的双重补贴。由于划拨的土地没有通过市场化运作，其内在的土地价值无法体现，也就难以量化政府的住房保障投入，这与变"暗补"为"明补"的货币补贴改革思路相违背。因此，公租房土地供给宜采用有偿出让方式，避免未来形成双重补贴。

（二）公租房土地出让方式的改革

公租房的土地供给不仅要实现向有偿出让的转变，还需要进行出让方式的改革。当前，中国土地的有偿出让主要采用"招拍挂"的方式。但这种单一的"价高者得之"的土地出让方式，推动了土地价格的虚高，提高了居民的住房消费压力，扭曲了城市土地的空间布局，其唯市场价值至上的原则与注重公平的住房保障理念相违背。因此，公租房不能再沿用这种土地出让方式，需要各地因地制宜，广泛进行出让方式的改革，探寻适合保障需要的土地出让方式。在实践上，一些城市已经展开了相关方面的尝试。

1. 商品住房用地中配建保障性住房

北京、广州、青岛等城市的保障住房供给均试行了这种新的土地出让方式。其方法主要是政府先确定拟出让地块配建保障性住房的要求，如配建比例、建设标准以及政府回购或销售价格等要约，并在组织实施土地

"招拍挂"时，将其纳入相关文件。成功出让土地后，将配建的保障性住房要求写入出让合同，约定土地受让人履行配建义务。① 这种土地出让方式，有利于解决保障住房建设落地难的困境，落实土地供给数量，有利于保障住房土地空间布局的均衡，避免居住空间的异化。

2. 限地价、竞保障住房面积

北京、江西宜春等城市试行"限地价、竞政策性住房面积"的挂牌出让方式。这种出让方式是设定合理土地上限价格，当买家报价达到合理土地上限价格时，则不再接受更高报价，转为通过买家竞报配建保障住房面积的方式确定竞得人。采用该种出让方式不仅有利于抑制地价过高现象，在一定程度上起到了平抑房价的作用，还可响应国家政策，增加保障性住房的供应量。

3. 年租制

北京市住建委主任隋振江在 2011 年 3 月表示，北京建造公租房的土地将探索新模式，不再通过"招拍挂"的土地出让方式出让土地，而是通过"年租制"租赁土地。其办法主要是政府以土地所有者的身份将土地使用权按一定年限租赁给土地使用者，后者则按年度向政府缴纳租金。② 这种公租房的土地有偿使用方式，有利于摊薄土地成本，减少受保障对象的住房消费压力，也有利于利用长期稳定的租金回报吸引社会资本投入公租房建设。

4. "退二进三"的方式

"退二进三"是指在调整城市市区用地结构中，减少工业企业用地比重，提高服务业用地比重。③ 而工业用地最终转为何种土地性质，主要根据政府规划来操作。在上海，部分"退二进三"式地块成了保障性住房土地供给的来源。可见，这其实是一种盘活老国企工业用地以建设保障住房的土地供给方式。这种方式能够使原本废弃的企业用地得以合理化使用，同时又满足了保障住房用地的迫切需求。

结合各地公租房土地供给方式改革的实践与发展，笔者认为，未来公

---

① 国土资源部专题调研组：《"两房"用地共谱协奏曲——山东省青岛市"商品房用地配建政策性住房用地"出让模式调研》，《中国土地》2011 年第 5 期。

② 《北京：100 万套房实现"住有所居"》，《城市住宅》2011 年第 Z1 期。

③ 唐文祺：《保障房土地新来源：老国企工业用地变性》，《第一财经日报》2011 年 4 月 13 日第 1 版。

租房的土地供给宜采用多样化的供给方式以满足不同类型的公租房建设需要，逐步向有偿使用土地转变：商品住房配建公租房，国有企业新建的公租房实行土地出让，按协议方式出让土地；产业园区、企业高校自建的公租房依原来的土地性质不变；因"城中村改造"而建设的公租房由于产权归安置村民个人所有，由政府包租，其土地仍采取划拨方式。

（三）集体建设用地用于公租房建设问题

从当前国家政策来看，对于集体建设用地上市流转用于公租房建设是谨慎允许的。2011年4月，国土资源部发布的《关于加强保障性安居工程用地管理有关问题的通知》，一方面要求，未经批准，严禁擅自利用农村集体土地新建公共租赁住房，另一方面又指出，对于商品住房价格较高、建设用地紧缺的个别直辖市，城市人民政府必须按照控制规模、优化布局、集体自建、只租不售、土地所有权和使用权不得流转的原则，制定试点方案，报国土资源部审核批准后，方可试点。而这些原则同时也指明了将集体建设用地用于公租房建设的基本思路和方向。

从各地实践来看，北京、上海、广州、三亚等地均对集体建设用地用于公租房建设进行了探索。2009年，北京启动集体建设用地建设租赁房的试点，鼓励集体经济组织依照规划利用存量建设用地建设公共租赁房。至2010年底，北京已有唐家岭和北坞村等5个集体经济组织申请建设租赁住房试点，租赁房建设规模总共1万多套。[①] 2009年，广州公布的《广州市集体建设用地使用权流转实施办法（征求意见稿）》提出，通过出让、转让、出租、转租方式取得的集体建设用地不得用于商品房地产开发建设和除保障性住房外的住宅建设。[②] 2011年1月，上海公布《贯彻〈本市发展公共租赁住房的实施意见〉的若干规定》，提出运营机构可根据农村集体建设用地流转和投资建设的有关规定，受让或租赁农村集体建设用地；建设机构也可以与农村集体经济组织合作，投资建设和运营管理公租房。[③] 其中，北京和上海已经在2014年初的全国国土资源工作会议上正

---

① 李响、周楚军：《"破冰"之举，还是"突围"之策？——聚焦北京上海集体建设用地建设租赁住房试点》，《中国国土资源报》2012年2月20日。
② 《广州提出集体建设用地可建设保障房》，《城市规划通讯》2009年第9期。
③ 赵飞飞：《沪公租房"试探"集体建设用地》，《21世纪经济报道》2011年1月6日第5版。

式获批准先行试点，同时国土资源部相关负责人表示，2014 年将进一步发展与规范农村集体建设用地建租赁房的试点。

国土资源部之所以会谨慎允许将农村集体建设用地用于建租赁房，而各地地方政府又积极踊跃参与实践探索，是因为这种方式会带来一石多鸟的多赢局面。一方面，通过优先在土地价值较高的城乡接合部尝试用集体建设用地，在政府引导下采取村民参股、村集体组织筹集资金等方式建设租赁住房，既能满足城市化进程中外来务工人员，特别是低收入者的住房需求，又能实现农民土地财产权利，增加村民财产收入，还可以增加政府保障性住房建设用地，减少相关征地拆迁费用，缓解保障性住房土地和资金紧张的局面。另一方面，将农村集体建设用地用于公租房建设也可能会带来若干问题，如冲击现行规范运作的国有土地市场，弱化政府调控市场的手段，可能为以租代售、变相进行小产权房买卖提供方便之门，等等，这些都有待在今后的试点实践中进一步探索与解决。

在当前中国城乡统筹发展的大背景下，统筹规划城乡用地，实现在国有建设用地和集体建设用地上建设保障性住房，应是未来发展的必然趋势。为此，笔者提议，建立集体主导型和政府主导型并存的集体土地"公租房"制度。① 第一，集体主导型模式：村集体自行组织资金筹集，自主进行租赁住房的建设开发，通过出租住房获得稳定的收益。政府则对租赁价格及租赁对象进行管制，同时对村集体的融资渠道进行引导和疏通，并给予相关的政策优惠和财政补贴，以保障集体能够长期持有租赁住房，维系其所有者权益。这种方式能最大限度地实现村集体对土地的财产权利，弥补政府稀缺的保障资源，但对村集体的组织管理能力有较高的要求。第二，政府主导型模式：村集体向政府提供土地，通过土地租赁获得收益。政府在租赁集体土地后，仍作为公租房的提供主体，筹措资金进行公租房建设，同时可将物业管理、配套设施建设等低成本项目交由集体完成，提高其收益水平。这种方式通过租赁土地降低了政府建设保障性住房的土地一次性投入成本，保证了集体土地财产的收益权，又避免了集体过多地转承政府职责所引发的若干现实问题。

---

① 《集体土地上建公租房，是利是弊》，国土资源网（http://www.clr.cn/front/read/read. asp？ID = 224451）。

总之，在国家还没出台具体法律法规，而一些大中型城市需要开展，又希望开展相关实践的情况下，可积极申请集体建设用地建设租赁房试点，经国家批准后，可在限制的范围内进行局部探索，进而为下一步有关集体建设用地的流转、农民如何参与土地的经营开发以及整个农村土地管理制度的改革提供有益的实践素材。

三　公共租赁住房房源筹集模式

（一）新建公共租赁住房

目前公共租赁住房建设模式可以归纳为三种：（1）政府模式。即土地无偿划拨，由政府投资、融资建设，由政府营运管理，与廉租房的建设模式一样。（2）混合模式。即政府以地方优惠政策折算资金、无偿划拨土地或以土地入股等，由社会机构融资和投资建设，公共租赁住房产权归政府，投资者享有经营管理权。（3）市场化模式。即公共租赁住房的投资建设采取市场化方式，社会各类企业通过出让方式获得用地，由企业融资投资建设，产权属投资企业所有，政府规定投资企业不得改变公共租赁住房的性质。公共租赁住房建设宜采取"市场化模式"。具体来说，可采取以下具体做法。

1. 在商品住房中配建公租房

在商品房开发、棚户区改造、城中村改造和危旧房改造项目中，按照5%—10%的比例配建公租房。可以明确规定，凡是划归为住宅的房地产项目，都要按一定比例配建公共租赁住房，旧城区、城中村改造项目，在扣除拆迁安置费后，按照一定比例配建公共租赁住房。将在商品房项目中配建一定比例公租房作为开发商拿地或争取改造项目的条件之一，并且要求开发商与相关部门签订公租房配建合同，合同中应明确约定公租房配建套数、面积、套型、质量、配套设施及交付使用的时限等。公租房产权归开发商所有，由开发商经营管理，纳入政府公共租赁住房序列，按统一政策租赁给符合条件的保障对象。开发商收取市场租金，政府根据保障对象的具体情况进行租金分类补贴，其计租办法可由当地物价管理部门会同公共租赁住房管理部门制定。同时，由于公租房的配建要符合城市规划，不宜配建公租房或廉租房的项目，可经有关部门批准，项目单位按应配建面积每平方米一定的标准缴纳易地建设资金。

　　这种市场化的配建模式使开发商拥有产权，并收取市场租金，租金差价由政府补贴。当保障对象的经济实力增强时，可选择购买配建的公租房，并将已缴付的租金折算以抵消部分房价，开发商仍有利可图，从而不会降低开发商的拿地积极性；政府亦无须自己出钱建公租房，只需对保证对象进行租赁补贴，大大减轻了财政负担。同时，这种模式更便于开发商通过其他项目进行交叉补贴，企业可将经营公共租赁住房的部分成本分担到商品房的成本中，有效地弥补了运营公共租赁住房的损失，实现了整体收益，但是也增加了同其他住房住户协调的管理成本。

　　2. 产业园区、企业、高校自建公租房

　　在符合城市规划的前提下，政府给予相关政策支持，鼓励企业、高校利用自有用地建设职工公寓、宿舍，重点供应符合条件的本单位或企业新就业职工和外来务工人员，产权归建设单位或企业所有，由建设单位或企业经营管理，纳入政府公共租赁住房序列，租金标准按相关政策规定执行。

　　根据国务院相关部门发布的相关政策的基本精神，用工企业是解决进城务工农民住房困难的责任主体。工业园区建公共租赁住房，其需求潜力是十分巨大的，因为园区内大量外来务工人员的住宿需求是刚性的；即便部分园区内企业为自己的职工建造了集体宿舍，但用工增加所导致的住房需求规模的扩大却经常受到硬性规划的限制（根据相关规定，在工业园区或大型工业企业内，建造非工业设施所占用土地面积不能超过项目整体面积的7%），所以这些企业也急需其他渠道提供的集体宿舍等，园区统一建设的公共租赁住房正可以解决这部分需求。另外，这类住房在设计结构和生活便利等方面的优势，也会吸引一些青年白领。因而各地都在积极推行这种模式，对这类公共租赁房，以集体宿舍为主，部分城市在规划管理中严禁建设成套住宅（例如南京），部分城市允许建设部分成套住宅用于职工家庭的保障。大多数城市都是用工企业或者园区管委会投资这类公共租赁住房建设，一方面可以提高企业或本园区外来务工人员的生活质量，另一方面能够提升企业和园区的综合竞争优势。用工企业还可以通过这种方式得到变相的税收优惠。笔者认为，在工业园区建公共租赁住房应当按照集约用地的原则统筹规划，要根据园区总体规划布局的要求，按照方便职工生活和工作的原则，有效整合土地资源。组织多家用工企业或园区管委会下属的国有开发公司按照一定的标准集中投资建设公租房，前者直接出租给本企业符合一定条件的职工；后者出租给园区内的企业，这些企业再按一定的政策分配给自己的职工，多余房源可租赁给周边企业的职工，租金标准按相关政策规定执行，企业所建的公租房，由企业统一进行维修管理。同时，在进行建设时，要结合园区远期发展的需要，预留足够的公租房建设用地。企业建设公租房享受国家规定的减免行政事业性收费和政府性基金等优惠政策。金融机构要按国家宏观调控政策的要求，优先安排公租房建设的中长期贷款。纳入公租房建设年度计划的企业可按照国家政策要求及时上报相关申报资料，配合相关部门争取中央专项补助资金。该项资金是无偿划拨给企业用于公租房项目建设的专项资金。

住房困难职工较多的大中型企事业单位、高校等，可利用自用土地建设公租房，或者对闲置厂房、仓库、办公等非住宅进行改建改造，在符合城乡规划的前提下，经市级政府批准，用于公租房建设，享受国家规定的公共租赁住房建设和运营优惠政策，并在变更土地使用性质时优先办理。同样，后续的运营管理也是由这些单位执行的，政府住房保障部门负责监督和备案等工作。

由政府主导，以企业或高校等单位自建的方式解决员工的住房困难，不仅能大大增加公租房房源，而且能够对城市支柱产业、主导产业及新兴产业起到促进作用。通过解决产业员工的住房问题，能起到稳定人心、减少人员流动、缓解用工荒的作用，从而达到促进产业发展、推进城市建设的目的。

3. 利用政府融资平台，国有企业新建公共租赁房

该模式是指利用政府组建的国有融资平台，采取各种融资方式，通过不同渠道为公共租赁住房筹集资金，并负责公共租赁住房的融资、开发、建设、运营管理等。投融资平台有利于充分发挥市场机制的作用，减轻财政压力，同时投融资平台作为企业化营运的专业服务部门，能够更加专业规范地提供公共租赁住房的运营和管理，就像黄石市成立的众邦城市住房投资有限公司一样。该公司采取独资或者投资合作与入股的形式支持公共租赁住房建设，主要通过两大途径进行融资。一是向金融机构争取优惠贷款。通过把原来的各种保障性住房全部放进该平台进行整合，将中央财政的廉租住房建设及租赁补贴的转移支付资金、资源枯竭型城市棚户区改造支持资金、地方政府自筹用于廉租住房的建设资金一并纳入公司建设资

金，把上述多种住房保障资金打捆，向金融机构争取长期、低息贷款。政府给予财政贴息和其他优惠。同时，在项目实施时吸收住房公积金的闲置资金。二是多方筹资，积极引导各类资本参与、投入公共租赁住房建设和营运。由于该公司除流动资产外，其他资产大部分为具有升值空间和保值功能的优质经营性资产，再加上有租金作保证，还能享受地方政府的信用等级，因此，该公司无论是争取贷款还是其他筹资都有可靠的偿债能力，能够吸引、带动各类社会资本参与投入，从而有效募集资金。这是政府作为建设与投资主体，由众邦城市住房投资有限公司建设公共租赁住房的方式。该公司的性质为代表政府实行企业化管理的国有事业单位，为非营利性机构，代表政府作为公益性公共租赁住房营运经营主体，也是公共租赁住房经营的龙头平台。按照市场化运作、公司化经营、企业化管理模式负责公共租赁住房房源筹集（建设）、租赁经营和日常管理工作，能充分发挥其对最低收入家庭住房保障的托底作用，对公共租赁住房的建设具有十分重要的意义。

总之，利用政府融资平台，国有企业新建公共租赁房的模式，产权归地方政府所有，国有企业负责经营管理，并按统一政策租赁给符合条件的保障对象，租金标准按相关政策规定执行，既能保障政府的强力支持和规范化运作，又能避免政府部门直接负责的种种弊端，融资方式灵活、经营规范。

（二）政府投资购买

政府投资购买即政府在限价房（目前还包括经济适用房）、普通商品房中购买一批符合条件的住房用作公共租赁住房。产权归地方政府所有，由房地产管理部门组建的机构营运管理，按统一政策租赁给符合条件的保障对象，租金标准按相关政策规定执行。政府可将未销售的限价房、普通商品房回购，或者是企业按照政府的规划和相应的要求，代替政府建设公共租赁住房，政府对部分税费和政府性基金进行减免，严格限制套型面积标准，建设完毕后政府进行回购，企业取得一定的利润，这样不仅快速、大量地增加了公共租赁住房的房源，也避免了社会资源的浪费，甚至挽救了一批开发商。这是一种非常直接而且快速增加公共租赁住房房源的模式，但对政府财力要求较高。

（三）政府筹集社会性公共租赁住房

政府面向社会筹集公共租赁住房房源，将社会上的闲散房源吸纳到公共租赁住房体系中，形成公共租赁房的"住房银行"。公租房住房银行与普通商业银行的定期存款相似也有所不同，社会上企事业单位、社会团体或个人等将自己拥有的闲置住房存入住房银行，并约定一定的期限，在此期限内，住房银行将按市场租金给予公租房产权所有者，将筹集的房源租赁给保障对象，收取低于市场价格的租金，租金差价由政府补贴。当签订的期限到期时，产权所有者可以自由选择退出，或者继续将住房存在公租房住房银行。住房银行的公共租赁住房房源可以被称作社会性公共租赁住房，笔者将社会性公共租赁住房定义为由社会力量投资建设或购买的公共租赁住房，具体是指企事业单位、社会团体及其他社会组织或个人所有的闲置的愿意纳入公共租赁住房管理的出租房。

社会性公共租赁住房主要包括：（1）企事业单位和社会团体、其他社会组织投资、建设和购买的愿意纳入公共租赁住房管理体系的住房。政府以市场价包租企事业单位、社会团体及其他社会组织的闲置房屋，将其纳入住房银行，以市场租金租赁给符合条件的保障对象，政府补贴租金差价。公租房的日常维修及维护工作由产权人承担。可充分利用目前"城中村"改造项目，将村集体经济组织的村民在"城中村"改造安置后多余的安置房纳入公租房住房银行，由政府与村集体经济组织签订包租协议，产权归农村村民个人所有，由村集体经济组织成立的机构营运管理，由政府按统一政策租赁给符合条件的保障对象。例如武汉市洪山区就将"城中村"改造还建富余房屋作为公租房，其建设主体是村集体。村集体在规划、建设之前，了解、掌握了哪些村民愿将还建多余房源用于公租房，并同村民签订委托协议，明确由村集体成立的经营实体负责这部分房源的具体租赁事务，采取整栋集中建设模式，纳入改造还建规划之中，以便于统一建设、集中管理。公共租赁住房的物业管理由还建小区整体招标，统一管理。将"城中村"改造还建房项目的部分房屋作为公租房，既节省了国家的投入，减轻了财政负担，又迅速落实了房源，保证了公租房政策的落实。而且采取整栋集中建设模式，便于统一建设，集中管理，政府按市场价统一包租，定期调整，避免了租赁价格的随意波动。（2）个人所有的、愿意纳入公共租赁住房管理体系的住房。政府以市场价租赁个人所有的闲散出租房，将其纳入住房银行中，再将其以低于市场租金的一定比例面向保障对象进行统一经营租赁，政府补贴租金差价。个人所有的公共租赁住房的日常维修及维护工作由产权人自行承担。社会性公共租赁住房实行登记备案制，可进行一年一审。

"住房银行"模式对解决保障房房源供应的问题是十分有利的。公共租赁住房供应不足将是近期中国公共租赁住房建设所面临的大问题，中央和地方政府需要投入大量财力、物力、人力来增加供应。在供给增加到一定规模后，随着住房矛盾的缓解，随之而来的就是大量公共租赁住房的维护、处置等诸多问题。而住房银行将社会闲散存量住房通过租赁的方式有效地调动起来，这类公共租赁住房的日常维护管理工作由产权人承担，退出后就直接进入住房市场，政府不需对其负责，这样既增加了有效供给，又在一定程度上避免了后期处置的问题，能够很好地解决处于过渡期"夹心层"人群的住房问题。

四　公租房的补贴标准与保障边界

保障性住房供给模式的选择直接影响着住房保障的效率及可持续发展问题。中国现有的保障性住房供给分类供应体系是多轨并行且以"产权式"保障为主的，这种保障方式存在许多问题，导致住房保障覆盖率低，"应保未保"和"保不应保"的问题较为突出，扭曲了住房保障的公平和效率。公共租赁住房（以下简称"公租房"）的补贴模式选择、补贴标准的制定及保障边界的界定是公租房可持续发展的关键。补贴模式的选择是否有效，与补贴标准的制定、保障边界的界定是否合理，决定着公租房政策实施的效果，关乎着住房保障体系的成败。

（一）补贴模式评价与选择

与经适房、廉租房的保障方式不同，公租房采用收取市场租金，实行差异化补贴的方法，是将租金收取与补贴发放分离的市场化运作模式。显然，公租房补贴是对保障对象的住房补助，属于需求方补贴。需求方补贴按照对保障对象发放补贴的形式，可分为货币补贴和货币配租两种模式。货币补贴是政府根据保障对象的可支付能力，给予不同额度的货币补助，以提高保障对象的租房消费能力，让保障对象在住房租赁市场上自由租赁，属于直接补贴。货币配租则是政府按照保障对象所租房屋的市场租金标准，根据保障对象的可支付能力，制定不同层次的补贴比例。与货币补贴不同，货币配租不直接向保障对象发放补贴，而是将补贴提供给房屋出租人，从而减轻保障对象的租金负担，属于间接补贴。两种补贴政策都会促使保障对象增加住房消费，带来居住水平和福利水平的改善。因此，评价补贴模式的优劣应依据保障对象获得补贴后居住水平和福利水平的改善情况而定。下面，我们利用消费者选择模型，以这两个评价指标对这两种补贴模式进行评价，然后选择适宜的补贴模式。

1. 模型设定

消费者选择模型认为，在一定的预算约束下，经济人会在住房消费和非住房消费之间进行选择，从而使自身的效用达到最优，即福利水平最大。两种补贴政策都会改变保障对象原有的预算约束，促使保障对象增加住房消费，从而达到改善保障对象居住水平和福利水平的目标。为了能够简单描述这两种补贴政策的影响机理，我们对模型作以下假设：

假设一：保障对象在收入水平（m）的情况下，进行租房消费（H）[①]和非住房消费（C），其福利函数为柯布—道格拉斯效用函数：$U(H,C) = H^b C^d$，其中 b 和 d 都是描述保障对象偏好的正数。对效用函数取幂 $1/(b+d)$，就可把函数写成 $U(H,C) = H^a C^{1-a}$，其中 $a = b/(b+d)$。

由分析可知，在保障对象最优选择下，$a(0 < a < 1)$ 表示保障对象租房消费的支出份额，$(1-a)$ 表示非住房消费的支出份额。[②] 租房消费支出份额，即租金收入比[③]能够较好地衡量保障对象可支付能力的强弱，反映保障对象的租房困难程度。

假设二：保障对象所在区域的市场租金为 P，保障对象的收入、市场租金和非住房商品的价格都保持不变，非住房商品价格为 1。

假设三：保障对象的消费偏好不变，根据假设一，可知租金收入比（a）不变。

---

① 公共租赁住房属于租赁式保障房，其对应的保障对象应是城市中低收入租房消费群体，故在此用租房消费代替住房消费，以衡量保障对象居住水平的高低。

② 根据下文推导出的保障对象最优选择结果，可得知 a 表示租房消费支出份额，即租金收入比，$1+a$ 表示非住房消费支出份额。

③ 租金收入比能够直观地反映出同区域承租人间租房消费水平的高低，具有数据易获得、易计算的优点，因此成为国际上最常使用的方法之一。

假设四：这两种补贴政策的实施对住房租赁市场没有影响，不影响市场租金（P）。

假设五：政府不实施补贴政策，保障对象的最优选择为（H_0，C_0），福利水平为 U_0。

假设六：政府采用货币配租模式，给予保障对象的补贴比例为 $\delta(0 < \delta < 1)$，保障对象的最优选择为（H_1，C_1），福利水平为 U_1，所获得的补贴额度为 δPH_1。

假设七：政府采用货币补贴模式，保障对象的最优选择为（H_2，C_2），福利水平为 U_2，所获得的补贴额度为 S。

假设八：这两种补贴模式对保障对象的补贴额度相等，即 $\delta PH_1 = S$。

2. 补贴模式评价

作为公共住房政策实施的主要方式，住房补贴政策是以提高保障对象居住水平为出发点的，另外，补贴政策也会带来保障对象福利的改善。货币补贴和货币配租这两种模式都是政府以货币形式给予的补贴，但这两种模式对保障对象的预算约束影响不同，前者是通过增加保障对象的收入，后者则是通过降低保障对象所支付的实际租金。两种不同的影响机理会对保障对象的居住水平和福利产生不同程度的改善。下面我们将分别计算在这两种补贴模式下保障对象居住水平和福利水平的变化，然后进行比较。

（1）无补贴下保障对象的最优选择

根据假设一、假设二，保障对象的预算约束为：

$$PH + C = m \tag{5—1}$$

在预算约束（5—1）下，基于保障对象的效用函数，建立拉格朗日函数：

$$L = H^a C^{1-a} - \lambda(PH + C - m) \tag{5—2}$$

λ 为拉格朗日乘数，那么保障对象取得最优选择（H_0，C_0）须满足三个一阶条件：

$$\frac{\partial L}{\partial H} = aH_0^{a-1}C_0^{1-a} - \lambda P = 0 \tag{5—3}$$

$$\frac{\partial L}{\partial C} = (1 - a)H_0^a C_0^{-a} - \lambda = 0 \tag{5—4}$$

$$\frac{\partial L}{\partial \lambda} = PH_0 + C_0 - m = 0 \tag{5—5}$$

联立式（3）—（5），可得到：

$$H_0 = \frac{am}{P} \tag{5—6}$$

$$C_0 = (1 - a)m \tag{5—7}$$

（2）在这两种补贴模式下保障对象的最优选择

货币配租和货币补贴使得保障对象原有的预算约束发生移动，两种不同的移动方式会产生不同的最优选择结果。

根据假设六，政府给予保障对象的补贴比例为 δ，那么保障对象所支付的实际租金为 $(1 - \delta)P$，货币配租模式下保障对象的预算约束为：

$$(1 - \delta)PH + C = m \tag{5—8}$$

类似于在预算约束（5—1）下，可得到保障对象的最优选择 (H_1, C_1)。

$$H_1 = \frac{am}{(1 - \delta)P} \tag{5—9}$$

$$C_1 = (1 - a)m \tag{5—10}$$

根据假设七，政府给予保障对象的补贴额度为 S，那么保障对象的实际收入为 $(m + S)$，在货币补贴模式下保障对象的预算约束为：

$$PH + C = m + S \tag{5—11}$$

基于假设八，$\delta PH_1 = S$。同上，可得到保障对象的最优选择 (H_2, C_2)。

$$H_2 = \frac{a(1 - \delta + a\delta)m}{(1 - \delta)P} \tag{5—12}$$

$$C_2 = \frac{(1 - a)(1 - \delta + a\delta)m}{(1 - \delta)} \tag{5—13}$$

（3）这两种补贴模式的效果分析

在不同的补贴模式下，保障对象的最优选择结果不同。就居住水平而言，货币配租和货币补贴都能提升保障对象的居住水平，但两者对居住水平提升的幅度有差异。由上述最优选择结果可知：

$$\frac{H_1/H_0}{H_2/H_0} = \frac{1}{1 + (a - 1)\delta} \tag{5—14}$$

因 $a \in (0, 1)$，故 $H_1/H_0 > H_2/H_0$。即在货币配租模式下，保障对象居住水平提升的幅度较大。由于缺乏监管，在货币补贴模式下保障对象会将获得的补贴用于非住房消费，从而居住水平的提升量较小。

将保障对象最优选择结果带入其效用函数，可得到不同补贴模式下的福利水平，从而可以比较两种补贴所带来的福利改善程度。

$$\frac{U_1/U_0}{U_2/U_0} = \frac{(1-\delta)^{1-a}}{1-\delta+a\delta} \qquad\qquad (5\text{—}15)$$

令 $f(\delta) = \frac{(1-\delta)^{1-a}}{1-\delta+a\delta}$，易知 $f(0) = 1$。分析可知，$f'(\delta) = \frac{-a(1-\delta)^{-a}}{(1-\delta+a\delta)^2}$

< 0，$f(\delta)$ 是关于 δ 的减函数。因 $\delta \in (0,1)$，故 $f(\delta) < f(0)$，$U_1/U_0 < U_2/U_0$。即在货币补贴模式下，保障对象的福利改善较大。

由以上分析可知，货币配租和货币补贴两种模式各有优劣：在居住水平提升方面，货币配租优于货币补贴；在福利改善方面，货币补贴优于货币配租。

(4) 补贴模式的选择

上述结论表明，居住水平提升和福利水平改善在公租房补贴模式选择上存在着冲突。在补贴额度相同的前提下，与货币补贴相比，货币配租会带来居住水平的提升，但会造成福利的潜在损失。公租房补贴选用哪种模式应取决于公租房政策目标的定位，若政策目标侧重于居住水平的提升，则应当选用货币配租模式；反之，则应选用货币补贴模式。鉴于中国当前城市保障性住房供给的短缺，中低收入阶层的居住水平较低等实际情况，中国公租房补贴政策目标应侧重于提升保障对象的居住水平，公租房补贴宜采用货币配租模式。另外，上述结论是在住房补贴政策对住房租赁市场没有影响的前提下得出的，事实上，补贴政策的实施会增强保障对象的租房消费能力，增加租房消费需求，导致租赁市场的租金上涨，从而会削弱补贴政策的效力。在市场租金上涨时期，与货币配租相比，货币补贴会促使保障对象将补贴用于非住房消费，造成严重的补贴外溢现象，补贴政策效力的削弱更为严重，货币补贴模式不宜采用。因此，当前公租房补贴政策宜采用货币配租模式。

(二) 补贴比例与保障边界的确定

当前中国公租房补贴宜采用货币配租模式，而该模式的核心问题是补贴比例和保障边界的确定。作为一项公共政策，公租房补贴比例和保障边界的确定应遵循效率与公平原则。效率是指公租房补贴效率，在一定的财政支出下，公租房补贴能够实现保障对象居住水平和福利水平最大幅度的提升。公平是指公租房补贴分配的公平，在补贴政策实施后，公租房保障边界内的不同层次保障对象的居住水平差距缩小，但依然存在适度差距，符合住房公平性原则。下面，我们通过构造公租房补贴效率、住房公平评价函数模型，从效率、公平两个视角，依据保障对象可支付能力的强弱，求解合理的补贴比例和保障边界。

1. 最优补贴比例的求解

政府补贴政策会带来保障对象居住水平和福利水平的提升，故这两个指标可作为政府补贴效率的评价指标。居住水平和福利水平从不同的侧面反映政府补贴效率的状况，两者综合提升幅度的大小决定着政府补贴效率的高低。由上文可知，随着货币配租补贴比例的增大，居住水平和福利水平都会提升；但与货币补贴相比，在居住水平提升的同时，会造成福利的潜在损失。因此，相对于货币补贴，货币配租的最优补贴比例应是以较小的福利潜在损失换取较大的居住水平提升的补贴比例，此时货币配租补贴最为有效。为了求解出最优补贴比例，笔者建立公租房补贴效率评价函数模型。

（1）公租房补贴效率评价函数 $E(H,U) = \left(\dfrac{H}{H_0}\right)^{\alpha} \left(\dfrac{U}{U_0}\right)^{\beta}$，式中 α、β 分别代表居住水平、福利水平提升幅度在评价函数中的权系数。[①] 为简单起见，我们假设 $\alpha = \beta = 1$，即两者在评价函数中的权重相等。

（2）采用货币配租模式，补贴效率为 E_1；采用货币补贴模式，补贴效率为 E_2。

根据公租房补贴效率评价函数，可得到：

$$E_1 = \left(\frac{H_1}{H_0}\right)\left(\frac{U_1}{U_0}\right) \tag{5—16}$$

$$E_2 = \left(\frac{H_2}{H_0}\right)\left(\frac{U_2}{U_0}\right) \tag{5—17}$$

根据式（5—14）—（5—17），可得到：

$$\frac{E_1}{E_2} = \left(\frac{H_1}{H_2}\right)\left(\frac{U_1}{U_2}\right) = \frac{(1-\delta)^{1-a}}{(1-\delta+a\delta)^2} \qquad (5\text{—}18)$$

$\frac{H_1}{H_2}$ 表示相对于货币补贴，在货币配租模式下居住水平的提升量，为 $\frac{E_1}{E_2}$ 的正指标；$\frac{U_2}{U_1}$ 表示相对于货币补贴，在货币配租模式下福利的潜在损失量，为 $\frac{E_1}{E_2}$ 的逆指标。那么使 $\frac{E_1}{E_2}$ 值最大的补贴比例（δ）是以较小的福利潜在损失换取较大的居住水平提升的比例，是货币配租的最优补贴比例。可以看出，$\frac{E_1}{E_2}$ 取决于保障对象的租金收入比（a）和补贴比例（δ）。根据假设三，可知 $\frac{E_1}{E_2}$ 是关于 δ 的函数。由分析可知，$\delta \in (0,1)$，$\frac{E_1}{E_2}$ 先单调递增，后单调递减；$\delta = 1/(1+a)$ 时，$\frac{E_1}{E_2}$ 取得最大值。即相对于货币补贴，政府给予租金收入比为 a 的保障对象的补贴比例为 $1/(1+a)$ 时，货币配租补贴最有效，$1/(1+a)$ 为该保障对象所对应的最优补贴比例。

2. 合理保障边界的界定

在住房制度改革后，中国住房市场利用市场机制配置住房资源，居民的住房条件得到很大的改善，但由于过于依赖市场机制，住房市场出现了严重的分配不公平问题。国际经验表明，效率和公平兼容的分配才是最佳的住房分配方式，高收入阶层通过市场获得商品住房，中低收入阶层则通过保障方式解决居住问题。在公租房补贴支出有限的情况下，可支付能力强的承租人不应被纳入补贴范围，应让其通过租赁市场自行解决住房问题，而对于可支付能力弱的承租人，政府应给予保障。故公租房保障与住房租赁市场的边界划分应依据承租人的可支付能力强弱，公租房保障的上界取决于公租房补贴支出规模。在确定公租房保障上界后，政府应将可支付能力弱于保障上界的承租人划为保障对象，并依据保障对象的可支付能力强弱制定不同的补贴比例，在保证公租房补贴效率的前提下，对可支付能力较弱的保障对象按照最优补贴比例进行补贴。由于可支付能力较弱的保障对象所对应的最优补贴比例较小，在获得补贴后，其居住水平提升有限。若获得补贴后保障对象的居住水平与处在保障上界的承租人仍有很大的差距，则说明对该类保障对象的补贴不宜采用货币配租补贴模式，不应

纳入公租房保障范围。故公租房保障的下界取决于保障对象的可支付能力
强弱。公租房补贴分配的公平要求，在补贴政策实施后，处在公租房保障
下界的保障对象的居住水平与处在保障上界的承租人存在适度差距，符合
住房公平性原则。为了求得公租房的保障边界，笔者建立了住房公平评价
函数模型。

（1）根据式（5—6）可知，同区域承租人间的居住水平（H）比等于
收入（m）比与租金收入比（a）的乘积，承租人间居住水平的差异是由收
入和租金收入比不同而引起的，从而产生住房不公平问题。因此，我们可
以利用居住水平、收入和租金收入比这三个指标，建立住房公平评价函数

$F\left(\dfrac{H_i}{H_j}, \dfrac{m_i}{m_j}, \dfrac{a_i}{a_j}\right) = \dfrac{H_i/H_j}{(m_i/m_j)(a_i/a_j)^{\gamma}}$，式中 γ 为公平函数中的权系数，i 和 j 为

同区域的承租个体。[①] 一般而言，高收入承租人的居住水平较高，其租金
收入比较小；低收入承租人的居住水平较低，其租金收入比较大。[②] 因此
在构造评价函数时，若收入比的权重与租金收入比相同，则不会改变原有
居住水平的差距；若收入比的权重大于租金收入比，则会扩大原有居住水
平的差距。故住房公平评价函数中收入比的权重应小于租金收入比。为简
单起见，我们假设 $\gamma = 2$。当 $F \neq 1$ 时，表明住房不公平；当 $F = 1$ 时，
表明住房公平。

（2）假定公租房保障上界的租金收入比为 a_0，所对应的承租人没有
被纳入保障范围；保障下界的租金收入比为 a_1，所对应的承租人被纳入
了保障范围，所对应的补贴比例为 δ_1，即公租房的补贴范围为 $(a_0, a_1]$。

根据住房公平评价函数、式（5—6）和式（5—9），可以得到：

$$F\left(\frac{H_0}{H_1}, \frac{m_0}{m_1}, \frac{a_0}{a_1}\right) = \frac{a_1(1-\delta_1)}{a_0} \qquad (5—19)$$

在保证公租房补贴效率的前提下，处在保障下界的保障对象的补贴比
例（δ_1）应为其对应的最优补贴比例，即

$$\delta_1 = 1/(1+a_1) \qquad (5—20)$$

---

①　由于居住水平、收入和租金收入比之间有较强的关联性，我们采用乘法合成法建立住房
公平评价函数。

②　在现实中，也有少数承租人迫于工作、家庭的需要使得其租金收入比异于常值，如低收
入承租人的租金收入比较小，高收入承租人的租金收入比较大。对于这种特例，在此先不予考
虑，下文会具体叙述。

处在保障下界的保障对象的居住水平与处在保障上界的承租人的居住水平符合住房公平原则，即

$$F\left(\frac{H_0}{H_1}, \frac{m_0}{m_1}, \frac{a_0}{a_1}\right) = 1 \qquad (5—21)$$

由式（5—19）—（5—21），可得到：

$$a_1 = \left(a_0 + \sqrt{a_0^2 + 4a_0}\right)/2 \qquad (5—22)$$

因此，合理的公租房补贴范围为 $\left(a_0, \left(a_0 + \sqrt{a_0^2 + 4a_0}\right)/2\right]$。对租金收入比大于 a_1 的保障对象，若采用货币配租模式，在保证补贴效率的前提下，其居住水平提升有限，与处在保障上界的保障对象的居住水平差距仍很大。这说明，该类保障群体不宜采用货币配租补贴模式，不宜纳入公租房保障范围，应将此类保障群体纳入廉租房保障范围。

3. 合理补贴比例的确定

在界定公租房的合理保障边界后，确定保障边界内保障对象的补贴比例尤为重要。倘若为了保证补贴效率，对保障边界内的保障对象都以最优补贴比例进行补贴，即对可支付能力强的保障对象补贴较大，对可支付能力弱的保障对象补贴较小，会导致补贴分配的不公平，与住房公平产生冲突。公平是现代公共政策的核心价值观，故补贴比例应以保障对象的住房公平为准则，依据保障对象的可支付能力强弱制定。合理的补贴比例应使得可支付能力强的保障对象所对应的补贴比例小，可支付能力弱的保障对象所对应的补贴比例大，避免补贴存在不合理的错位，使得保障边界内所有保障对象获得补贴的结果公平，即保障对象间的住房公平评价函数值为1。

设保障边界内任一保障对象的租金收入比为 $a(a \in (a_0, a_1])$，对应的补贴比例为 δ；处在保障上界的承租人的租金收入比为 a_0，则不予补贴；处在保障下界的保障对象的租金收入比为 a_1，所对应的补贴比例为 δ_1。

若要保证保障边界内所有的保障对象获得补贴的结果公平，只需使补贴政策实施后任一保障对象的居住水平既与处在保障上界的承租人符合住房公平原则，又与处在保障下界的保障对象符合住房公平原则。

与处在保障上界的承租人的居住水平符合住房公平原则，须满足：

$$F\left(\frac{H}{H_0}, \frac{m}{m_0}, \frac{a}{a_0}\right) = 1 \qquad (5—23)$$

与处在保障下界的保障对象的居住水平符合住房公平原则，须满足：

$$F\left(\frac{H}{H_1}, \frac{m}{m_1}, \frac{a}{a_1}\right) = 1 \tag{5—24}$$

由式（5—22）—（5—24）可知：

$$\delta = 1 - a_1^2 / [a(1 + a_1)] = 1 - a_0 / a \tag{5—25}$$

故保障边界内任一保障对象所对应的合理补贴比例（δ）应为（$1 - a_0/a$）。可以看出，可支付能力强的保障对象，其对应的合理补贴比例较低；可支付能力弱的保障对象，其对应的合理补贴比例较高。

由以上分析可知，公租房存在合理、有效的保障边界和补贴比例，其保障边界的界定以及补贴比例的制定应依据保障对象的可支付能力强弱而定。作为衡量承租人可支付能力强弱的指标之一，租金收入比可以用来界定公租房保障边界和制定补贴比例。但租金收入比指标是一个经验法则，缺乏理论依据，在判定保障对象上存在缺陷，对少数承租人并不适用。[①]在现实中，有少数低收入承租人，生活非常窘迫，只能拿出收入的少许部分用于租房消费，其租金收入比较小；有少数承租人迫于工作、家庭的需要，租住面积较大的住房，将收入的绝大部分花费在住房上，而收入的剩余部分仍然能够满足其非住房消费，其租金收入比较大。显然，前者属于保障对象，后者则不属于，仅用租金收入比的大小不能说明这两类承租人的租房困难程度。针对这一缺陷，国际上流行的剩余收入法可以较好地予以弥补。剩余收入法认为，需要政府给予保障的应是那些在消费生活必需品后，不能租住符合基本标准住房的承租人。为此，可以借助基本标准住房面积这一指标对公租房保障边界内的承租人进行识别，以弥补租金收入比的缺陷。对居住水平高且租金收入比较大的承租人，将其剔除在公租房保障范围之外；对居住水平低且租金收入比较小的低收入承租人，将其纳入廉租住房保障范围，按廉租房政策对待。通常认为，承租人的租金收入比超过30%，就存在可支付能力困难的情况，需要政府给予补贴。为了防止过度保障，建议政府对租金收入比超过30%，且居住面积低于16平方米的承租人进行补贴。若不考虑补贴支出限制，根据式（5—22）可知，中国公租房的保障范围应为（30%，72%]。根据保障范围和式

① 参见陈杰《城市居民住房解决方案——理论与国际经验》，上海财经大学出版社2009年版，第56—59页。

（5—25）可以得到，公租房的合理补贴体系为（0，58%]，即政府应以补贴比例 58% 为上限，建立反梯度、多层次的合理补贴体系。

（三）结论与建议

本节利用消费者选择模型，以保障对象的居住水平和福利水平为评价指标，评价并选择了公租房补贴模式，然后构建了公租房补贴效率、住房公平评价函数模型，通过数理推导分析，确定了公租房保障边界和补贴比例。笔者认为，在当前中国保障性住房供不应求的条件下，公租房政策目标应定位于提高居民的居住水平，其补贴宜选用货币配租模式；公租房存在合理、有效的保障边界，其边界应根据公租房补贴的支出规模，依据租金收入比指标进行界定；政府应以处在保障下界的保障对象所对应的合理补贴比例为上限，建立反梯度、多层次的补贴体系。从各地出台的公租房政策来看，现有补贴政策既影响公租房补贴的效率，又影响公租房补贴的公平，存在准入标准不科学、补贴政策不衔接以及补贴标准较单一等问题。须从以下方面进行改革：

第一，改革现有判定保障对象准入标准的方式。现有以收入和居住面积为准的判定方式不能准确反映承租人的租房困难程度，容易产生"应保未保"和"保不应保"的不公平保障现象。以租金收入比和居住面积判定公租房的保障对象，可以避免住房保障不公平现象，提高住房保障的效率。

第二，提高现有补贴标准，建立反梯度、多层次的补贴体系。现有补贴比例大都是市场租金的 30%。对于租金收入比较大的保障对象，该标准过低；对于租金收入比较小的保障对象，该标准偏高。这种补贴标准容易导致补贴不公平问题，不符合住房保障的初衷，不利于公租房可持续发展。按照本节得出的结论，政府应以补贴比例 58% 为上限，建立反梯度、多层次的合理补贴体系。

五　公共租赁房建设融资政策

保障性住房建设资金需求巨大，仅依靠政府财政投入，难以保证住房保障的可持续性。产权式保障住房（主要是限价房和经济适用房）可以通过抵押贷款融资或企业通过其他方式融资，由于建成后将房屋出售给符合购买条件的购房者，一次性收回投资，投资回收期相对较短，其投资建设融资问题相对而言较易解决。而中国当前保障性住房融资困境主要集中于租赁式保障住房建设上。由于租赁式住房保障一次性投资大，而投资收回是依靠出租的租金的纯收益，因此，建设资金回收期长，利润空间有限，社会资金参与公共租赁房融资的积极性不高。从各地的情况看，公共租赁住房的建设主要以政府投入为主，目前保障性住房建设资金中的财政投入资金主要有中央财政专项资金、省市县财政一般预算资金、住房公积金增值净收益资金、土地出让金净收益10%的资金等，但是与住房保障建设所需资金规模相比，财政资金缺口大，且来源不稳定，难以维持及保证可持续营运。

社会资本介入保障性住房市场的积极性不高，其主要原因在于投资收益率低，风险不确定性高。只有理顺投资风险收益关系，使社会资本能获得与其风险相对应的投资回报，才能达到吸引社会资本参与保障性住房建设的目的。要解决公租房的融资问题，公租房必须实行市场租金，并以市场租金为支撑进行相应的金融创新，使公共租赁住房的投资、营运管理实现良性循环和可持续发展。公共租赁房建设的融资创新主要是设计和优化融资期限结构。根据公共租赁住房项目现金流出和流入的特点设计融资工具，保障房建设投资现金流出包括建设时的一次性流出和运行中的日常运营维护流出；保障性住房投资的现金流入包括持续稳定的长期租金流入和实现"物的退出"时的一次性流入。根据现金流的周期设计融资期限结构。对能顺利实现"物的退出"的现金流部分，设计中期（5—10年）融资工具；对不能实现"物的退出"的部分，对必须长期持续保持公租房属性的现金流方式，则设计长期融资工具（10—20年左右）。公共租赁房建设的融资创新工具主要有以下几种。

（一）发行企业中长期债券

利用政府现有的融资平台——武汉市地产集团、武汉市光谷建设投资有限公司发行企业中长期债券；从事或承担保障性住房建设项目的企业，在政府核定的保障性住房建设投资额度内，通过发行企业债券进行项目融资。企业发行债券必须是已经完成保障房建设立项、取得土地等相关手续后，按规定程序申请、报批，实行"先有项目后发债"，充分发挥企业债券融资对保障性住房建设的支持作用，引导更多的社会资金参与保障性住房建设。

（二）项目融资

项目融资是以保障性项目的资产、预期收益或权益作担保来融资的。公共租赁住房可以通过收取房租收回投资并使企业获得一定的利润。适合公共租赁项目的项目融资方式有以下几种。

1. BOT 融资（建设—经营—转让）

BOT 融资指由政府或项目业主向私人机构授予特许权，允许其在一定时期内筹集资金建设准公共物品或公共物品，并管理和经营该项目。当特许期限结束时，私人机构按约定将该设施移交给政府部门或项目业主，转由政府指定部门经营和管理。

2. BT 融资（建设—转让）

BT 融资是指政府授权的项目业主通过公开招标方式确定公共租赁住房项目投资人，投资人承担项目的资金筹措和工程建设，公共租赁住房项目建成竣工验收后移交政府或项目业主，由政府或项目业主按合同约定回购项目的一种项目融资模式，政府或项目业主回购后，将其纳入公共租赁住房进行营运管理。

3. PPP 融资（公私合营）

PPP 融资即公共部门与民营企业合作模式。公共部门与民营企业基于某个公共租赁住房项目以特许权协议为基础进行全程合作，政府通过给予私营公司长期的特许经营权和收益权，促使公共租赁住房项目的快速建成以及可持续运营。

4. BOO 融资（建设—拥有—经营）

BOO 融资是指投资人根据政府赋予的特许权，建设并经营公共租赁住房项目，并由投资人享有该项目的所有权。

5. BLT（建设—租赁—转让）

BLT 融资是指投资人筹集建设项目资金，在项目建成后将项目以一定的租金出租给政府，由政府经营一定期限，期满后，由政府收购该项目资产。

（三）利用信托资金、社保基金、保险资金，为公共租赁住房建设融资

1. 信托融资

公共租赁住房信托融资是指从事公共租赁住房建设的企业以特定的公

共租赁住房建设项目为对象，委托信托投资公司向社会筹集资金，由信托投资公司按委托人的意愿以自己的名义，为受益人的利益或者特定目的管理、运用和处分信托资金的行为。公共租赁住房信托融资可采取以下形式。

（1）贷款型信托融资

信托投资公司作为受托人，以信托合同的形式将其资金集合起来，通过信托贷款的方式贷给公共租赁住房建设单位，建设单位定期支付利息，信托投资公司定期向投资者支付信托收益，并于信托计划期限届满时偿还本金。

（2）股权型信托融资

信托投资公司以发行信托产品的方式从资金持有人手中募集资金，并以股权投资的方式向公共租赁住房建设单位注入资金，开发建设特定的公共租赁住房项目，并向投资人定期支付收益，在一定期限后，由项目建设单位回购股权。

（3）夹层型信托融资

债权和股权相结合的混合信托投融资模式。它具备贷款类和股权类房产信托的基本特点，通过股权和债权的组合满足建设单位对项目资金的需求。

2. 利用社保基金、保险资金为公共租赁住房建设融资

社保基金、保险资金更加重视资金的安全性和收益的长期稳定性，通过投资公共租赁住房建设可以实行资金的保值增值，也符合保险资金、社保基金投资的基本要求。引进保险资金、社保基金，并实行商业化运作，有助于解决公共租赁住房建设的巨大资金需求。

利用社保基金为公共租赁住房建设融资，可采取信托贷款方式，即委托信托投资公司并由银行等金融机构提供连带责任担保向符合条件的公共租赁住房建设单位发放信托贷款。

利用保险资金为公共租赁住房建设融资，可通过基金、股权、债权等多种方式融资，对保险资金参与的公共租赁住房建设项目实施税赋减免等优惠政策，提高保险企业参与的积极性。

（四）房地产投资信托基金融资

房地产投资信托基金，就是通过发行基金券（受益凭证、基金券、

基金股份等）筹集社会资金，由专门的投资管理机构（房地产投资公司、房地产经营公司）进行组合投资，主要投资在房地产和房地产股票债券上，然后将投资收益分配给基金券持有者，期限届满时清盘的一种规范化的集合投资制度。按房地产投资信托基金投资的目的，可分为权益型、抵押型和混合型基金。权益型基金是将所筹集的资金用于开发或购买房地产，并经营管理一定期限，期限届满时出售房地产，将所得收益分配给投资人。抵押型基金是将募集的资金，以金融中介的身份贷给房地产开发经营者，将贷款利息分配给投资者，期限届满时收回贷款本金并返回给投资人。混合型基金以投资购买房地产和融通资金为目的，其基金具有房地产物业和银行信贷的双重特征。

公共租赁住房具有投资回收期长，安全且收益稳定的特点，房地产投资信托基金主要可采取投资建设或购买房地产开发商已建设的公共租赁住房，经营管理一定期限（一般可设定为 15—20 年），期满后出售该物业的方式来参与公共租赁住房的建设和投资。

（五）整合原有的保障住房建设资金，设立住房保障基金，创新间接融资工具

整合原有的保障住房建设资金，将中央财政安排的保障性住房专项补助资金，地方政府配套的资金，国有土地出让净收益的 10% 进行整合，设立政府保障住房建设基金，建立稳定、规范的住房保障建设融资机制。

各地应积极探索利用住房公积金闲置资金支持公共租赁住房建设，以拓宽公共租赁住房建设资金渠道，同时提高住房公积金的使用效率。根据公共租赁住房的特点，可试行发放 5 年期或以上的贷款，并实行优惠贷款利率，按 5 年期以上个人住房公积金贷款利率的 1.1 倍执行。同时，鼓励商业银行发放长期贷款（5—8 年）支持公共租赁住房建设。

通过在建公共租赁项目的土地使用权（出让的用地）、房地产设定抵押，或以公共租赁住房项目未来的租金收益作质押，确保公积金贷款和银行商业贷款的安全。同时政府通过财政贴息、减免税收等优惠政策，鼓励银行发放公共租赁住房贷款。

六　公共租赁住房准入及退出政策

公共租赁住房制度实施的成功与否，取决于两个方面：一是保障住房的建设能否满足居民的需求；二是保障住房的分配与管理能否体现公平及营运的可持续性。

（一）分配对象及准入标准

1. 公共租赁住房的分配对象

在住房保障体系并轨后，公共租赁住房的保障对象是原符合条件的且未实物分配廉租房的低收入住房困难家庭；城市中等偏下收入住房困难家庭；符合条件的新就业职工和在汉外来务工人员；原符合购买经济适用住房的持证轮候家庭；无力购买限价房的城市旧城改造的拆迁户家庭。

2. 准入标准

目前，各地的准入条件门槛过高。以武汉市为例，目前公租房准入标准为市最低月工资标准的两倍以下；住房标准为上年度人均住房建筑面积的60%以下；新就业职工的家庭人均收入标准为市最低月工资标准的两倍以下（单身职工可放宽至三倍以下）。2011年的具体标准为，对于城市住房困难家庭，收入条件为家庭上年度人均月收入1500元以下，单身居民平均月收入2000元以下，住房条件为无房或人均住房建筑面积在8平方米以下；对于新就业职工，收入条件为申请人和共同申请人上年度人均月收入2000元以下，单身职工平均月收入2500元以下。其准入条件过于苛刻。2011年确定的准入条件是人均住房建筑面积在8平方米以下的住房困难户。一般来说，人均住房建筑面积在8平方米以下的住房困难户，收入水平较低，无力支付公租房70%的房租，会导致公租房"供大于求"的假象。

在住房保障体系并轨后，对准入标准应作调整，调整思路为：降低准入门槛，提高人均住房面积水平（提至人均住房面积16平方米以下）；统一收入准入线，改最低月工资标准为城市居民平均月收入标准的一定比例。即将人均住房面积不足16平方米且收入不及平均收入68%的中偏低、低收入家庭，全部纳入城镇住房基本保障（公共租赁住房）范围。

3. 改革现行的分配办法，改目前摇号或抽签方法为轮候制，按取得轮候资格家庭的综合分数高低确定分配顺序

对符合条件的住房保障对象，按申请人的住房面积、收入水平、家庭结构、婚姻状况、家庭特殊困难程度、轮候时间、申请人的学历和职称七项因素计算基本分，再加上其他加分构成综合分，以分数高低确定分配顺序。若申请人未在规定的时间、地点参加选房，参加选房但无正当理由而拒绝选定住房，已选房但拒绝在规定时间内签订租赁合同，签订租赁合同后放弃租房，均视为放弃选房。若两次弃选，取消轮候资格，两年内不得重新选房。

（二）退出政策

构建和完善公共租赁住房退出机制，是公共租赁住房良性循环和可持续运行的关键。为了更好地体现公共租赁住房制度这一政策的公平性和合理保障性，在建立科学的准入制度的同时，还应当探索建立必要的退出机制，以实现公共租赁住房保障的合理循环。

1. 制定奖惩兼备的退出机制，从制度上健全保障对象"人"的退出机制

一是采取激励机制，提高保障对象主动退出的积极性。对主动退出公共租赁住房的家庭提供政策激励。如给具备一定条件的家庭提供公积金购房贷款优惠以及购房税费减免等，鼓励其购买商品房或到市场上租房，从而实现"人"的退出。二是完善违约惩戒相关制度，提高违约成本。若保障对象购买、受赠、继承或者租赁其他住房的；或因经济条件改善、收入水平提高而不符合公共租赁住房条件的，未按规定及时退出，通过收取市场租金，停止租金补贴，并以处罚违约金等方式加以处罚；对出借、转租、闲置，或利用公共租赁住房从事其他经营活动的，应当责令其退出，并取消其公共租赁住房承租资格；情节严重的，通过司法途径强制其退出。

2. 建立公共租赁住房——物的退出机制

保障对象在租赁期间，可通过逐步购买的方式持有部分产权，在"共有产权"期间，对原产权单位所持有的产权部分按照公共租赁住房进行租赁管理。当发展到一定程度时，可将保障对象在一个租赁期间支付的租金（如5年）折抵房价，激励保障对象以市场价格购买，持有完全产权，实现"物"的退出。

第六章　中国保障住房产权安排及产权政策

——基于资产建设理论视角

中国保障住房的产权安排及政策作为住房保障供给的重要内容，不但直接关系着住房保障社会效用的传递，还通过激励受保障对象的行为，推动着社会结构的转型。在当前复杂的社会背景下，仅靠已有的单一的割裂的产权式住房保障与租赁式住房保障都是无法应对现有住房民生问题的。

一　资产建设理论简介

"以资产为本（Asset-based）的社会政策"是美国学者迈克尔·谢若登于 1991 年在《资产与穷人》（*Asset and The Poor*）一书中首次提出并倡导的一项新的美国福利政策。他主张福利政策应该由资产而非收入来衡量。以储蓄、投资和不动产为代表的财富具有收入、支出、消费等所不能替代的资产效应，可以确保通过资产的建设促使福利政策对象进行未来规划，完成自我激励，走出贫困陷阱。用谢若登教授的原话说就是："收入只满足人们的肚子，资产则改变他们的头脑。"（While income feeds people's stomachs, assets change their heads)[①] 因此呼吁在传统的收入再分配政策中引入资产社会政策，使其逐渐成为一项具有发展性、可持续性的反贫困政策。

以资产为本的社会政策自提出以来在短短的二十多年里发展迅速，已经在全球掀起了一场从理念到实践的社会政策革新。在理论上，它衍生

---

① 迈克尔·谢若登：《资产与穷人——一项新的美国福利政策》，商务印书馆 2005 年版。

出"资产贫困"（asset poverty）、"资产建设"（asset-building）等一系列崭新的社会福利学概念与分析范式，得到学界的重视与认可，并成为美国福利政策的主流思想。1998 年，个人发展账户这一重要的资产社会政策组成内容，经过美国《联邦独立资产法》（The Federal Assets for Independence Act）的确认，从一个数年前的政策议题上升为基本法律。现在已有 40 多个州采用了某种形式的个人发展账户政策，美国总统布什甚至在 2005 年提出了构建"所有权社会"的社会福利目标，让尽量多的人成为资产的所有者和投资者。① 在英国，2003 年 4 月，布莱尔首相宣布全国实施另一项重要的资产社会政策形式——儿童信托基金，展开了欧洲的资产建设实践。放眼全球，中国台北的家庭发展账户，加拿大的个人发展账户和"学习储蓄"示范，澳大利亚、乌干达、秘鲁、智利等国家的穷人配额储蓄等一系列的资产建设项目，都是资产社会政策的试点或者示范工程，证明资产社会政策已经在全球范围内得到重视与运用，反映了各国福利政策实践者们都在以重视资产的眼光重新审视社会福利的供给。②

资产建设理论会获得如此大的成功，是与其产生的社会背景及其对社会福利问题的有效应答分不开的。谢若登教授认为，美国推行了几十年社会福利政策，但始终未能真正在反贫困问题上有所作为，这主要是在贫困形成原因的认识上存在偏差。学界对此的观点大致可以分为个人层次理论和社会机构理论。前者认为，个人不适当或缺乏生产性的行为造成了贫困；后者则认为，贫困处境决定着行为。③ 两者争执的结果是福利政策的重点和目标在个人与社会结构之间的迟疑与摇摆，削弱了政策的实施效果。为此，谢若登教授根据马克斯·韦伯首创，拉尔夫·达伦多夫延续，威廉·威尔逊论述的"生活机会"理论，提出"生活机会就是社会结构提供给个人的发展机遇。这样，它们在强调社会事务结构特性的社会观和强调个人自由的社会道义理论之间，架设了一个重要

---

① "Share the Ownership," Washington Post, 2005.
② 迈克尔·谢若登：《美国及世界各地的资产建设》，《山东大学学报》（哲学社会科学版）2005 年第 1 期；鲍玉才：《一个应该重视的公租房建设融资模式——基于嵌入 REITs 的项目融资模式》，《中国经贸导刊》2013 年第 2 期。
③ 吉尔伯特·尼尔、特雷尔·保罗（Gilbert Neil, Terrell Paul）：《社会福利政策导论》，华东理工大学出版社 2003 年版。

桥梁",从而将社会结构理论与个人层次理论结合起来,寻找了一个从社会结构入手,又落实在个人行为上的良好的福利供给切入口。对穷人的资产建设正是创造其生活机会的主要途径。因此,资产建设一方面应答了原有福利政策所存在的问题,另一方面又指明了具体可行的实践改革方向,这使得资产建设理论在西方福利改革的理论和实践中占有重要地位。

就资产建设理论在中国的发展来看,2005 年,中国学者高鉴国、展敏等将《资产与穷人》翻译成中文并把资产建设理论介绍到中国,引起了热烈反响。同年由中国社会科学院主持的题为"资产建设与社会发展"、"以资产为本:21 世纪社会政策新理念"两场国际学术研讨会先后召开,扩大了资产建设理论的影响。同时,在学者杨团、孙炳耀、唐钧等人的大力推广和倡导下,资产建设理论最终逐渐得到国内学界的普遍重视,并被尝试在各个领域加以运用与展开,如社会保障的构建[1],建立新型农保[2],实现失地农民的可持续发展[3],应对城市低保的负向激励[4],等等。住房作为最主要的资产项目之一,在国外历来被视为资产建设理论运用的重点领域。但在国内却鲜有在资产建设理论的视野下审视住房及住房政策的,特别是在保障住房政策中的运用尤显不足。为此,笔者试图将资产建设与中国住房保障联系起来,进而推动中国住房保障福利的供给。

二 保障住房资产:住房保障福利的放大器

为实现资产建设理论在中国住房保障领域的运用与发展,需要从保障住房的资产福利效应谈起。从研究内容上看,资产建设视野下的住房保障供给问题就是保障住房的资产福利效应如何产生又如何传递的问题。从研

---

① 杨团、孙炳耀:《资产社会政策与中国社会保障体系重构》,《江苏社会科学》2005 年第2 期。

② 张时飞:《引入资产建设要素,破解农保工作困局——呼图壁县的经验与启示》,《江苏社会科学》2005 年第2 期;刘振杰:《资产建设:新农保的新理念和新范式》,《中共中央党校学报》2011 年第4 期。

③ 姜丽美:《资产建设——失地农民可持续发展的突破点》,《理论导刊》2010 年第6 期。

④ 玉英:《美国"资产建设"对削减我国城市低保"负激励效应"的启示》,《特区经济》2011 年第12 期。

究价值来看，保障住房的资产福利效应决定着资产建设理论在中国住房保障工作中开展的应然性。

（一）住房资产建设的福利产生

资产建设理论是奠基在资产的福利效应上的，正是资产提供了收入所不能替代的福利效应，才使得资产建设能够弥补以收入为主的社会福利政策所存在的缺陷，这成为近年来西方福利供给的主流思想。

1. 家庭资产的福利效应

资产建设理论的独特之处在于，它是一种通过资产积累将经济与行为影响结合起来的动态福利理论。一般而言，人们在积累资产的过程中将会产生不同的心理预期、行为选择与经济结果，而这些认知与结果同时又会对行动中的人产生塑造和影响作用，从而形成不同的社会、心理和经济效应，以及家庭资产的福利效应。

经典的资产建设理论一般将家庭资产的福利效应归纳为[①]：（1）改善经济的稳定性。拥有一定量的家庭资产可以应对经济收入的波动，并且有利于降低信贷市场信息的不完善性，促进资产流动，可以实现流动资产与稳定收入间的转换。（2）将人们与可以预期的未来联系起来。人们拥有资产后，就会关注资产，而资产所特有的长期性，会从金融上将现在与未来联系起来，创造了一个面向未来的认识现实，使之成为具体的希望，改变人们的心理预期与生活方式。（3）刺激人力或其他资本的发展。资产的拥有会刺激人们提高自己的能力，以便实现对现有资产的持有与维护，进而创造更多的未来资产。（4）促使人们专门化和专业化。没有资产，就无法购买专业化工具和培训相关的专业技能，即没有能将支付专业化所需物品与服务的基本资源。（5）提供承担风险的基础。更多的资产意味着可以形成更有效率的投资组合，从而承担更大的风险以谋取更大的回报。（6）产生个人、社会、政治奖励。占有资本的人比没有资本的人，在现代生存竞争中具有更大的优势，它允许更大范围的预测和控制，形成一种经济权力，以增加个人效能；可以购买社会资本，提供谈判的后盾，以扩大社会影响；具有参与政治过程的更大动机和更大的资源，可以促进

---

① 迈克尔·史乐山、邹莉：《个人发展账户——"美国梦"示范工程》，《江苏社会科学》2005年第2期。

政治参与。（7）增进后代福利。个人往往愿意将发展优势留给后人，而资产正是实现这种代际联系的主要形式。

2. 住房资产的福利效应

虽然家庭资产的福利效应是建立在已有的理论和证据之上的，但它仍是在较为理想的现实程度以及较为宽泛的前提条件下实现的理论整合，其作用在于为后来的研究提出一个可遵循的基本框架。因此，对于住房资产这一特定的资产类型所独有的资产福利效应需要作出进一步的探讨与分析。

住房资产福利效应，指对住房产权存在需要的人群（包括中低收入人群）在积累与拥有住房资产（主要是住房产权）的过程中所产生的一系列社会、心理与经济效应。一般而言，住房的资产福利效应主要有以下内容。

（1）促进家庭财富增长，带来直接的经济福利效应

首先，住房是一项稳定而优良的投资项目，在适合的利率与按揭条件下，可以产生比较高的金融回报，形成持续有效的财富增长。如 1976—1994 年美国中低收入家庭的收入调查显示，租房家庭几乎没有财富积累，而拥有住房的家庭所积累的财富则在 25000 美元到 30000 美元之间。[①] 中国住房的投资回报也相当可观。根据中国房地产 TOP 10 研究组提供的资料，1995—2003 年，中国普通住宅平均价格增长 37%，这必然伴随着住房产权持有者家庭财富的快速积累。其次，住房可以发挥更大的财富杠杆效应，改善家庭的资产负债结构，提升家庭净资产。住房拥有者往往比租房户更有可能承担信用卡债务、分期付款债务或者个人银行债务，同时，更少具有拖欠贷款的可能。2004 年，拥有住房的美国家庭与租房家庭相比，前者的资产总值是后者的 24 倍（290000 美元对 12000 美元），资产负债前者是后者的 12 倍（96000 美元对 8000 美元），拖欠住房贷款的可能性前者要小 4 倍，家庭净资产前者是后者的 46 倍（184000 美元对 4000 美元）。[②]

---

① Reid, C. K., "Achieving the American Dream? A Longitudinal Analysis of the Homeownership Experiences of Low-Income Households," Center for Social Development Working Paper, 2005.

② Carasso, Adam and Signe-Mary Mckernan, "The Balance Sheets of Low-Income Households: What We Know about Their Assets and Liabilities," Washington, DC: The Urban Institute. Poor Finances: Assets and Low-Income Households Report, 2006.

（2）培育积极的心态，激励自我的发展

资产可以改变思维，而思维可以改变行为。从心理认知的层面看，积累资产的过程甚至可能比积累资产本身更重要。以住房所有权为代表的资产积累无疑是一个长期的过程，于是人们可以逐渐建立起一种面向未来的价值取向与认知图示，进而刺激其自身发展的潜能，迸发出持久的内在动力以充实与发展自我。在一项有关资产建设项目——"美国梦"参与者的横向比较研究中发现，59%的参与者表示更愿意工作或保持就业状态，41%的人甚至希望能工作更长时间，60%的人愿意规划自己的教育计划，85%的人感受到对生活更有把握能力。参与者表示，通过资产建设可以"更加清晰地看见与更好地构想未来"，资产积累不但为其设立了未来的目标和目的，还为实现目标提供了路径和保障。[①] 值得注意的是，该项目中28%的参与者将积累的资产购买了住房，18%用于维修房屋，而50%的资产积累者表示愿意购买房屋，这充分说明低收入家庭对于拥有房产的巨大需求。所以，住房资产建设作为中低收入者实现人生发展进程变革的重要环节，对低收入家庭的积极心态与行为产生了巨大的影响。

（3）提升生活满意度，实现社会福利效应

住房所有权可以增加拥有者的生活稳定性，减少流动与迁徙所带来的陌生感，极大地加强城市与社区的归属感，提升对传统文化中安居乐业理念实现的满足感，从而增强城市生活的幸福感。实证研究表明，拥有住房产权居民的幸福感显著高于没有住房产权的居民。[②] 是否拥有住房已经成为衡量当前城市居民幸福感的重要标志之一。同时，拥有住房有助于增强社区联系，形成稳定的邻里关系，发展非正式网络，积累社会资本，提升自我评价。一项资产建设项目的研究显示，在进行住房产权积累的参与者中，一半的人表示与家庭成员有更好的关系，1/3 的人表示会更多地参与邻里的互动，1/3 的人感觉在社区中更受人尊重。[③]

---

① Yadama, G. N., Sherraden, M., "Effects of Assets on Attitudes and Behaviors: Advance Test of a Social Policy Proposal," *Social Work Research*, 1996, 20（1）: 3-11.

② 毛小平、罗建文：《影响居民幸福感的社会因素研究——基于 CGSS2005 数据的分析》，《湖南科技大学学报》（社会科学版）2012 年第 3 期。

③ A. Moore, Amanda, Sondra Beverly et al., *Saving, IDA Programs, and Effects of IDAs: A Survey of Participants*（St. Louis, MO: Washington University, Center for Social Development, 2001, Mcbrid）.

（4）增加社会联系和影响，促进公民参与

首先，住房所有权可以培养更稳定、更有责任的公民。住房拥有者会成为社会的利益攸关者，表现出对社会的充分依附，进而体现出更强的社会责任感。如新加坡总理李光耀从国家安全的角度分析住房所有权时提出，当人们拥有房产时，大多数移民将愿意留在新加坡并在必要时为国家而战[1]，即所谓"有恒产者有恒心"。同时，住房拥有者还表现出更积极的政治参与倾向，美国住房业主与住房租户的投票参与率分别为69%、44%。[2]　其次，住房所有权将居民与社区紧密联系起来。拥有住房意味着居民更少的住房流动性，他们与社区的利益会更加吻合与一致。因此，住房业主比住房租户更关注社区的发展，会更多地参与到与本地相关的社区活动与地方事务中，诸如社区附近的城市规划、社区的振兴与重建等，从而促进社区基层治理的实现。

（5）提升子女的福利，更有利于孩子的教育和发展

首先，住房是福利代际继承的重要载体。住房作为实物资产，既是一项为当前全体家庭成员共享的社会资源，还能自然地通过继承为下一代家庭成员所享有。住房资产的代际传承还包括家长在积累住房所有权的过程中所获得的金融理财理念、资产管理能力与人生奋斗取向，这些都可以在潜移默化或是悉心指导下向其子女传递，帮助其建立面向未来的人生规划。此外，住房所有权所带来的家庭稳定性可以创造形成一种有利于子女成长和发展的积极氛围。通过对住房业主与住房租户的子女在诸如学习成绩、学生毕业率、未成年人怀孕等方面的一系列对比研究，其结果几乎都肯定了家庭拥有住房所有权对子女的成长发展将产生积极的影响。[3]　对此，夏皮罗（Shapiro）认为，住房资产对家庭子女是一种"转化性资

---

[1]　迈克尔·史乐山、邹莉：《美国的资产建设：政策创新与科学研究》，2005年，豆丁网（hppt：//www. docin. com/p－526579287. htm）。

[2]　Dietz, Robert D. , "The Social and Private Micro-Level Consequences of Homeownership," *Journal of Urban Economics*, 2003 (54)：401-450.

[3]　Haurin, Donald R. , Robert, D. , "The Impact of Neighborhood Homeownership Rates：A Review of the Theoretical and Empirical Literature," *Journal of Housing Research*, 2003, 12 (2)：119－151. Williams, Trina Rachelle, *The Impact of Household Wealth and Poverty on Child Development Outcomes：Examining Asset Effects*, St. Louis：Ashington University, 2003. Zhan Min and Michael Sherraden, "Assets, Expectations, and Educational Achievement," http：//www. docin. com/p－526579287. htm, *Social Service Review*, 2003, 77 (2)：191-211.

产",即在孩子人生发展周期的关键时候拥有住房资产,特别是附近有良好教育资源的住房,能对其人生进程产生一种"转化"作用。①

(二)住房资产建设的福利放大

在理解住房资产具有重要的福利效应之后,分析住房保障福利是如何在保障住房资产建设中得到放大的。

1. 资产建设的福利模型

为进一步阐述资产建设的福利放大过程,谢若登通过区分非贫困者与贫困者的福利模型,比较其金融支持的来源,支持的形式以及在不同支持形式下的长、短期效应,用以说明资产建设是如何影响福利过程的。②

其中,非贫困者的福利金融来源包括就业、家庭、政府和现有资产,每一种金融支持都以收入与资产的形式增加了非贫困者的福利。不但其消费逐渐提高,还因为资产的存在而享有资产所产生的福利效应(如图6—1)。而贫困者在很少甚至没有现存资产的情况下,只能享有就业、家庭、政府以收入形式提供的福利,无法产生资产福利效应,只能维持消费的低水平重复,形成一个没有资产的福利陷阱(如图6—2)。

但是如果在贫困者的福利模型中加入资产要素,将政府转移支付以资产的形式向贫困者提供福利(如图6—3),那么,虽然在短时间内,这种模型仍然只能产生低水平消费,却伴随着部分资产的累积。从长期看,资产会增加财富,财富的增加又能提高消费水平,故贫困者可能会因资产和收入的共同增长而开始享有资产的福利效应,提高自身的福利水平。可以看出,只是改变了福利提供的形式,将其从收入形式转向资产形式,同样的福利资源就能额外地提供资产所具有的一系列福利效应,从而实现资产建设对福利的扩大作用。

2. 保障住房资产的福利模型

住房保障福利的供给也存在着两类明显的差异。一是租赁式住房保障,类似于以收入消费为主的社会福利供给,其支持形式主要是住房补

---

①　Thomas M. Shapiro and Heather Beth, "Family Assets and School Access: Race and Class in the Structuring of Educational Opportunity," *Inclusion in the American Dream: Assets, Poverty, and Public Policy* (New York: Oxford University Press, 2005), pp. 112-127.

②　迈克尔·史乐山、邹莉:《美国的资产建设:政策创新与科学研究》,2005 年,豆丁网(http://www.docin.com/e - 526579287.html)。

贴；二是产权式住房保障，类似于以资产积累为主的福利供给，其支持形式主要是住房产权。同样，这可以建立起住房保障的福利模型，阐述保障住房资产建设的福利放大。

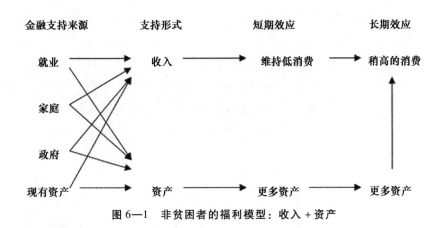

图 6—1　非贫困者的福利模型：收入 + 资产

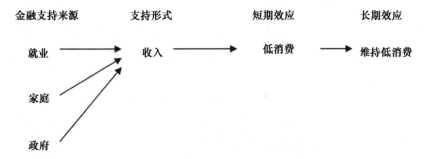

图 6—2　贫困者的福利模型：只有收入

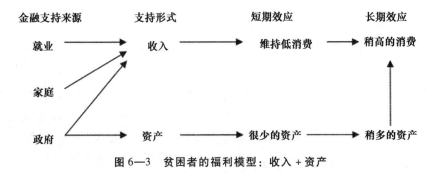

图 6—3　贫困者的福利模型：收入 + 资产

　　其中，住房保障的支持来源包括个人收入、家庭支持和政府保障，每一种支持来源都能以住房补贴和住房产权的形式提供住房保障福利，但在租赁式住房保障的福利模型（如图6—4）中，由于没有住房产权的福利支持形式，住房福利对象无法享受住房资产所产生的福利效应。在短期内只能维持一定的住房消费水平，从长期来看，则是重复消费，其福利效应难以提高。而在福利支持形式中加入住房产权之后（如图6—5），则住房福利对象可以通过住房产权展开资产建设，开始获得一系列的住房资产福利效应，并在长期的住房产权积累中逐渐提高住房消费水平，提高生活质量。即通过住房福利支持形式的多样化，实现住房福利效应的多元化，从而拓宽与增大了原有的保障住房福利。住房资产作为重要的住房福利的放大途径，不能完全由住房消费所替代。

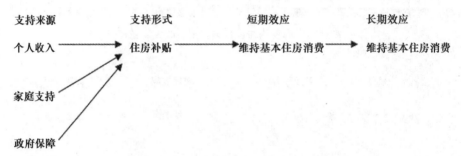

图6—4　只有租赁的住房保障福利模型

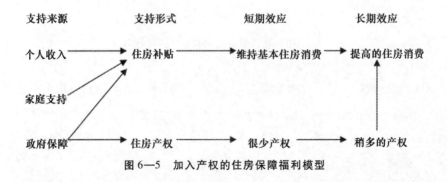

图6—5　加入产权的住房保障福利模型

　　特别要指出的是，部分学者对于住房保障的目标人群——中低收入家庭是否能进行住房资产积累存在疑虑。他们指出，住房资产建设必须是针对有能力进行资产积累的中产阶层而言的，对低收入家庭来说，获得维持基本生活收入的意愿比资产积累的意愿更加强烈。然而，这种将人改变自我、发展自我的意愿简单地与收入完全等同起来的看法是存在一定偏见的。从对 1997—2003 年美国第一个资产建设示范项目——"美国梦"个人发展账户的长期观察、研究来看，约有 56% 的参与者（主要是中低收入者家庭）愿意进行消费的自我约束，选择进行资产的积累，成为"储户"①，从而证明穷人并非没有意愿进行资产积累。另一项美国梦的调查研究也表明，在控制了若干个人与项目因素后，收入与储蓄呈现弱相关性：最贫穷的参与者与其他参与者的储蓄一样多，并且储蓄在他们收入中占有更高的比例。② 事实上，如果将资产视为储蓄的组成部分，就可以发现，个人和家庭的积蓄有相当部分甚至大部分来自资产积累即制度化机制的结果而非收入减去消费的剩余。贫困者真正缺乏的是制度化的鼓励以及帮助贫困者进行资产积累的社会政策。世界各地方兴未艾的资产建设项目所获得的成功也从侧面证明了这一点。

三　中国保障住房资产建设问题

住房资产包括其产生与扩大的福利效应，反映了资产建设理论在中国扩张的内在逻辑。然而，一方面，就中国当前的经济社会文化背景来看，还存在着对资产建设理论的外在需求，即中国进行资产建设的必要性。另一方面，保障住房的资产建设离不开住房产权的获得，但又不仅仅是获得住房产权这样简单的问题。为此，笔者从资产建设理论视角对中国现有的产权式住房保障进行分析，以探讨保障住房资产建设所需要的住房产权应该是什么样的。

（一）中国保障住房资产建设的必要性

正如国外资产建设理论能在短短 20 年里兴起得益于其发展所处的社会背景一样，中国保障住房资产建设也必须放置在当前的经济社会发展大环境下。只有这样，才能全面认识和理解保障住房资产建设的必要性。

---

① 参与者在一个指定的时间段内成功地积累 100 美元或更多的可搭配净存款则被称为"储户"。

② Yadama, G. N., Sherraden, M., "Effects of Assets on Attitudes and Behaviors: Advance Test of a Social Pol cy Proposal," *Social Work Research*, 1996, 20 (1): 3-11.

　　其一，在中国社会结构转型的关键时期，中产阶层的形成受到住房的双刃剑影响，保障住房资产建设应该成为培育与稳定中产阶层，实现从传统的金字塔形社会结构向橄榄形社会结构转变的重要途径。中产阶层作为社会高层与社会底层之间的天然缓冲层，是社会冲突的安全阀，是社会发展的稳定器，是影响社会和谐稳定与可持续发展的核心因素之一。为此，中国明确提出要扩大中等收入者在全社会中的比例，培育中产阶层。然而，近年来，中产阶层却饱受住房这一双刃剑的影响。即住房产权，既可以成为形成中产阶层的有力平台，也可以成为中产阶层兴起的巨大障碍。这是因为中国正处于城市化与现代化高速发展的历史背景之下。在此过程中，一方面，大量农业用地转化为非农用地，形成"土地红利"，并通过房地产市场传递到住房所有者手中；另一方面，政府大量投资城市基础设施建设，提升住房资产所在的城市区位价值，进一步增加拥有住房家庭的财富。若中产阶层，特别是以新近毕业大学生为代表的边缘中产阶层①能够通过住房自有②，分享这一波不可逆的住房资产增值浪潮，则可以积累住房资产所带来的大量的财产性收入，提供形成中产阶层的资产建设平台。若失去住房自有的财富积累平台，或者勉强通过超前消费得到昂贵的商品住房，进而背上沉重的住房还贷压力，降低生活质量，成为"房奴"，甚至出现"一套住房消灭一个中产阶级"的情况，则住房产权会成为中产阶级形成的阻碍。可见，通过保障住房资产建设提供制度化的资产积累通道，为边缘中产阶层提供一个社会向上流动的必要资本，确保公民的社会发展权，必然成为培育与稳定中产阶层不可缺少的重要途径。

　　其二，全球化的发展与市场化的深化，使中国经济波动性增加，加剧了面临金融风险的可能性，保障住房资产建设应该成为多元化的居民投资渠道，成为实现财富保值增值的重要依靠。自2007年以来，中国居民消费价格指数（CPI）几乎一直在高位运行，特别是在2008年世界金融危机与2011年欧洲债务危机的冲击之下，中国CPI涨幅屡创新高。若将CPI的环比增幅加总计算可知，自2007年1月以来，中国CPI的增幅已

---

　　① 边缘中产阶层，是东亚学者在"东亚中产阶级比较研究项目"（EAMC Project）中提出的阶级分类，在中国，其核心部分是20世纪70年代后期和80年代出生、受过中高等教育、从事低层白领工作的年轻人，他们可能发展成为现代中产阶层，也可能跌出中产阶层行列，成为"伪中产阶层"。

　　② 李春玲：《比较视野下的中产阶级形成》，社会科学文献出版社2009年版。

经高达 20.9%。持续增长的 CPI 给居民施加了巨大的通胀压力，并推动其进入通胀率高于银行利率的负利率时代。[①] 负利率时代的基本特征是鼓励投资，惩罚储蓄，把钱存入银行，财富不会增长，反而会随着物价上涨而缩水。对于中国居民尤其是中低收入者而言，储蓄恰好是最常见、最重要的金融资产形式，储蓄在居民金融资产中的比例基本上占到七成以上。[②] 之所以会如此，是因为除了中国传统的财富理念对储蓄的偏好之外中国投资渠道的匮乏，特别是在股票市场持续低迷、外汇投资严格管制、债券金融市场尚不发达的情况下更加凸显。因此，如何在当前的通胀压力之下，通过丰富投资工具，减少居民的财富损失就成为政府的重要责任。资产建设理论有一个基本的前提，即只有能够保值增值的资产才值得建设。由于住房使用价值和市场价格的变动较小，无疑比其他类型的资产具有更强的抵御金融风险的能力。受中国当前城市发展红利的影响，房产投资较之于储蓄和债券具有更高的投资收益率，且技术要求较少，利于居民普遍参与，自然成了理想的抵御通货膨胀的高回报投资产品。但要进行住房投资，就必须以拥有住房为前提。然而，在房价高企的背景之下，住房作为通胀期良好的投资产品却不能为承受通胀压力最大的中低收入者所享有，这加大了中低收入者的经济弱势地位。可见，急需通过保障住房资产建设，开放投资组合渠道，提高居民金融风险承受能力，提升家庭财富资产的稳定性。

其三，风险社会的特征日益凸显，导致中国居民普遍的社会焦虑与安全感下降，保障住房资产建设应该成为控制社会风险，实现社会治理的重要工具。从国际发展经验来看，人均 GDP 从 1000 美元增加到 12000 美元这一时期，是一个国家或地区至关重要的转型期。它既是从发展中国家向发达国家迈进的重要阶段，又是矛盾增多、爬坡过坎的关键阶段。2003年，中国人均 GDP 超过 1000 美元，到 2010 年超过 4000 美元，标志着中国已经进入中等收入阶段。在这一发展阶段中，社会各种利益主体逐渐分化，个人意识逐渐提升，政治权利意识逐渐觉醒，多元化的利益诉求日趋高涨，导致社会矛盾日益复杂，群体性事件频发，社会冲突激化凸显，形

---

① 王卉书、胡安其：《通货膨胀形成的深层次原因探究——基于我国 2008—2011 年的数据分析》，《商业时代》2012 年第 7 期。

② 张晓晶、孙涛：《中国房地产周期与金融稳定》，《经济研究》2006 年第 1 期。

成高风险社会。在此背景下，中国居民因个体安全而产生了普遍的社会焦虑，既包括收入分配和财富占有不平等所带来的现实困境，也包括社会转型的不确定性所带来的未来恐惧。而居民的预期性社会焦虑恰好在住房产权上进行汇集：一方面，住房产权已经成为拉大中国贫富差距的重要因素，房产与财富资产的保值增值关系密切，住房产权的有无不仅固化而且加大着有房者与无房者之间的贫富差距；另一方面，住房产权影响着新进城市人口的社会融入与生活稳定，没有住房产权就会强化新进城市人口的漂泊心态，增加潜在的生活威胁，放大社会压力，使得居民难以安居乐业。住房问题正是借此由经济问题转变为当前最重要的社会民生问题，而住房产权也成为应对中国当前风险化社会的一个有力切入点。可见，通过保障住房资产建设可以缓解社会问题在住房领域的集中，缩小贫富差距，加快城市融入，进而缓和社会冲突和矛盾，增进社会稳定，控制社会风险，实现社会的成功转型。

（二）中国的产权式住房保障与保障住房资产建设

住房的资产建设政策在中国并不陌生。中国住房保障制度中的经济适用房与住房公积金都在一定程度上带有住房资产建设的雏形，但它们与资产建设仍然存在差异。

1. 经济适用房政策与保障住房资产建设

经济适用住房政策是中国产权式住房保障的主要内容，但是它对政策目标人群却不能产生理想的住房资产福利效应。因为住房资产福利效应作为一种长期效应，其基础建立在一种合理的未来预期之上，并通过该预期下一种长期的、渐进的资产累积过程完成自我教育、自我激励和自我提高。资产社会政策的关键内容是，改变政策目标人群在只有收入资助而缺乏资产时所产生的短视行为，帮助其在人生规划中有效地抵御贫困文化或贫困情境对自我发展的负向暗示和条件约束，进而让政策目标人群获得更多的生活机会，实现福利资源的有效投入，即提高同等福利资源所产生的社会效应。根据《经济适用住房管理办法》等经济适用住房的规定，中国现行的经济适用房制度，在产权安排上是通过购买方式实现的一次性经济交易，并且购买满5年之后，在按照届时同地段普通商品住房与经济适用住房差价的一定比例向政府缴纳土地收益等税款之后，可以自由上市流转。这种产权安排在以下几方面削弱了经济适用住房的资产福利效应。

第一，经济适用住房的一次性产权购买的经济交易方式，要求更高的住房消费门槛以支付首付款，这将会把大量无法支付的政策目标人群排除在该项福利政策之外。近年来，中国很多城市都爆出中签的低收入家庭弃购经济适用房的现象。其原因往往是即使价格相对低廉的经济适用房，仍然远超低收入者的负担能力，甚至出现"越符合申请经适房的标准，越无力买房"的困境。其结果是要么放宽准入条件，让更高收入者购买经济适用房，造成保障住房福利政策的偏差，牺牲真正需要住房资产建设的中低收入人群的利益；要么只能将经济适用房闲置，造成社会保障资源的极大浪费。无论哪一种情况，都会使得住房保障资源无法传递到政策目标人群之中，自然也就谈不上发挥应有的资产福利效应了。

第二，经济适用住房的一次性产权购买的经济交易方式，形成了短期内的巨大经济收益，促使受保障对象在经济利益驱使下采取短视行为，这与资产建设的基本原则背道而驰。由于经济适用住房与商品住房存在价格差额，在完成一次性经济交割后，在住房价格的人为双轨制下，自然会形成巨大的收益。虽然有 5 年的上市限制，以及到时需要补缴土地差额税费，但是，一方面，5 年上市限制可以轻易地被非公开的私人合约所规避；另一方面，即使补缴土地差额税费之后，经济适用住房仍由于土地租金的上升以及城市发展所带来的房产增值而存在着经济收益。在经济适用住房短期收益的诱惑与低收入家庭无法支付住房首付现实困境的交织下，倒卖经济适用房购房号，利用住房保障资源进行市场投机的行为就可以预见了。北京、武汉、郑州等地均曝光了通过房地产中介倒卖经济适用房购房号的事件。这种变长期资产建设积累为短期收入投机的制度机制难以发挥保障住房的资产福利效应。

第三，经济适用住房一次性交易中所存在的投机收益，形成了巨大的寻租空间和寻租冲动，吸引着更多非目标人群通过种种手段在经济适用房领域寻租，"开宝马住经济适用房"、"经济适用房高出租率"等怪象丛生。这不仅进一步挤压了经济适用房所应有的保障覆盖面，而且引发了社会各界对住房保障分配公平的担忧，损害其政策的合法合理性，甚至引致人们对产权式住房保障的广泛质疑，纷纷提出要取消经济适用住房政策。可见，经济适用住房的一次性交易方式所引起的寻租空间及带来的分配不公，削弱了目标群体的主观幸福感，降低了保障住房资产的福利效应。

第四，经济适用房的一次性交易以及 5 年后上市自由流转，缺乏对目标人群动态收入变化的及时响应，即住房福利资源的供给方无法根据目标人群的收入变化而对其应该享有的福利水平进行调整。经济适用住房交易的一次性交割，将住房保障福利的供给方与福利的目标对象的关联分离开来，使得福利供给方失去了通过住房资产建设构建社会激励和社会治理平台的途径，进而限制了部分住房的资产福利效应。

2. 住房公积金政策与保障住房资产建设

中国住房公积金制度是从新加坡中央公积金制度借鉴而来的一种强制互助储蓄式的住房支付能力建设政策，它通过强制低存低贷，企业配套资金，政府减免税收的形式进行个人资产储蓄，故具有一定的资产建设性质。而新加坡的中央公积金措施作为一个得到国际社会普遍认可的资产建设项目的成功典范，是囊括医疗、住房、教育、养老、投资多方面覆盖整个人生周期的一整套社会福利保障制度[①]，中国的住房公积金制度只借鉴了其中的一部分。正是这种对制度建设整体性的脱离以及两国国情的偏离，导致出现"淮南为橘，淮北为枳"的现象，限制了中国的公积金制度发挥其资产建设的福利效应。

公积金是由个人以及所在的企业根据缴存者的平均收入进行一定比例的缴存，政府则对缴存的公积金进行税费减免。前者是对个人收入的强制储蓄，后者是政府的福利支持。首先，住房公积金的配额只与个人收入或企业效益挂钩，限制了个人在资产建设中的主观能动性，从而削弱了对个人行为的激励作用。其次，这种以税费减免为主的福利资产建设方式，在很大程度上倾向于高收入者，而不是中低收入群体。收入越高，政府减免的税费越多，政府给予的福利支持就越多，导致稀缺的住房保障资产更多地流向了非保障群体。更重要的是，中国公积金是强制与工作就业联系的，大部分非正规就业或者失业的中低收入者无法参与到住房公积金项目中，其直接后果就是一部分就业能力较弱的受保障对象被排挤在住房资产建设政策之外，而正是这部分群体特别需要进行资产建设。可见，中国当前的公积金缴存，造成了公积金供给对福利政策对象的偏离或缺失，缩小了公积金制度的政策覆盖面，降低了其应有的住房资产福利效应。

公积金的用途主要是定向的住房消费，诸如购买自住房、支付房租、

---

① 季明明：《国家社会福利保障体系的成功典范——新加坡中央公积金制度研究》，《改革》2000 年第 2 期。

偿还住房贷款本息、建造翻修自有住房等。虽然公积金在名义上被归为缴存者所有的资产，但实际上住房公积金的用途限制，使其成为一笔由政府控制只能用于住房消费的"死钱"，而不是一笔属于自己的资产，不能自由地用于养老、医疗、教育等其他社会保障领域，降低了资产保障稳定生活的福利效应。而且由于缺乏个人对资产的自主处置权，公积金与其说是一种限定性较强的资产，倒不如说是一种较稳定的收入。虽然稳定收入与限定性资产在某些方面类似，但现有资产比未来收入更容易抵押变现，更可以提供经济稳定性，而且拥有与控制资产的人更加重视自我导向，更具有主观灵活性。这就从人们的感知和福祉上产生了额外的增权，从而更类似稳定收入的公积金也失去了这部分资产的福利效应。

公积金是以低存低贷为运行核心的，但运行中的强制低息储蓄和选择性贷款，却造成了公积金"劫贫济富"的怪象，有悖于社会公平的基本原则。在贷款条件的约束与筛选下，公积金贷款更多地分布于拥有市场购房能力的高收入人群。国家审计署 2005 年数据显示，占缴存额前 20% 的高收入人群，其住房公积金贷款占整体个人贷款的 44.9%，而缴存额后 20% 的人群，其公积金贷款仅占 3.7%。无力购房的低收入者，不仅较少获得公积金贷款进行住房资产建设，反而因强制低息地缴存公积金供高收入者购房信贷使用而承受了额外的利息损失。公积金的运行结果变为，收入较高的家庭受益于这个面向中低收入者的住房福利制度，这显然违背了福利政策设计的初衷。在这种"劫贫济富"的运行模式下，公积金的住房资产福利效应自然难以发挥。

从公积金的资金沉淀来看，中国普遍存在着"公积金池"的资金沉淀并且运用效率较低问题。住房和城乡建设部数据显示，截至 2011 年底，全国住房公积金余额总计已经高达 2.1 万亿元人民币。而 2008 年末住房公积金运用率（个人贷款余额与购买国债余额之和占缴存余额的比例）仅为 53.54%，同比降低 3.51 个百分点。在中国当前房价持续上涨与经济通胀压力巨大的双重作用之下，这些沉淀的公积金资金，由于仅有银行储蓄、购买国债等有限的投资途径，面临着严重贬值的趋势，造成未使用公积金的缴存者存在着财富的缩水现象。为此，人们都在设法尽早使用住房公积金，这与资产积累的本意相违背，使得公积金从互助的金融资产变成了自缴自用的住房消费。可见，由于公积金的资产沉淀，难以实现累积资产的保值增值作用，降低了住房资产建设稳定生活，构建未来预期的福利效应。

四　资产建设视角下的保障住房产权安排

正如前文所述，中国社会正交织在快速现代化、城市化的长波进程与社会结构关键转型的特殊脉动之中。前者使得大量的农村人口源源不断地涌入城市，持续地为解决住房问题的紧迫性施加了强大的压力；后者则孕育着一个日益扩大的风险化社会，为住房问题的解决设置了更高的难度。而且两者又都在同一个问题——住房问题——上进行汇聚，使得中国住房保障面临着前所未有的压力。因此中国住房保障面临着双重任务：既要通过扩大住房覆盖面使更多的人享有基本的住房条件，确保保障对象的基本住房权，又要通过深化保障住房的制度结构，确保其成为抵御社会风险，实现自我管理的发展平台，以确保保障对象的社会发展权。在当前复杂的社会背景下，仅靠现有的单一的、割裂的产权式住房保障与租赁式住房保障是无法应对现有住房民生问题的。[①] 因此，为满足新形势下日益复杂的双重住房保障的需要，就必须进行保障住房产权制度改革。为此，笔者提出一种基于资产建设理论的"租赁—所有"（Rent-Ownership）公共保障住房（简称"RO 公共住房"）政策措施。

（一）"RO 公共住房"设计应遵循的基本原则

作为一种资产建设视野下的住房保障方式，为确保实现保障住房的资产福利效应以扩大住房福利，"RO 公共住房"应遵循以下的基本原则。

1. 普遍性

"RO 公共住房"应该让每个有住房资产建设需求的人都有机会参与其中，而不是只为一定收入线以上的人群所享有。这是一项社会政策的基本要求。首先，资产建设实践的主要目的之一，是为丰富社会保障福利的供给方式，确保资产福利效应能为全民所享，实现社会福利的扩大。同时，一项包容全民的资产建设政策，可以通过利益均沾，降低保障住房产权方式变革中所遇到的来自不同收入阶层的阻力，减少社会矛盾与冲突，

---

① 廖俊平：《面向城市低收入移民的住房股权计划》，《经济社会体制比较》2007 年第5 期。

促进政策的实施。

2. 公平性

公平是一项社会政策的核心价值。"RO 公共住房"应该让所有的项目参与者受到平等的政府福利支持，要求满足住房保障的水平性公平和垂直性公平，即同等收入的个人或家庭享有大致相当的政府福利，收入越低时享有的政府福利应该越多。作为社会财富分配、家庭财富积累的住房保障资产建设项目，一旦公平缺失，就可能会对中低收入者造成二次伤害，不仅将扩大与高收入阶层的贫富差距，还会造成其对政府的信任危机，加大个人忧虑。可以说，公平性是资产建设政策成败的关键，是资产建设实践的生命线。

3. 整合性

"RO 公共住房"的整合性分为横向和纵向两方面：横向的整合性指项目参与者所积累的住房资产要能变现流通，由政府提供的专门金融组织，通过保障住房的抵押、证券化等方式，以便于该资产进入教育、医疗、养老等多项保障领域，实现住房资产在社会保障制度中的功能性整合与运用；纵向的整合性指项目允许合法成年公民在人生的任何时期都可以参与资产建设项目，不会随就业变动、城市移民等变化而改变或中断，使得住房消费与生命周期相符。这样可以建立起一个以住房资产为核心的多功能的社会保障系统。

4. 充分性

"RO 公共住房"提供的住房福利应该能使资产累积达到足够水平，以确保项目参与者可以进行个人发展和住房保障。如果政策充分性不足，一方面，政府的政策目标将难以达成，个人的家庭发展策略将难以实现；另一方面，则不能吸引目标人群参与资产建设项目，还会挫伤项目参与者进行资产积累的积极性。因此，充分性是实现政策目标、增强政策活力、提高政策可持续性的重要保证。

5. 长期性

"RO 公共住房"应该是一个允许参与者在生命中相当长时期内展开的资产积累项目。首先，住房资产是一个家庭，尤其是中低收入家庭的大额资产，过短的积累时间，意味着需要拔高住房消费能力，引起超前消费，降低参与者的生活质量。其次，项目时间过短，意味着住房收益的短期聚集，将刺激潜在的住房投机行为。最后，一个时效较长的住房资产建设项目，可以为政府以住房产权为平台参与社会管理提供更大的空间。

（二）"RO 公共住房"的设计方案

1. 租售结合的产权安排

"RO 公共住房"是保障住房产权在租赁和所有之间的"第三条道路"，通过将租赁与所有结合起来，从租赁到半租半售到所有，形成一种"先租后售，租售结合，灵活转换，政府回购"的产权安排。在本质上，它是一种共有产权式的过渡性保障住房①，但它的目标不是停留在产权共有上，而是强调推动个人或家庭的住房自有，从而实现住房资产建设。首先，"RO 公共住房"将存在住房建设需求的中低收入家庭作为主要对象，以租赁的形式提供保障住房；其次，以"半租半售"的形式，由承租人购买分割的部分住房产权，政府通过配额产权、让渡产权等住房产权支持供给，帮助公共住房的承租人在一定时间内获得房屋产权，积累住房资产，逐渐由一个公共住房的租赁者转变为住房所有者，最终完成住房的所有，改善其资产结构，提高社会地位，使其脱离贫困。

其中，公共住房的"先租"，以受保障对象住房消费的低门槛确保住房保障的实际覆盖面，具有普遍性和包容性，并且通过广覆盖以防止住房保障对象的夹心与断层；公共住房的"后售"，以住房产权的积累展开资产建设，为住房资产福利效应的发挥奠定充分性；公共住房的"租售结合，灵活转换"，则通过强化个人在租赁和所有住房产权形式间的自主选择，既确保了住房资产的变现流通，又实现了资产投资组合的个人控制，提供了住房资产核心下的多功能社会保障系统的整合性和连贯性。同时，通过在产权处置中设置政府的优先购买权，确保社会保障资源不会外溢。

可见，这种"先租后售，租售结合，灵活转换"的方式最终将成为在中国现存宏观社会经济文化背景下，集满足拥有住房的传统住房消费观，构建资产建设途径，落实住房公共服务均等化，实现住房保障资产循环利用的可持续发展等多重目标于一体的保障住房产权供给方式的理想安排。

2. 政府—家庭的资产共建

在从"租赁"到"所有"的住房资产建设阶段，个人或家庭有按时

---

① 陈淑云：《共有产权住房：我国住房保障制度的创新》，《华中师范大学学报》（人文社会科学版）2012 年第 1 期。

进行资产建设的义务，需要定期（按月或季度）投入资金，以积累一定份额的以股权形式划分的住房产权。政府则一方面根据个人购买的股权进行一定的股权式住房产权的配额，另一方面进行少量的股权式住房让渡，直接进行住房产权的补贴。如当某低收入家庭成为"RO 公共住房"项目的参与者之后，就获得其居住住房 1%的股权。参与项目的低收入家庭所获得的"RO 公共住房"的部分产权，则成为其自有资产，不用再付房租，并可参照政府或第三方社会组织指导审核认定的市场价格进行抵押变现，从而确保低收入者通过自己的努力实现住房资产积累，并通过政府的回购行为以及对回购价格的限定，保证政府住房保障资源的内循环以及实现所有者住房资产的保值增值。

需要强调的是，这里的政府住房福利供给不再是收入形式的住房消费，而是直接向低收入家庭提供可以获得资产收益的住房权益。因为住房消费可能在福利传递过程中被住房企业或者住房房东所占用，也可能在通货膨胀的压力下使实际消费能力贬值，而住房产权可以直接形成可见的、稳定的个人不动产资产，绕过中间阶层，直接确保住房保障资源以产权的形式有效地传递到受保障家庭中。这使得住房资产建设政策既直观可见又简单易行，无疑将增加政策被接受和受欢迎的程度。

另外，在资产建设过程中，政府所支持的住房产权，其部分来自于原有保障住房消费补贴的直接转换，更大部分则要求政府进行新的财政投入和转移支付。为此需要政府就如何对项目参与者进行合理的住房产权支持进行探讨，不管是配额形式还是直接补贴形式，从支持比率、支持上限、支持时限三个维度①进行分析、把握是一个较好的思路。

其一，支持比率。即参与者在进行一定数量的住房产权资产建设时，政府对这部分住房资产进行多少比率的配额。支持比率既是对项目参与者主要的吸引因素，也反映着政府进行住房保障的力度大小，从而对资产建设的全民性产生影响。它取决于实际的住房困难情况，也和政府实际的福利供应能力相关。在保证政策充分性的情况下，可允许各地方政府根据自身的财政支付能力与住房问题的凸显程度进行试点尝试，以找出支持比率的合理水平与判断准则，便于在全国推广。

① 冯希莹：《社会福利政策范式新走向：实施以资产为本的社会福利政策——对谢若登的〈资产与穷人：一项新的美国福利政策〉的解读》，《社会学研究》2009 年第 2 期。

　　其二，支持上限。不同收入者对应着不同的资产建设能力，收入较高者进行资产建设的能力较强，若依据同样的政府支持比率，其获得的政府福利绝对数量更多。因此，为保证政策的普遍性和公平性，必须设置配额产权的数量上限，这样才能使得参与者所享有的住房福利在不同收入者人群中保持大致相当。同样，它取决于各地实际的住房困难情况以及政府实际的福利供应能力。

　　其三，支持时限。福利的时间限制，是社会福利重要的激励手段之一。在保证资产建设充分性的基础上，一项对住房资产建设配额项目事先约定的时间限制，可以激发参与者的行动潜力，促进就业，防止长期依靠而形成福利依赖，从根本上改变低收入家庭的生活方式。而一旦超出这个支持的时限，可在一个资产项目评估的基础上，确定其是否继续享有这项政策的福利，或者重新参加申请与轮候。

　　3. 灵活多样的激励机制

　　如果只是把"RO公共住房"的激励参照与个人收入高低的绝对值联系起来，往往会遇到某种程度上的垂直公平与社会激励的悖论，即重视社会公平而向穷人福利倾斜的累进性与强调通过社会二次分配而奖励勤奋者的社会激励存在一定的冲突。为此，"RO公共住房"的激励参照宜与目标家庭积极参与项目的时间、财富的动态相对变化以及不同收入层次间的需求差异等联系起来，设计灵活多样的激励机制。

　　其一，考察作为资产建设积极者的时间。所谓资产建设积极者，是在一定时限内，不只是依靠政府的直接住房产权补贴，而是在强烈的个人发展意愿下主动履行诸如租赁产权部分的按时交租、一定额度的股权式产权部分的定期购买等住房资产建设义务的项目参与者。为鼓励进行资产的长期积累，使该过程成为自我改变的发展平台和改善生活的机会，政府的福利支持需要随积极参与项目时间的增加而逐渐增加。对政府的直接住房产权补贴而言，参与者获赠的产权将随着积极住房建设的时间延长而逐渐增加；对政府的配额住房产权而言，在限定的项目参与时限内，作为资产建设的积极者参与项目的时间越长，其个人参与所履行的义务越多，则在配额率和配额上限方面可实行不同的奖励，即时间越长，政府福利支持的配额越多，上限越高。

　　其二，考察财富的动态相对变化。激励机制中的财富动态变化，不再只是收入绝对值的家计审查，而是将进行"收入加资产"的综合考量。

如果将一个家庭的收入认为是其资产建设能力的重要依据，那么该家庭拥有的资产量就是其资产建设的主要起点。只有改变单一的收入审计，将资产作为政策激励的参照物，才能全面反映该家庭的财富占有状态，才能制定合适的住房资产建设激励机制，避免一些低收入、高福利的社会群体以低收入者的名义占有、侵吞社会保障资源。同时，政府可以允许和鼓励人们将收入增长用于指定的自我教育和自我发展领域，引导其进行自我发展投资，这样，家庭在一定的收入增长后仍可以处在保障住房序列，而不必盲目超前地进行住房消费，或者为避免失去住房保障而放弃收入增长。这对于一个发展性的住房保障政策而言尤为重要。最后要强调的是，将"收入加资产"的财富总量的相对增长比率，而非其绝对值，作为个人奋斗和努力程度的替代指标，以此展开激励评估和反馈，从而确保不同收入阶层进行资产建设前的起点差异不会对其住房福利供给的公平性造成偏离。

其三，考察不同收入人群间的需求差异。根据马斯洛的需求层次理论，不同收入阶层的住房资产需求也是存在不同层次的。故为了兼顾垂直公平和社会激励，在住房福利供给总量一定的前提下，可以通过改变住房资产所能满足的需求层次的变化，设计有针对性的激励机制。当目标家庭的财富逐渐增加之后，可以提供更加丰富、更有选择性的激励措施，放宽政府管制，增大住房产权的使用范围，拓展住房产权的投资渠道，加强住房福利资产的个人控制，实现资产的灵活运用。比如，在一定财富范围内，项目参与家庭的住房资产只能用于教育、医疗、养老等社会保障领域的变现和流通，或者只能接受政府指定的低风险稳定收益投资，而在达到一定财富水平之后，政府则允许更大范围的资产转化和流通，包括开放高风险、高回报的投资渠道，等等。

4. 封闭循环的退出机制

保障住房的资产建设项目主要有两种退出方式：一是资产建设者在参加项目一定时间如3—5年后，可以将所积累的住房产权到政府指定的金融机构，如专门的住房银行，进行转让、抵押、变现；二是由项目参与者最终获得住房产权而退出资产建设项目，但政府必须强调其在保障住房的处置中享有优先购买权。

这两种退出方式共同指向保障住房资产建设中的政府回购机制。一个设计合理的回购机制对形成封闭循环的保障住房退出方式的意义重大。首先，政府回购意味着保障住房作为"物"的资源不流出住房保障系统，确保了社会资源在住房保障领域的循环利用；其次，回购机制通过挤压投机者的寻租空间，降低寻租冲动，有效控制了保障住房的投机歪风；最后，住房产权的回购可以帮助项目参与家庭抵御可能遇到的住房金融风险。

在保障住房的政府回购机制中，其关键与核心是出售价格和回购价格的设定，它直接关系着福利对象的资产建设效果。可以由政府以较低的价格出售保障住房产权，以提供一个更容易参与的住房资产建设平台；尔后又以略低于市场价格、受控制的住房价格进行回购。这既保证了资产建设者享有一定量的住房资产增值收益，又能使回购后的保障住房以低于市场的优惠价格保持其保障性与公益性，吸引中低收入家庭的购买。

同时，通过对政府回购价格的设计，不但可以调整住房资产增值收益在参与家庭与政府之间的分配，还可以遏制住房投机，增加家庭的住房金融风险抵御能力。其方法主要是政府将回购价格的变化设定在出售价格一定百分比的波动范围之内，进而与保障住房用户同时享有住房增值收益或者共同承担可能面临的住房金融风险。试举一例进行说明。

设有一处保障住房购买交易，房产市值 50 万，考虑其保障性质，政府以 40 万的优惠价出售给受保障家庭 A，此时 A 享受政府提供的 10 万元住房保障优惠；若在一段时间后，随着房地产市场的自然波动，A 欲出售房产，根据政府的回购要求，则有：

其一，在未限制回购价格波动范围的情况下，业主按住房部门评估的回购价卖给住房部门，即以出售时评估的市场价格减去最初的购买折扣价。

若房价上涨，房产评估的市场价格为 75 万元，此时市场增值为 75 - 50 = 25 万，而业主 A 所得为 75 - (50 - 40) = 65 万元，其获得完整的市场增值 65 - 40 = 25 万元，此时，政府用 65 万元购得 75 万的房产，但其中的 10 万元收益是当前付出的住房保障优惠，体现了住房社会保障资源的循环利用，故未获得额外的市场增值收益。

若房价下跌，房产评估的市场价格为 30 万元，此时市场价值缩水为 50 - 30 = 20 万元。

而业主 A 所得为 30 - (50 - 40) = 20 万元，其承担了完整的市场缩水 40 - 20 = 20 万元。

此时，政府用 20 万购得 30 万的房产，其中的 10 万元收益仍是当初付出的住房保障优惠，故未获得额外收益，或遭受损失。需要特别强调的是，如果房价下跌不是一个正常的波动现象，而是处在房地产泡沫崩溃过程中，则政府的回购将面临巨大的风险。为此，可事先依据政府的实际承受能力设定最后回购价格，当住房价格低于最低回购价格时可以考虑暂停回购。

其二，在设定了回购价格波动范围的情况下，如本例中为房产价值的 20%，即回购价格的波动范围为（40，60）。

若房价上涨，房产评估的市场价格为 75 万元，此时市场增值为 75 - 50 = 25 万元，此时，业主 A 所得为 60 - （50 - 40）= 50 万元，其获得的市场增值为 50 - 40 = 10 万元。政府用 50 万购得 65 万的房产，除了 10 万元的住房保障优惠回笼外，仍获得 75 - 50 - 10 = 15 万元的收益，这将极大地挤压投资者利用保障住房寻租的操作空间和冲动，减少通过出售保障住房获得暴利的可能。

若房价下跌，房产评估的市场价格为 30 万元，市场价值缩水为 50 - 30 = 20 万元。此时，业主 A 所得为 40 - （50 - 40）= 30 万元，其承担的市场缩水损失为 40 - 30 = 10 万元。而政府用 30 万元购得 30 万元的房产，其前期的住房保障优惠 10 万元，为保障住房购买者承担了 10 万元住房市值缩水风险，这种住房金融风险发生时的个人与政府共同承担的机制，无疑是对资产建设者的重大保护措施。

特别是考虑到资产建设者往往只有一套住房，而投资者则拥有多套住房，那么在房价上涨时，资产建设者不大可能出售自己仅有的住房。因此在住房价格上涨时，政府对房产增值的分享更多的是针对投资者，而对资产建设者的影响不大。在房价下跌时，政府的回购虽然也是对投资者投资收益的兜底，但这种回购兜底与前文的增值分享联系在一起，它所吸引的必然是保守的、长期的资产投资者，这种住房投资者对房地产价格过快增长的影响较小，同时还能成为住房保障资金的个人投入者，无疑是具有吸引力的，政府的回购兜底则成为这种吸引力的一种制度成本，是可以接受的。

第七章 完善中国住房保障体系的政策建议

　　住房保障是现代社会每一个公民所享有的基本权利，是社会保障体系中的一个重要组成部分。从中国目前的经济社会发展阶段来看，住房保障应与以基本保障为基础的整个社会保障理念相一致，而不能泛化为社会普遍的住房福利。现阶段的住房保障只能是"基本"的保障，其目标只能是保障"人人有房住"，而非"人人有房产"，实现住有所居。住房保障不仅直接关系到广大人民群众的切身利益，关乎社会主义和谐社会的构建，也涉及政府公共服务的基本职责。中国的住房保障起步较晚，现有住房保障体系的构建根植于原有住房福利制度的改革过程，从外部制度环境角度讲，导致现有住房保障体系游离于整个社会保障体系之外；从内部制度环境角度讲，每个子体系之间相互割裂，内部体系不统一，呈现出碎片化等问题。从整体视角重新设计住房保障供给体系的顶层制度是解决当前住房改革困局的核心问题。

一　住房保障体系的基本原则、基本目标与定位

　　基于住房问题的特殊性和重要性，国际上把政府是否介入住房问题作为衡量现代住房制度的一个重要标志。构建住房保障体系，保障低收入居民和住房困难家庭的基本居住权和发展权是政府的基本职责。因此各级政府如何确定住房保障体系的基本原则、基本目标和定位，关系到住房保障体系的价值取向和发展方向。

（一）住房保障体系的基本原则

　　确定"什么样"的住房保障体系原则关系到住房保障体系的基本定

位、价值取向及其绩效。本书将从以下方面对此进行探讨。

1. 公平优先，兼顾效率的原则

住房保障的基本目的是解决社会居民的基本居住需求，实现"住有所居"的社会目标。因此，应坚持公平优先的原则。公平原则的内在要求是实质公平，这就要求住房保障分配的起点公平、结果公平；还必须坚持住房保障的分配程序公平。同时，住房保障要坚持效率原则。住房保障必须考虑投资、建设、分配、管理等方面的效率，用最小的成本代价，实现住房保障的效益最优化。因此，需要研究住房保障的供应效率、分配及管理效率，以促进住房保障的可持续发展。

2. 量力而行，适度保障的原则

住房保障的度不仅关系着住房保障制度的社会效果，还直接涉及政府、市场、个人之间的责任界限问题。住房保障应与经济发展水平及公共财政能力相协调，从中国目前的经济社会发展阶段来看，住房保障不能泛化为社会普遍的住房福利。因此既要尽力而为，也要量力而行，以满足基本住房需要为原则，科学确定住房保障水平。

3. 动态发展，协调推进的原则

住房保障体系的建设是中国社会保障体系的重要组成部分，从发展的视角来看，保障并不应该是一成不变的，特别是在中国城市化进程日益加快，产业迁移特征显现的情况下。因此，在推进住房保障体系的过程中，要特别注意住房保障体系的动态发展性以及推进过程中各个方面的相互协调性。住房保障体系的动态发展性主要体现在住房保障体系整体发展的动态性和保障体系内的动态发展性上。外部的动态发展强调小区域与大战略相结合的发展思路，要综合考虑城市经济发展状况，产业迁移趋势，人口流动趋势等；内部的动态发展旨在建立长效的内循环机制，以实现人的发展。住房保障体系的发展要做到多个协调，包括保障与发展的协调，公共财政和个人负担的协调，城镇保障和流动保障的协调等，既要做到满足基本住房需要的现实性，又要注重系统发展的前瞻性和科学性。

（二）住房保障体系的基本目标与定位

在优化与创新住房保障体系的过程中，如何确立科学的住房保障总体目标和阶段性目标是新型住房保障体系建设的关键内容。

1. 总体目标

构建符合中国国情的、可持续的、有中国特色的住房保障体系，以实现中低收入及低收入人群"住有所居"的目标，从而实现住房保障公共服务均等化的目标。

2. 阶段性目标

根据中国目前保障住房需求大而保障供给严重不足的实际情况，保障住房的**近期目标**应以"**生存性保障、供给保障（实物保障）、户籍保障**"为主；随着经济水平的提高，保障水平应逐步提高，因此中长期保障目标应调整为以"**发展性保障、需求保障（货币保障）、户籍与非户籍保障并重**"为主。

3. 住房保障体系的定位

住房保障体系的定位关系到住房保障体系优化与创新的发展方向以及在发展过程中的具体策略选择。与住房保障体系的基本目标相匹配，住房保障体系的定位也可以分为总体定位和阶段性定位。（1）总体定位。考虑到住房既具有消费品属性又具有资产属性的特点以及中国社会极化的显现，住房保障体系总体走向的定位，应结合社会保障体系的发展定位，逐步由补缺型向普惠型、发展型住房保障体系过渡。（2）**阶段性定位。**一是**住房保障种类定位**，即对现有保障住房进行并轨，通过公共租赁房制度的优化与创新，统领多层次的保障住房；二是**保障对象的定位**，保障对象由户籍住房困难户向户籍与非户籍住房困难户并重转变；三是**保障方式的定位**，保障方式由目前的以实物保障为主向以实物保障与货币保障并重过渡，最终实施以货币保障为主、实物保障为辅的保障方式；四是**政府角色的定位**，政府由现在保障住房的供给者向保障住房供给与运营的促成者转变。

二　创新供应机制，实施住房保障供应体系并轨改革①

（一）保障住房并轨改革的目标

依据当前保障住房供给分类供应体系多轨运行的主要问题，结合中国

---

① 该部分发表在《华中师范大学学报》（人文社会科学版）2012 年第 3 期上。

保障住房供给未来的发展方向，保障住房供给并轨改革的总体目标是：将现有保障住房供给体系中廉租住房、公共租赁住房、经济适用住房（含集资建房、合作建房）及部分限价商品住房统一归并至公共住房体系中，构建保障住房供给的"三合一"体系，逐步建立以实现"住有所居"为目标，遵循可持续发展原则，以单一保障住房供给产品的多样性满足受保障人群的多元化保障需要，建成连续的、全覆盖的、具有高度统一性的公共保障住房供给体系（见表7—1）。

表7—1　　　　　　　中国保障住房供给并轨改革的目标构架

	保障类型	保障对象	责任主体	房源筹集	租金标准	腾退方式	管理监督	相应法规
公共住房	救助性公共住房	极低收入的住房困难户	地方政府	政府建设、购改模式	0；或者收取象征性租金	提高一档租金或降低一档补贴	建立严格的申报、审查、登记及公示制度；在个人收入征信系统完善过程中，租房户每年应重新申请，管理部门进行合理调整；同时依据租房档案，每隔两年对其进行一次审核	住房保障基本条例
		最低收入的住房困难户	地方政府	政府建设、购改模式	类似原有的公房租金	提一档租金或降一档补贴		
	援助性公共住房	中低收入的住房困难户，新就业大学生，农民工	地方政府，非营利组织，开发商等	政府建设、政府购改、社会非营利组织建设、市场建设政府回购，政府或社会团体代理私人经营租赁	补贴至市场租金的30%—70%	提高为对应档次租金或退出公租房		
	互助性公共住房	中偏低收入住房困难户，拆迁户、棚户区、旧城改造产生的住房困难户	地方政府，非营利组织，开发商等	政府建设、政府购改、社会非营利组织建设、市场建设政府回购	政府产权，收取相应租金（依据支付能力）	政府产权，租户优先购买		

以上的并轨改革目标体现出如下具体特点：分层分类保障；租补分离，梯次补贴（逆向补贴）；先租后买。

分层分类保障：根据保障对象的住房面积及收入水平等情况，实行分类分层次保障，即原属于廉租住房申请家庭的，申请公共租赁住房仍享受原廉租住房待遇，租金差额补贴由政府补贴或实行低租实物配租；原经济适用住房（含部分限价商品住房）申请家庭，归入公共租赁住房类，实行货币配租或货币补贴。货币配租是指政府和企业投资兴建保障房，政府对保障房营运进行统一管理，按照市场租金水平的标准收取租金，政府给予保障对象一定的租金补贴。货币补贴则是政府不需要为保障对象提供保障房，由保障对象自行在住房市场上租房，同时给予一定货币补贴或者住房券，以提高保障对象的住房支付能力。

租补分离，梯次补贴（逆向补贴）：租赁保障住房实行市场租金，变"暗补"为"明补"；实行政府指导租金，基准租金每年公布；根据保障对象的住房、收入（资产）等情况进行分类梯次补贴，保障对象收入越高，补贴标准越低；反之，则补贴标准越高。租金收取与补贴发放实行收支两条线管理。

先租后买：公共租赁住房租住满一定年限（不低于 3 年）后，若保障对象有能力且愿意购买，可部分出售，承租人享有"部分产权"。在"共有产权"期间，按照公共租赁住房进行租赁管理；租住满一定年限（不低于 5 年）后，承租人可全部购买，享有完全产权，同时可实行将保障对象在一个租赁期间支付的租金（如 5 年）折抵房价，以激励保障对象以市场价格购买，持有完全产权，实现"物"的退出。但该房在上市转让时，在同等条件下，政府可以享有优先购买权。政府根据需要回购后，该房再次进入公共租赁住房序列。

通过对保障住房供给并轨改革目标构建的设计可以看出，其一，理顺了现有保障住房供给体系中产权式保障、租赁式保障倒置的问题，从而解决了保障住房供给体系中最为明显的垂直不公平问题，同时也在较大程度上解决了保障住房房源和资金的可持续性问题；其二，通过公共住房救助性、援助性、互助性三种形态，满足保障住房供给中住房救助需求、住房基本保障需求、住房政策帮助对象需求，实现保障住房供给的全覆盖，实现单一的保障住房供给方式满足不同城镇居民住房多元化的需求，这符合并轨改革的本质内涵。

（二）保障住房供给体系并轨改革的内容

根据保障住房供给体系并轨的总体目标，可以确立保障住房供给并轨的基本内容。其内容是：将廉租住房、经济适用住房、限价商品住房、公共租赁住房等不同保障住房的供给供应形式，从建设、准入、配租、运营、腾退等一系列环节，在统一的政策法规下构建整体性的公共保障住房供给体系。具体而言，就是实行"目标并轨、政策并轨、建设并轨、对象并轨、补贴方式并轨、资金并轨、腾退并轨、管理并轨"八个并轨。

1. 目标并轨

由于现有保障住房供给分类供应体系的问题导向性，其目标也随之具有多重性。除了给低收入人群提供一定的保障住房供给之外，还包括调控房地产市场过高的房价，扩大内需，补偿、安置城市改造的拆迁家庭等。这些多重目标从根本上决定了现有保障住房供给制度的内部割裂问题，使得保障住房供给体系的发展成为一种补漏性质的补丁式扩张，缺乏整体性的有机整合可能。因此，保障住房供给并轨改革需要对保障住房供给目标进行统一。这样才能保证在统一的目标下，改变问题导向特征，形成具有内在有机联系的保障住房供给体系。国家"十二五"规划纲要明确提出要构建"住有所居"的可持续发展的公共保障住房供给体系。这无疑是中国保障住房供给目标改革的方向。

2. 政策并轨

中国现有保障住房供给体系中的经济适用住房制度、廉租住房制度、限价商品住房制度等各有其相关政策法规，其保障条件、保障政策等各不相同，同时相互之间割裂，平行实施，难以对接，没有可以统领各项保障住房供给制度的上位政策法规，无法协调统筹。这使得各项保障住房供给政策各自为政，使得保障住房供给体系成为一个机械的、松散的政策组合，缺乏整体性有机整合的可行路径。因此，保障住房供给并轨改革必须制定统一的保障住房供给法规。这既有利于实现保障住房供给的公平，也有利于保障住房供给的发展。

3. 建设并轨

现有的经适房、廉租房、限价房等不同的保障住房供给类型，在建设过程中，其资金融集各有渠道，其土地供给互有不同，其房源筹集互不相通。这造成社会保障资源在流向保障住房供给领域时呈多头趋势，使得资源的利用难以协调，难以管理。建设并轨就是要创新融资机制，统一土地出让方式，统一房源筹集，将多股力量汇集在一个平台，变保障资源为一个口子进入，将割裂分散的公共资源化零为整，从而有利于保障资源的高效利用和有机协调。2010 年 11 月，财政部、发改委和住房与城乡建设部联合发布《关于保障性安居工程资金使用管理有关问题的通知》，该通知明确提出，各地可将从土地出让净收益中安排不低于 10％ 的廉租保障住房供给资金统筹用于发展公共租赁住房。这也成为建设并轨逐渐起步的信号与标志。

4. 对象并轨

尽管现有保障住房供给的覆盖面不断扩大，但复杂多样的准入条件还是将相当部分的住房困难居民排斥在保障住房供给对象之外。这使得当前的保障住房供给呈现为跳跃式的覆盖，违背了保障住房供给的本质内涵，即保障中国居民基本住房权利。为此，对象并轨要求以住房状况为主要依据构建统一的准入条件，以同一标准将当前不同的受保障对象进行统一的归并，从而真正实现全覆盖的"应保即保"式的保障住房供给。要实现国家在"十二五"规划中提出的，到 2015 年实现保障住房覆盖面达到 20％ 的要求，保障对象并轨势在必行。

5. 补贴方式并轨

从当前的保障住房供给补贴方式看，主要是面向廉租住房对象的租金补贴，以及面向经济适用住房和限价商品住房对象的实物补贴，但在现行经济环境下，实物补贴的保障福利往往远高于租金补贴的保障福利。这既使得中国保障住房供给成为一种断层式的保障，也造成中国保障住房供给福利的倒置，即收入较高的居民所获得的保障住房供给福利反而高于收入较低的居民。因此可以通过货币化配租的补贴方式将现有的不同补贴方式统一起来。其基本思路是政府向住房困难的受保障对象提供统一筹集的公共住房，并收取市场租金，再按受保障对象的不同收入水平给予相对应的分类租金补贴，实行收支两条线。这既能减少实物补贴对政府造成的巨大负担，也可以减少货币补贴造成的保障住房供给资源的泄漏。同时，将连续变化的收入条件作为保障住房供给福利发送的参考标准，这有助于建立形成连续的具有垂直公平的公共保障住房供给体系。

6. 资金并轨

目前，保障性住房财政资金主要有中央财政专项补助资金、省级财政配套资金及地方政府财政资金。中央财政资金主要包括廉租住房建设专项补助（400 元/平方米）、公租房建设补贴资金、城市棚户区（旧城）改造补贴资金（5000 元/户）、工矿棚户区改造补贴资金（15000 元/户）及租赁补贴的财政转移支付资金。由于保障性住房财政资金是与其保障供给体系相对应的，其保障资金是严格按其对象"各归其位"，一一对应，专款专用，保障性住房财政资金相当分散，这种政策导致一方面住房保障资金严重短缺，另一方面是大量的财政资金由于受政策的限制而闲置未用，难以发挥财政资金的作用。因此，必须将现有的分散的保障性住房财政资金进行整合，充分发挥财政促进住房保障可持续发展的杠杆引导作用。将现有中央财政安排的各类保障性住房建设专项补助资金、财政转移支付资金、省级及地方政府配套的资金、住房公积金增值收益、国有土地出让净收益的10%、保障住房出售的回笼资金进行整合，设立住房保障基金，形成稳定规范、统一的住房保障财政资金。地方政府根据住房保障年度目标和财政能力，将保障住房的补贴资金纳入财政预算支出，建立有利于住房保障良性循环和可持续发展的财政保障机制。

7. 腾退并轨

在中国现有保障住房供给体系中，经济适用住房等产权式保障方式通过出售收回投资，没有退出机制；而租赁式保障的腾退方式主要是要求不符合条件的保障对象退出，通过保障对象"人"的退出方式，实现保障住房"物"的循环。但这种腾退方式不利于保障住房供给资源的可持续发展。因此，应将其统一为可以按保障住房供给的实际需要，动态调整保障住房"物"的退出或者保障对象"人"的退出方式，实现保障住房供给资源的循环。这就要求构建共有产权式保障住房供给，将腾退的方式统一为"可租可售，宜租则租，宜售则售，租售并举"，打通由"租"到"有"的产权通道，创新公共租赁住房流转机制，建立"建设—收益"的良性循环机制，促进保障住房供给资源的可持续发展。

8. 管理并轨

当前保障住房供给制度条块分割的分类管理现状，加大了政府管理的成本，造成了管理的混乱，甚至造成新的不公平。为此，管理并轨要求建立统一的管理机构，将所有的保障性住房（包括各类政府直管公房）纳入统一的管理体系，用统一的管理标准进行统一的管理，从而实现保障住房运行的简化与规范，提高管理效率，也便于政府和民众的监管。

（三）保障住房并轨改革的实施

中国保障住房供给并轨改革的最终目标是通过"八个并轨"建立如

前文所述的公共住房保障体系，但在从现有的保障住房供给体系向公共住房保障体系转变的过程中，应遵循合理可行的改革路径，以循序渐进为基本原则，逐步推进中国保障住房并轨改革，以确保并轨改革的平稳过渡，减少制度变迁的交易成本。

笔者认为，宜选择"渐进式统一"的保障住房供给并轨实施方案，其基本思路是将保障住房供给并轨分为两个阶段。

第一阶段，分类并轨，指根据现有保障住房供给体系中的不同保障住房供给类型的相似性，或者不同保障住房供给类型中保障对象支付能力的相似性，进行分类归并。其主要内容是将廉租住房、公共租赁住房、经济适用房（含集资建房、合作建房），以及部分限价商品住房并入公共租赁住房，主要提供租赁式住房保障；将针对旧城改造、危房改造和棚户区改造以及面向国有企事业单位（包括大专院校）的住房，目前继续实行限价商品住房，在过渡一定时期后，将其并入普通住房市场，政府给予住房购买贴息、税收政策上的支持。该阶段的主要任务是逐渐从现有的以经济适用房为主的产权式住房保障向以公共租赁住房为主的租赁式住房保障过渡转换。

第二阶段，整合并轨，指在住房保障产品层面将公共租赁住房向公共住房进行深度整合。其主要内容是将公共租赁住房逐渐整合为救助性公共住房，将共有产权的公共租赁住房逐渐整合为援助性公共住房，将限价商品住房逐渐整合为互助性公共住房，其主要任务是逐渐形成以公共租赁住房为主的租赁式住房保障体系，以实现中低收入及低收入人群"住有所居"的目标，最终构建符合国情的可持续的公共住房保障体系，从而实现住房保障公共服务均等化的目标（见图7—1）。

为实施两阶段式的并轨方案，首先，应按照现有保障住房供给体系中的保障类型或者保障对象的相似性进行分类归并。这既能降低不同保障住房供给类型并轨的制度摩擦，增加相互并轨的融合性，进而减少并轨改革所引起的制度变迁成本，确保在并轨改革过程中社会各相关利益群体的和谐稳定；又能对原有的住房分类供应保障体系的保障方式、保障对象、保障目标进行分类梳理，有利于保障住房供给从当前的产权式保障向租赁式保障转变，同时为进一步实施保障住房供给产品的深度整合打下基础。

其次，将现有保障住房供给类型逐渐归并为公共租赁住房，在第二阶段进一步将公共租赁住房从体制层面逐渐向更为统一的公共住房转换。这样做是为了强调当前的公共租赁住房并不是保障住房供给并轨改革的终点。因为现有的公租房仍是以问题为导向设计的产物，是为弥补现行保障住房的供给缺陷而推出的带有补位性质的保障住房产品。它在制度设计以及实际运行中仍有较大的局限性，无法承担并轨改革的任务，即以单一的保障住房产品满足不同城镇居民住房多元化需求，故需要向最终的公共住房保障体系进一步转化。

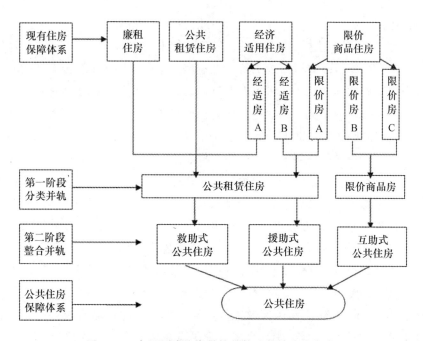

图 7—1　中国保障住房供给并轨改革的实施方案

注：经适房 A 指一部分户型较小的经济适用房；经适房 B 指户型较大的经济适用房；限价房 A 指套建筑面积较小的限价商品房；限价房 B 指面向旧城改造中拆迁户、棚改户的限价商品房；限价房 C 指面向国有企事业单位、大专院校供给的限价商品房。

从"渐进式统一"的保障住房供给并轨实施路径来看，现阶段住房并轨的政策衔接，主要是在第一阶段分类并轨中，将现有保障住房供给分类供应体系中的不同保障住房供给类型根据相似性逐渐归并，构建统一的公共租赁住房保障体系。

住房保障供给体系的改革，涉及保障利益的调整与重构，必须把握好"新、旧政策"的衔接。一是现阶段不同保障住房供给体系并轨实行"新房新政策，老房老政策"。在廉租住房并入公共租赁住房体系后，对其实行实物配租、货币配租或提高货币补贴标准；原经济适用住房（含部分限价商品住房）申请家庭，在经济适用住房并入公共租赁住房体系后，享受梯度差别化租金补贴政策。二是对原经济适用住房（含集资建房、合作建房）应进行产权界定，明晰购买人和政府的产权比例。以 2012 年为界限，在 2012 年底之前仍沿用原有的住房保障政策。但对原经济适用住房（含集资建房、合作建房）应进行产权界定，明晰购买人和政府的产权比例；同时，严格限定经济适用住房（含集资建房、合作建房）上市交易的时间，居住不满 5 年的，不得直接上市交易，购房人因特殊原因确需转让的，由政府以原购买价格考虑房价上涨、物价上涨因素回购其部分产权；居住满 5 年的，房屋人上市转让的，按其持有产权的比例向政府补缴土地出让金，其转让的增值收益按产权比例分享，在同等条件下，政府享有优先购买权。政府回购的经济适用住房再纳入公共租赁住房体系。三是清理在建或已立项的经济适用住房、集资合作建房项目，并进行分类处理。对在建的经济适用住房项目，优先出售给现有经济适用住房持证家庭，剩余部分全部转化为公共租赁住房；已立项未开工的经济适用住房、集资合作建房和在建的集资建房项目，全部转化为公共租赁住房。自 2013 年起，停建经济适用住房和集资合作建房，将保障性住房供给产品统一为公共租赁住房，实行保障性住房供给体系并轨运行。

这样的基本思路，对原有的住房受保障对象而言，其既得利益无须重新调整，可以降低其对保障住房供给并轨改革的抵触情绪，提高并轨改革的实施效率；对新进入的住房受保障对象而言，其住房保障水平和保障利益是从某特定期限起、在同一标准之下的享受与获得，具有利益分配上的相对公平性。可见，"新房新政策，老房老政策"的基本思路，既可以减少保障住房供给并轨改革中所涉及的多项制度变迁的交易成本，也可以缓解并轨改革中可能出现的受保障对象利益重新分配所引起的社会冲突，同时兼顾公平和效率的统一，有助于保障住房供给并轨改革的稳步推进。

由于现有不同保障住房供给类型的保障对象、保障方式、保障水平各不相同，特按现有的保障住房供给类型（其中现有公共租赁住房是第一阶段分类并轨的载体，故不再赘述）分述如下。

1. 廉租住房保障制度的并轨衔接

首先，在限期内各地政府应按照廉租住房建设规划完成未建、在建廉租住房项目的建设任务，以增加保障性住房的供应量，避免两房并轨造成保障供给的缩水。其次，将新建与新筹集的廉租住房改为公租房项目，统一纳入公共租赁住房建设的筹集中。同时要解决好现有廉租住房用户从廉租房租户向公租房租户的转变过渡问题，展开现有廉租房受保障对象的收入核查，为并入公租房后实行分层分类的租金补贴打下基础，对仍符合廉租房保障标准的对象，改廉租房租赁合同为公租房租赁合同。最后，统一廉租房、公租房对象标准，按照公共租赁住房制度的相应政策统一实施享受保障的准入条件以及配租和腾退管理。

2. 经济适用住房保障制度的并轨衔接

为解决持有购买经济适用住房资格证家庭的购房问题，限期前应按照对应的经济适用住房建设规划完成经济适用住房的建设任务，减少政策过渡所带来的社会矛盾。同时应停止发放新的经济适用住房购买资格证，将原经济适用住房保障对象统一纳入公共租赁住房保障体系，并在限期后停止经济适用住房建设；在原经济适用住房保障对象全部被纳入公共租赁住房体系后，享受保障的准入条件以及配租和腾退管理等均按照公共租赁住房制度的相应政策处理。

3. 限价商品房政策的并轨衔接

着力解决好已经获得限价商品房资格证的保障家庭的购房问题，继续建设与之对应的限价房，同时对申请中的限价商品房保障对象进行梳理，其中符合保障条件的停发限价商品房购房资格证，改发公共租赁住房共有产权资格证，允许其申请实行半租半售的公共租赁住房，其配租和腾退管理等均按照公共租赁住房制度的相应政策处理；其中属于城市改造的拆迁户、棚改户、危改户以及国有企事业单位、大专院校单位职工的，改发新的限价商品房产权资格证，其配租和腾退管理按照产权式住房保障的相关政策处理。要特别强调的是，即使其获得产权后，也必须满5年才能上市流转。对未建、在建的限价房项目进行清理，把其中一部分户型较小、面积较小的项目改为公租房，使限价房项目能与限价房受保障对象的梳理结果相匹配。

三 健全住房保障的土地供应、财政保障政策

政府在住房保障体系中应发挥主导作用，政府应承担为中低收入者、

低收入者（包括城市外来务工者）提供住房保障的责任，用政府"看得见的手"弥补市场这只"看不见的手"的缺陷，真正实现"住有所居"的社会目标。为保证住房保障的可持续发展，政府必须保证土地供给和保障住房补贴资金的到位。一是优先保证保障性住房的用地需求，确保保障性住房建设项目"落地"。国土部门根据住房保障规划及年度计划，将保障住房建设用地纳入年度土地供应计划，实行计划单列、专地专供，予以重点保障和优先安排。建立保障性住房专项土地储备制度，确保土地有效、及时供应。在编制土地利用总体规划、住房建设规划以及土地利用年度计划时，应当按照不低于全市居住用地储备地块总面积 40% 的比例，优先单独列出保障性住房项目用地指标，并将其纳入全市保障性住房用地储备管理中。综合考虑城市发展、产业发展和重大交通设施建设的情况，将周边配套较成熟、公共交通较便捷的区域优先用于保障住房的建设，可尝试在地铁上盖保障性住房的开发建设模式（指与地铁出入口直接相连的建筑物形式）和在轨道交通沿线等交通生活便利地区综合开发保障性住房。这既可节约和集约利用土地，又方便受保障人群的生活、就业和出行。二是政府根据住房保障年度目标和财政能力，将住房保障的补贴资金纳入市、区二级财政预算，实行住房保障支出预算管理，形成稳定规范的资金来源，建立有利于住房保障良性循环和可持续发展的财政保障机制。

四　创新保障性住房建设投融资机制

中国目前保障性住房建设资金投入与住房保障规划所需资金规模相比，财政资金缺口大，且来源不稳定。现有保障房建设融资不仅表现为投资方式有限，民间资本缺乏投资热情，保障房投资效率较低。一是制定保障性住房的资金支持政策，建立以政府优惠政策支持与引导、社会资金投入为主的保障性住房投融资机制。二是设立保障房融资平台。保障房融资平台构建主要包括融资平台主体，机构性质界定，运行机制、模式、监管等内容。融资平台以政府的公共资金投入，以政府担保的贷款、贴息贷款以及税费优惠政策为基础，吸引民间资本和企业参与保障房建设，即利用政府集中行使项目的筹资功能、资本运营功能和物业管理收益功能，统筹进行保障房项目的投融资、建设运营管理，实现融资建设产相结合的目标。同时，将各类保障性住房的财政资金进行整合，设立政策型保障房基金，使保障房资金在不同类别的保障房之间相互融通，提高资金的使用效率。三是充分利用社会资源，发挥市场机制的作用，吸引社会民间资本、保险资金、公积金、信托资金、房地产投资信托基金等投资保障住房建设，拓展保障性住房融资渠道。四是采取 BT、BOT 等项目管理模式，引导和规范社会机构参与保障性住房投资、建设和运营，逐步形成政府引导、市场化运作的保障性住房投融资格局。

五 创新住房保障后期管理机制，建立住房保障可持续发展机制

（一）设立保障住房经营租赁机构，负责保障住房的后期营运管理

考虑到目前的实际情况，公共租赁住房经营租赁管理机构可以采取两种方式：一是产权属政府直管的保障住房可由市、区住房保障中心进行经营租赁管理；二是其他被纳入保障住房序列的，由原产权单位按政府保障住房管理办法自行管理。

从长期发展来看，应成立社会化和专业化的公共租赁住房公司，或设立非营利性的住房营运组织，实行企业化运作。目前公共租赁住房基本上实行政府或其下属的事业单位营运管理，这可能会重蹈计划经济时代福利住房的覆辙。借鉴国外成功的经验，应设立非营利性的住房营运组织或住房租赁管理公司实行企业化运作。在这种方式下公平与效率能达到最优，能保证住房保障的可持续发展。

（二）创新物业管理模式，促进保障性住房物业管理的良性循环

随着保障性住房的逐步发展，保障性住房的物业管理问题越来越迫切地需要得到落实和解决。保障性住房的住户大部分是低收入家庭，经济承受能力低，有的还需政府救助补贴，如果按照市场条件的物业标准收费，无疑会加重其经济负担。保障性住房的物业管理单纯地按传统物业管理模式来管理，可能会重蹈现行老、旧住宅小区物业管理中存在的收费难、管理缺位问题。因此，依保障性住房的具体情况，应尝试探索不同的物业管理模式，在取得经验后再全面推广。

1. 集中建设的保障住房小区的物业管理

对集中建设的保障性住房小区，应依据小区内居住人群收入的差异，实行不同的物业管理模式。可具体分为以低收入人群为主的保障性住宅小区的物业管理和以中偏低收入人群为主的保障性住宅小区的物业管理。

（1）以低收入人群为主的租赁式保障性住宅小区的物业管理

由于低收入人群收入不高，缴纳市场性物业租金并不具备可行性，而由政府提供物业管理费用补贴，并无相应的理论依据，政府也负担不起。因此，这类小区的物业管理应重点探索租户自治模式或业主自治模式的物业管理方案。

具体而言，可由保障性住房小区所在社区的委员会与该小区的租赁业主协商，成立小区自治委员会。自治委员会制定相应的物业管理方案。这主要可包含两个层面：第一，规定小区内租赁业主自我负责住宅附近的卫生等，或小区半公共场所应实行的租户责任制；第二，业主自治委员会按照一定的程序，轮流安排小区内业主对小区内的公共部分进行维护和管理，主要集中于小区内的公共卫生和公共安全方面。

（2）以中偏低收入人群为主的产权共有式保障性住宅小区的物业管理

中偏低收入人群已具有一定的支付能力，缴纳市场性物业租金已具备一定的可行性。因此，这类小区的物业管理可采取社会化的物业管理模式，即参照商品住房小区的管理方式，配备专门的物业管理人员，住户支付物业管理费用。由于该类人群收入依然不高，该类小区缴纳的物业管理费用应实行最低市场标准，而管理过程中的相应管理服务标准和服务价格则由业主委员会与物业管理公司协商制定；物业管理公司聘请员工可向本小区低收入保障户家庭倾斜，即有利于解决低收入家庭的就业问题，增加低收入家庭的收入，同时本小区家庭参与本小区物业管理也有利于管理人员发挥主人翁精神。

（3）中偏低收入以下人群居住的租赁式保障性住宅小区的物业管理

由于该类小区具备一定的支付能力和不具备支付能力的居民混合居住，该类小区的物业管理则更为复杂。可尝试将上述两种模式结合起来，即业主自治模式与社会化物业管理模式相结合。

2. 配建的保障住房的物业管理

在商品住房小区配建保障性住房，这类小区主要家庭的收入具有支付市场化物业管理费用的能力，因此该类小区一律实行社会化的物业管理模式，但可尝试执行两类物业标准，即保障性住房的业主实行较低的物业标准，而商品住房的业主实行市场化的物业标准。

具体而言，业主委员会可与保障性住房业主协商，其住房周边的半公共区域由业主自我管理、自我服务，因而这部分半公共区域的管理，保障性住房业主无须缴纳相关费用。而涉及整体小区公共区域的安全、保洁、绿化等各项服务，保障性住房业主则须缴纳相关费用。商品住房配建小区应积极鼓励物业管理公司招收本小区住房保障人群，给本小区低收入家庭提供就业机会，增加低收入家庭的收入，同时本小区家庭参与本小区物业管理也有利于管理人员发挥主人翁精神。

保障性住房大部分是公有产权或部分公有产权，或者是保障性住房的住户由于经济收入低，需要政府提供救助补贴，这就决定了在保障性住房的物业管理工作中政府不能缺位。因此，政府应制定相关政策，扶持保障性住房的物业管理工作。第一，市区二级财政对保障性住房物业管理给予一定的财政补贴。第二，对物业服务企业管理保障住房的，实行免税政策，以吸引其积极参与保障住房的物业管理。第三，为减轻政府财政和低收入家庭的负担，在保障性住宅小区配建一定比例（5%左右）的物业经营性用房，将其收益专项用于保障住房的物业管理。

同时，对物业管理企业给予税收政策支持，减轻物业服务企业的税负。鉴于物业管理行业所承载的关系民生特性以及物业服务产品的准社会公共服务产品的属性，建议物业服务企业的营业税率（5.7%）参照服务行业（3%）执行。同时合理调整税基，比照旅游业和广告代理业以扣除代理环节费用后的余额为营业收入计征营业税税基的做法，对物业服务企业的收入在扣除支付给其他专业消防维保、电梯维保、中央空调维保、外墙清洁、绿化养护、专业安保等外包支出后的余额征税，以体现合理税基，避免重复征税。

六　健全住房保障法规，将住房保障纳入法制轨道

目前现有住房保障体系中的经济适用房制度、廉租住房制度、限价商品房制度等各有其相关政策法规，没有可以统领各项住房保障制度的上位政策法规。为使保障住房的运行有法可依，保证保障工作的规范化、法制

化，应制定"基本住房保障条例"。健全和完善保障性住房建设和管理、保障性住房建设标准、租售价格标准、保障性住房准入与退出、保障性住房分配与补贴标准、保障性住房后期管理、公共租赁住房管理等法规政策，构建以"基本住房保障条例"为核心的住房保障的法规政策体系。

附录 住房保障与房地产市场
满意度调查报告

　　为全面了解市民对住房保障和房地产市场，房地产服务市场的感知、满意度及住房消费意愿，为政府制定科学、有效的住房保障政策和房地产市场调控政策，正确引导房地产市场健康持续发展提供决策依据，2013年8月，本书课题组选择××市进行了住房保障及房地产市场满意度的入户调查。

一　　调研对象、内容和方法

（一）调研对象

　　本次调研的目的在于了解当前××市居民对住房保障及房地产市场的评价，调研对象为常住居民。为了使调研研究更加科学、有效，本次调研采用网络调查和实地调研、随机抽样调查和访谈相结合的方式进行，实地调查了6个住宅小区，即××区的黄埔人家、××区的关山桥小区、××区的东方雅园、××区的金地格林、××区的华润中央公园、××区的东湖国际，其中前3个小区为保障房小区。为了保证调查的科学性，对企业员工、高校教师、公务员等群体进行了抽样调研和个别访谈。

（二）调研内容

　　为了了解××市居民对住房保障和房地产市场发展的认知和感受，测度××市居民对住房保障和房地产市场的满意度，本次调研主要从以下三个方面进行。（1）以房地产价格为核心指标，评估居民对房地产市场的满意度及购房意愿。（2）评估××市居民对住房保障的认知、感受及其满意度，通过影响因素回归分析，探求居民最关注、最亟须解决的问题。（3）测度居民对物业管理企业公共服务、收费标准的满意度，分析物业服务水平与收费标准的关联度以及评价保障性住房小区的物业管理模式。

经过对有关研究文献的总结，我们在居民总体满意度指标下设定3个二级测量指标，分别为房地产市场价格满意度、住房保障满意度和物业管理服务满意度。为了更加细致地分析居民的满意度状况，我们对二级指标进行逐次分解，设计出一套含有三级满意度指标的测评体系（见附图1）。

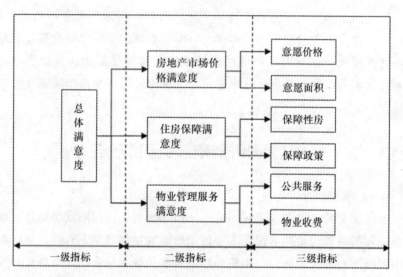

附图1　住房保障与房地产市场满意度评价指标体系组成

（三）调研方法

本次抽样调查采用随机抽样、分层抽样和整群抽样三种方法。首先，我们在网上设置调查问卷，在网上对住户进行随机抽样。其次，采用入户调研形式，调查了××市3个商品住宅小区，3个保障房小区，对不同类型小区居民进行深度访谈。最后，到房地产行业相关单位，向员工了解××市住房保障政策、房地产调控政策，选择评估咨询公司员工、房地产投资管理有限公司员工及高校教师、公务员进行了调研。

二　调研数据整理

（一）调研问卷的设计与样本

本次问卷调查的目的在于了解居民对当前住房保障和房地产市场满意度的评价，调查内容主要包括居民对住房保障政策的了解程度，居民对住房保障工作的评价，居民在购买和使用保障性住房过程中对房屋质量、配套设施、地理选址、供应数量、租售价格、政策落实程度、保障标准、保障覆盖面等方面的满意程度和评价，居民对商品住房价格的满意度及购房意愿，居民对物业管理的满意度和物业管理质价比的评价。

调查问卷共设计了 22 个问题。根据问卷调查原则和要求，样本数量至少是问卷中问题数量的 5—10 倍，因此本次调查样本的数量至少为110—220 个。实际上本次调查共收回问卷 720 份，其中网络调查问卷 256份，实地调查问卷 464 份，共回收有效问卷 585 份。经检验，问卷的数量和信息可以确保数据分析的可信性、有效性。

（二）调研数据录入

本次调研采用 SPSS 19.0 进行处理，为便于进行数据分析，在录入前确定了数据录入标准：（1）按照相关原则对数据分组进行编码录入，如年龄、收入、住房性质、满意度等；（2）按照实际填写数据应用，如人口；（3）求得人均水平后分组录入，如现有住房建筑面积。具体录入编码如附表 1 所示。

本项调查问卷的内容较多，部分问卷内容出现漏答，为最大限度地利用问卷调查的信息，对部分问题存在漏答的问卷只对该问题进行了统计剔除，未从整体上将其视为废卷。因此，在分析相关内容时，各问题的有效问卷数可能存在一定的差别。

附表 1 调研数据录入编码标准

项目	编码方式
年龄	35 岁及以下 =1 36—55 岁 =2 56 岁及以上 =3
受教育程度	高中及以下 =1 大中专 =2 大学及以上 =3
家庭人口数	按照实际填写应用
家庭月总收入	5000 及以下 =1 5000—10000 元 =2 10000 元及以上 =3
住房建筑面积	按照实际填写应用
是否为市户籍户口	有户籍 =1 没有户籍 =0
住房性质	廉租房 + 经济适用房 =0 租私房 + 单位住房 + 自建住房 + 房改房 + 商品住宅 =1
住房保障了解程度	很了解 =5 基本了解 =3 不了解 =1
住房保障工作评价	满意 =5 基本满意 =3 不满意 =1
质量、配套、 选址、供应量、价格	满意 =1 不满意 =0
保障体系转变政策	满意 =1 不满意 =0
保障标准政策	满意 =1 不满意 =0
保障目标政策	满意 =1 不满意 =0
保障方式	产权型 =1 租赁型 =2 货币补贴型 =3
住房价格评价	满意 =5 基本满意 =3 不满意 =1
可承受房价	6000 元$/m^2$ 以下 =1 6000—9000 元$/m^2$ =2 9000—12000 元$/m^2$ =3 12000 元$/m^2$ 以上 =4
住房需求套型	60—90m^2/套 =1 90m^2/套 =2 90—120m^2/套 =3 120—140m^2/套 =4 140m^2 以上/套 =5
物业管理费	1.5 元$/m^2$ 及以下 =0 1.5 元$/m^2$ 以上 =2
物业服务满意度	满意 =5 基本满意 =3 不满意 =1
质价比满意度	相符 =5 基本相符 =3 不相符 =1

（三）统计分析方法

1. 差异性检验法

运用统计学中独立样本平均数差异的显著性检验方法进行差异性检验。对于随机抽取的两个独立样本，其检验步骤如下：

第一步：提出假设。

$H_0 : \mu_1 = \mu_2 \qquad H_1 : \mu_1 \neq \mu_2$

其中 μ_1，μ_2 分别为两个独立样本的平均数；H_0 为虚无假设，即两个独立样本没有显著性差异；H_1 为备择假设，即两个独立样本有显著性差异。

第二步：选择检验统计量及检验形式。

由于总体方差未知，样本的差异性检验均使用 t 统计量。在虚无假设成立的条件下，$t = \dfrac{\bar{X}_1 - \bar{X}_2}{\sqrt{\dfrac{(n_2-1)S_2^2 + (n_1-1)S_1^2}{n_2 + n_1 - 2}\left(\dfrac{1}{n_2} + \dfrac{1}{n_1}\right)}}$。其中 n_1，n_2 分别为两个独立样本的个数；$\bar{X}_1$，$\bar{X}_2$ 分别为两个独立样本的平均数；S_1，S_2 分别为两个独立样本的标准差。在 t 检验中，本报告均采用双侧检验，其显著性水平取值为 0.05。

第三步：统计决断。

根据 t 统计量的值，可计算出对应的 P 值。如果 P > 0.05，那么接受 H_0，拒绝 H_1，表明两个独立样本没有显著性差异；如果 P < 0.05，那么接受 H_1，拒绝 H_0，表明两个独立样本有显著性差异。

2. 排序多元 Logit 回归分析法

在经典的计量经济学模型中，被解释变量通常被假定为连续变量。但是，经济分析中经常面临着许多决策问题，或者称为选择问题，是人们必须在可供选择的几个方案中作出选择。这些方案可以用离散的数据来表示，例如居民在评价政府政策好坏时，会给出多种评价结果，如满意、基本满意和不满意等，这些选择可用 1、2、3 来表示。以这样的决策结果作为被解释变量所建立的计量经济学模型，称为离散选择模型。如果被解释变量只存在两种选择，称为二元选择模型；如果被解释变量存在多种选择，则称为多元选择模型。多元选择模型又分为一般多元选择和排序多元选择，前者针对选项之间没有排序关系，后者则针对有排序特征的选择问题。

因为离散选择模型的被解释变量为非线性，所以需要将其转化为效用模型进行估计。效用模型中随机效用项的两种概率分布形式，分别为 Probit 模型和 Logit 模型。本报告对居民住房保障满意度的研究即是将满意度作为有排序特征的离散变量：满意为 5，基本满意为 3，不满意为 1。因此，本报告采用排序多元选择模型。由于 Logit 模型所假设的随机效用的分布形式更适合于效用最大化时的分布选择，我们选用排序多元 Logit 模型，其基本形式如下：

$$Y_n^* = V_n + \varepsilon_n$$

$$V_n = X'_n \alpha$$

我们实际观察到的是第 n 个样本所选择的选项，即离散的 Y_n，但因为将离散值作为被解释变量会带来严重的异方差和不一致问题，所以将其转化为连续变量 Y_n^*，Y_n^* 是由确定项 V_n 和随机项 ε_n 组成的，V_n 是一系列影响因素 X_n 的函数，α 为待估系数，随机项 ε_n 服从极值分布。Y_n 和 Y_n^* 的对应关系如下：

$$Y_n = 1，如果 Y_n^* \leq V_1$$

$$Y_n = 3，如果 V_1 < Y_n^* \leq V_2$$

$$Y_n = 5，如果 V_2 < Y_n^*$$

其中 V_1 和 V_2 为阈值，确定了 Y_n 和 Y_n^* 的关系，阈值在估计系数时被一同估计。

三　样本特征描述

（一）年龄

受访者年龄大多数在 18—35 岁之间，占总样本数的 49.6%；36—55 岁的受访者占 31.9%；56 岁及以上的受访者占 18.6%。调查对象的年龄分布情况如附图 2 所示。

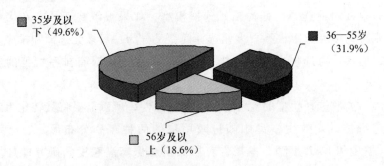

附图 2　调查对象的年龄分布情况

（二）受教育程度

接受调查的居民受教育程度大多为大学及以上学历，占样本总数的比例为37.4%；高中及以下的占比为34.7%；大中专学历的占比为27.9%。调查对象的受教育程度情况如附图3所示。

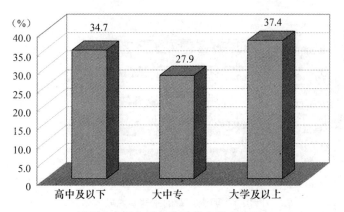

附图3　调查对象的受教育程度情况

（三）户籍

本次调查的对象为××市居民，其中有74.4%的受访者拥有××市户籍户口，25.6%的受访者为非户籍常住居民。调查对象的户籍情况如附图4所示。

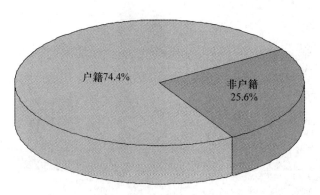

附图4　调查对象的户籍情况

（四）家庭月总收入

受访住户家庭月总收入集中在 3000—5000 元和 5000—7000 元两个档次，分别占 25.4%、20.4%，3000 元以下和 10000 元以上的分别占 19.5% 和 18.2%，7000—10000 元的家庭占比最少，为 16.5%。调查对象的家庭月总收入情况如附图 5 所示。

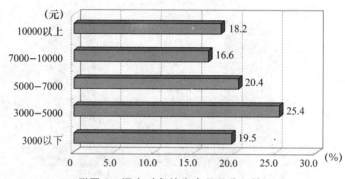

附图 5　调查对象的家庭月总收入情况

（五）人均住房面积

受访住户现有人均住房建筑面积集中在 16—35 平方米，占比为 57.5%，36 平方米及以上和 16 平方米及以下分别占 26.9% 和 15.6%。调查对象的人均住房面积情况如附图 6 所示。

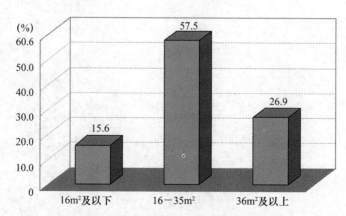

附图 6　调查对象的人均住房面积情况

（六）住房性质

受访住户现有住房性质主要是商品住宅，占比为 50.9%；经济适用房、租私房和廉租房分别占 15.5%、15.1% 和 8.3%。此外，单位住房占 4.9%，自建住房占 3.2%，房改房占 2.2%。调查对象的住房性质情况如附图 7 所示。

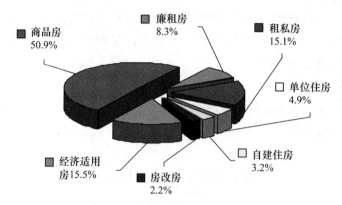

附图 7 调查对象的住房性质情况

四 住房保障满意度分析

近年来，住房保障已成为政府和民众关注的热点问题。住房保障满意度的测度是住房保障评估的一部分，可为政府进一步完善现有政策提供重要的现实依据。住房保障满意度测度是评估居民对政府所提供的保障政策和保障房等多项工作的认知和感受。为了能够客观测度居民的住房保障满意度，分析影响居民住房保障满意度的因素，我们将从住房保障总体满意度、住房保障满意度影响因素两个层面分析××市住房保障满意度。

（一）住房保障满意度分析

本次调研问卷的选项分为两大类：一类是衡量住房保障总体满意度选

项；另一类是衡量住房保障分项满意度选项。为此，我们分别从总体满意度和分项满意度两个层面分析住房保障满意度情况。

1. 总体满意度测算

住房保障总体满意度是指居民对××市的住房保障工作情况的总体评价。我们用满意、基本满意和不满意三种态度描述居民对住房保障的评价。调查结果显示，对于××市政府所制定的住房保障政策，有46.6%的居民选择不了解，53.4%的居民基本了解现有政策。对于基本了解现有政策的居民，仅有9.6%对当前政府的住房保障工作感到满意，53.7%对政府所做的工作感到不满，36.7%选择基本满意。依据李克特量表赋值，可以测算出××市居民的住房保障满意度值为2.118，整体满意度较低。

2. 差异性分析

为分析住房保障总体满意度在不同群体之间是否存在差异，我们对样本数据进行按类别分组，进行差异性检验分析，检验结果见附表2。

附表2　　　　　　　**不同分组间住房保障总体满意度的差异情况**

	样本数	平均数	标准差	t	P
户籍	503	2.28	1.368	−5.88	0.00
非户籍	173	1.56	0.949		
保障对象	133	3.65	0.875	−8.13	0.00
非保障对象	535	1.37	1.692		

根据是否有××市户口，将调查对象分为户籍组和非户籍组；根据调查问卷选项，将住房性质为廉租房、经济适用住房的调查对象划为保障对象组，其他调查对象划为非保障对象组。由附表2数据可知，拥有户籍群体的住房保障满意度均值较高，为2.28，而非户籍群体的满意度均值较低，仅为1.56；保障对象群体的住房保障满意度均值较高，为3.65，而非保障对象的满意度均值较低，仅为1.37。我们分别对两

组群体进行独立样本 t 检验，其差异性检验的 t 值分别为 −5.88、−8.13，拒绝了虚无假设，说明户籍、住房性质的差别会导致住房保障满意度的差异。

3. 各分项满意度分析

住房保障分项满意度是指保障房满意度和保障政策满意度，我们将分别从这两个方面分析居民对政府住房保障工作的评价。

（1）保障房满意度

居民对保障房满意度主要涉及居民对房屋质量、选址、配套设施和供应量的评价。我们用满意（质量高、选址不偏远、配套全、供应足）和不满意（质量差、选址偏远、配套不全、供应不足）两种态度描述居民对保障房的评价。调查统计结果见附图 8 所示。

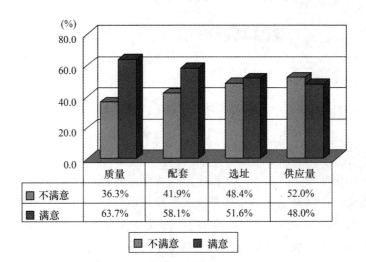

	质量	配套	选址	供应量
不满意	36.3%	41.9%	48.4%	52.0%
满意	63.7%	58.1%	51.6%	48.0%

■ 不满意　■ 满意

附图 8　××市居民的保障房满意度统计情况

从附图 8 中可以看出，居民在对保障房进行评价时，最为不满的是保障房的供应量，有 52% 的居民认为，当前政府提供的保障房数量较少；对保障房的选址，有 48.4% 的居民认为，保障房选址较为偏远。在房屋质量方面，63.7% 的居民对保障房质量满意，说明政府工作取得了群众的认可，但也有 36.3% 的受访者表示不满意。通过深入了解，不满意的原因有漏水、墙面开裂、排水设施不完善等。在配套方面，高达 41.9% 的居民表示不满意，其主要原因有缺少公交、医疗、购物中心等公共设施，这些基础设施的匮乏导致小区居民交通成本、生活成本上升，而这对于有限收入的保障对象来说无疑是不小的开支。

（2）保障政策满意度

关于保障政策满意度评估，我们重点调研了××市居民对住房保障体系转变政策、准入标准政策以及保障覆盖面的看法。我们用满意（赞同、合适）和不满意（不赞同、偏低）两种态度描述居民对住房保障政策的评价。调查统计结果如附图9所示。

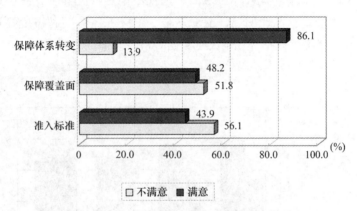

附图9　××市居民的保障政策满意度统计情况

从附图9中可以看出，居民在对住房保障政策进行评价时，最为满意的是保障体系的转变，即现有产权式住房保障体系向租赁式住房保障体系转变，有86.1%的居民赞同这一政策转变，认为合理的住房保障体系应该以租赁为主，向住房困难群体提供低租金房屋。关于保障目标政策的评价，有51.8%的居民认为，20%的保障覆盖面较窄，政府应该将住房保障覆盖面扩大到30%—40%之间。对于保障准入标准的评价，大多数居民结合自身的家庭人数进行了简单估算；56.1%的居民认为，人均住房建筑面积16平方米的标准较低，认为准入标准应扩大至20平方米。

（二）影响因素判定

1. 变量名称与含义

影响居民住房满意度的因素有很多，大致可分为两类：一类为家庭特征因素，如居民的收入、职业、年龄、受教育程度、住房性质等；另一类为住房保障制度因素，如保障房质量、价格（租金）、配套设施、选址、分配形式、准入标准、保障覆盖面等。在判定住房保障满意度影响因素过程中，必须将上述因素统一纳入回归模型中，否则会出现遗漏变量问题，导致估计结果有偏，从而使判定有误。进入回归模型的变量名称与含义见附表3。

附表3　　　　　　　　　　　　变量名称、符号及含义

变量名称	符号	定义		
住房保障满意度	Satisfy	不满意 = 1	基本满意 = 3	满意 = 5
年龄	Age	35 岁及以下 = 1	36—55 岁 = 2	56 岁及以上 = 3
收入	Income	5000 元及以下 = 1	5000—10000 元 = 2	10000 元及以上 = 3
住房性质	Type	非保障房 = 1	保障房（经适房和廉租房） = 0	
房屋质量	Quality	好（满意） = 1	差（不满意） = 0	
配套设施	Facility	全（满意） = 1	不全（不满意） = 0	
选址	Location	不偏远（满意） = 1	偏远（不满意） = 0	
供应量	Supply	适中（满意） = 1	少（不满意） = 0	
价格/租金	Price/Rent	适中（满意） = 1	高（不满意） = 0	
分配公平性	Allocation	公平（满意） = 1	不公平（不满意） = 0	
保障标准	Standard	合理（满意） = 1	较低（不满意） = 0	
覆盖面	Surface	适中（满意） = 1	较窄（不满意） = 0	

2. 回归结果与分析

本报告采用排序多元 Logit 模型进行回归分析。在模型回归前，先对

模型中定性解释变量的系数正负进行预期。因为被解释变量住房保障满意度的赋值是从不满意到满意逐渐升高的，所以系数值为正的解释变量表示随着这种变量值的增高，调研对象选择满意答案的概率也会增加，即更容易给出满意的评价。

住房性质变量值分别取 1 和 0。0 代表调研对象的住房性质为保障房，表明其属于保障对象；1 表明调研对象不是保障对象，没有受惠于现有的保障政策。所以随着该变量值的降低，调研对象更容易选择满意评价。该变量前的符号为负。

房屋质量、配套设施和选址的变量值分别为 1 和 0。1 代表政府所提供的保障房的房屋质量、配套设施、选址属性较优；0 代表政府所提供的保障房的属性较劣。所以随着这些变量值的增加，调研对象更容易给出满意评价。该变量前的符号为正。

供应量、价格/租金和分配公平性的变量值分别为 1 和 0。1 代表政府供应的保障房数量较为适中，制定的价格或租金较为合理，分配保障房较为公平；0 代表政府供应的保障房数量较少，制定的价格或租金较高，分配保障房不公平。所以随着这些变量值的增加，调研对象更容易给出满意评价。该变量前的符号为正。

保障准入标准和覆盖面的变量值分别为 1 和 0。1 代表政府所制定的保障政策的准入标准较为合理，覆盖面较为适中；0 代表保障政策的准入标准较低，覆盖面较窄。所以随着这些变量值的增加，调研对象更容易给出满意评价。该变量前的符号为正。

将附表 3 中的变量纳入回归模型中，利用 Eviews 6.0 软件进行回归分析，其回归结果见附表 4。

从附表 4 中可以看出，对数似然函数值的绝对值较大，为 -288.8，各定性解释变量前系数值正负符合预期，表明模型回归效果良好。根据各变量的统计量大小，可知模型中部分变量较为显著，部分变量并不显著。年龄变量前的系数值为正且显著，表明被调研群体中，年龄大的群体更容易选择满意评价。这是由于政府的住房保障政策惠及对象主要是低收入家庭，在低收入人群中，老年人比重较大。住房性质变量前的系数值为负且显著，表明在被调研群体中受益于住房保障的居民，即保障对象，对政府住房保障工作的评价更倾向于选择满意。

附表 4　　　　　　　　　　排序多元 Logit 模型的估计结果

自变量名称	系数	Z - 统计量	显著性
Age	0.014 ***	2.888	0.00
Income	0.016	0.165	0.87
Type	− 0.709 ***	4.413	0.00
Quality	0.187	1.309	0.19
Facility	0.044	0.316	0.75
Location	0.177	1.312	0.19
Supply	0.325 **	2.271	0.02
Price/Rent	0.307 *	0.174	0.08
Allocation	0.358 *	1.607	0.10
Standard	0.162	1.246	0.21
Surface	0.581 ***	4.418	0.00
阈值			
V_1	2.364 ***	5.724	0.00
V_2	3.938 ***	8.902	0.00
Log likelihood	− 288.8	LR statistic	99.6
AIC 信息指标	1.521	SC 信息指标	1.651

注：***，** 和 * 分别表示 1%、5% 和 10% 置信水平。

剩余显著变量分别为价格（租金）、供应量、分配公平性和覆盖面；这表明，在居民对政府住房保障工作进行评价时，更在意保障房的价格（租金）是否能够接受，供应量是否较多，分配是否公平和住房保障覆盖面是否较大，这些变量是影响居民住房保障满意度的关键因素。

收入变量并不显著，这说明不同收入阶层的人群对政府住房保障工作评价的结果并不存在显著性差异。房屋质量、选址和准入标准变量并不显著，这表明在对政府住房保障工作进行评价时，居民并不是很在意房屋质量、选址和准入标准，这些因素的好坏并不是居民对政府住房保障工作评价的参考依据。对于房屋质量、选址和准入标准变量不显著现象，我们认为是由于调研对象中有很大部分群体不属于保障对象，这类群体在评价政府住房保障工作时，更倾向于考量政策的公平性、服务性，而不是政策的具体内容。

五　房地产市场价格满意度分析

近年来，××市房地产市场价格呈现持续上涨态势，房价已成为街头巷尾议论纷纷的话题。住房是居民生活消费的必需品，房地产市场价格满意度在一定程度上能够反映居民的生活质量。对居民房地产市场价格满意度的评估，可以准确了解居民对房价的承受能力，以及房地产市场的潜在需求特征。为此，我们将从价格总体满意度与购房者意愿两个层面分析××市房地产市场价格满意度。

（一）房地产市场与房价总体满意度

1. 满意度测算

房地产市场价格总体满意度指居民对××市房地产市场价格的总体评价。我们用满意（适中）、基本满意（较高）和不满意（过高）三种态度描述居民对房价的评价。调查结果显示，有43.9%的居民认为，当前房价过高，对高企的房价感到不满；有40.1%的居民认为，当前房价较高，还能够承受，对此感到基本满意；只有16%的居民认为当前房价较为适中，对房地产市场价格感到满意。根据上述列值，可以测算出××市居民对房地产市场价格总体满意度值仅为2.442，总体水平处于不满意和基本满意之间。

2. 差异性检验

为探究房价满意度在不同收入群体之间是否存在差异，我们按照调研对象的家庭月总收入高低，对样本数据分组，进行差异性检验分析，检验结果见附表5。

附表 5　　　　　　不同收入群体间房地产市场价格满意度的差异情况

性别	样本数	平均数	标准差	t	P
低收入群体	298	2.16	1.376	5.769	0.00
高收入群体	122	3.03	1.477		

　　根据调查问卷选项，将家庭月总收入处于 5000 元以下的居民划为低收入群体，将家庭月总收入处于 10000 元以上的居民划为高收入群体。由抽取的样本数据可知，低收入群体 298 人，高收入群体 122 人。由附表 5 数据可知，高收入群体的房价满意度均值较高，为 3.03；而低收入群体的房价满意度均值较低，为 2.16。另外，就满意度值波动幅度而言，与低收入群体相比，高收入群体之间满意度值波动较大，说明高收入群体对房价的看法并不统一。我们对两组群体进行独立样本 t 检验，其差异性检验的 t 值为 5.6，拒绝了虚无假设，说明收入差异会导致房价满意度差异。

（二）购房者意愿

　　当前高位房价使得大多数居民对买房望而却步，扼杀了许多居民的购房自住需求。为了解××市居民的潜在购房需求，即购房意愿，本问卷分别设计了意愿房价与意愿住房面积两个选项。下面我们分别阐述这两个选项的统计情况。

　　1. 意愿房价

　　在本次调研过程中，我们用"您会选择何种价位的住房"问题来统计××市居民的意愿房价。对回收问卷数据进行统计，我们得到居民的意愿房价分布情况（见附图 10）。

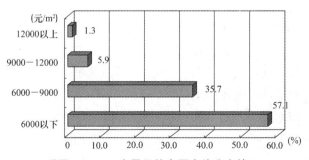

附图 10　　××市居民的意愿房价分布情况

　　如附图 10 所示，57.1% 居民的答案为 6000 元/㎡ 以下，35.7% 居民的选择为 6000—9000 元/㎡，仅有 7.2% 居民的意愿房价高于 9000 元/㎡。可以看出，××市居民的意愿房价较低。为了探究意愿房价较低是否因为收入较低的缘故，我们将选择 6000 元/㎡ 以下的样本单独列出来，共计 387 份，发现在这类群体中，有 40% 的居民家庭月总收入水平处于 5000 元以上。从房价收入比角度看，这类群体可以承受 6000 元/㎡ 以上的房价。考虑到调研对象大多属于有房群体，我们有理由认为，这类群体没有住房居住需求，所以他们不愿以高价位购买第二套住房。

　　2. 住房需求结构

　　在本次调研过程中，我们用"您认为多大住房面积比较合适"问题来分析 ××市居民的潜在住房需求结构。对回收问卷数据进行统计，我们得到居民的住房需求结构情况（见附图 11）。

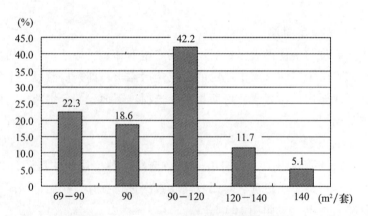

附图 11　××市居民的住房需求类型情况

　　如附图 11 所示，42.2% 的居民愿意选择购买 90—120 平方米/套的住房，40.9% 的居民愿意选择 90 平方米/套及以下的中小户型，仅有 16.9% 的居民选择户型大于 120 平方米/套的住房。在调查过程中，我们发现居民对合适住房面积的认知取决于收入和家庭结构，他们往往会通过家庭人数和家庭收入粗略估算合适的住房面积。这说明，××市居民的主要住房需求套型为 90—120 平方米的住房，120 平方米以上的住房并不是住房需求主流。

六　物业管理满意度分析

随着市场的不断发展变化，居民的购房观念发生了很大变化，购房心态也日趋成熟。除了对住宅地段、小区环境、房屋设计等的需求外，居民对于物业管理服务的要求日益提高，物业管理的好坏也成为影响居民房地产市场满意度的重要因素之一。

物业管理服务总体满意度测度涉及对多项物业服务内容的评价。一般来说，物业服务企业所提供的服务主要包括公共服务、收费、客户服务、社区文化服务、个人维修服务等方面。本次调研主要围绕公共服务和物业收费两个方面，分别评估居民对公共服务、物业收费的满意度。

（一）公共服务满意度

物业管理企业所提供的公共服务主要是指公共区域卫生保洁、绿化养护、秩序维护和共用设施设备管理和维护。我们用满意、基本满意和不满意三种态度描述居民对公共服务的评价。

1. 满意度测算

调查结果显示，对于××市物业管理企业所提供的公共服务，有52.3%的居民表示基本满意，24.7%的居民感到满意，23%的居民觉得物业管理企业所提供的公共服务质量较差。依据李克特量表赋值，可以测算出××市居民的物业公共服务满意度值为3.034，整体满意度略高于基本满意水平。

2. 差异性检验

为探究公共服务满意度在不同群体之间是否存在差异，分析哪些因素影响了居民的公共服务满意度，我们对样本数据进行按类别分组，进行差异性检验分析，检验结果如附表6所示。

附表6　　　　　　不同分组间物业公共服务满意度的差异情况

	样本数	平均数	标准差	t	P
市场化物业管理	97	3.78	1.054	−3.621	0.01
非市场化物业管理	37	3.00	1.277		
1.5元/㎡以下	233	2.87	1.326	−4.678	0.000
1.5元/㎡及以上	134	3.55	1.352		

　　我们认为，影响居民的物业公共服务满意度的因素主要是物业管理模式和物业管理收费标准两种。当前××市物业管理模式有两种：一种是市场化模式下的物业管理，其物业服务企业是由小区业主委员会在市场中进行选择的；另一种是非市场化模式下的物业管理，其物业服务企业是由政府组建的。为此，我们按照物业管理模式的不同，将样本数据分为市场化物业管理小组与非市场化物业管理小组。为了剔除其他因素（如收入等）的影响，我们只考察市场化物业管理模式下的保障房小区（青山区的东方雅苑和江岸区的黄埔人家），与非市场化物业管理模式下的保障小区（江夏区的关山桥小区）。由附表6的数据可知，差异性检验的t值为－3.621，拒绝了虚无假设，说明保障对象对这两种模式所带来的物业公共服务存在显著性差异，市场化模式得到的满意度值高于非市场化，为3.78。此外，从满意度值标准方差看，市场化模式下的标准差值较小，为1.054，这说明市场化模式下保障对象的意见还较为统一。

　　由《××市物业管理条例》可知，普通住宅指导价最高为1.2元/平方米，但可上浮20%。为此，我们以1.5元/平方米为界限对样本数据进行分组，将月缴费小于1.5元的样本家庭划为1.5元/平方米以下小组，将其他样本家庭划为1.5元/平方米及以上小组。为了剔除其他因素（如收入等）的影响，我们只考察商品住宅小区。由附表6的数据可知，差异性检验的t值为－4.678，拒绝了虚无假设，说明物业服务企业所提供的公共服务的质量会因收取物业费的不同而产生显著性差异，高收费小区居民的物业公共服务满意度均值高于低收费小区，为3.55，处于满意与基本满意之间。

　　上述差异性分析的结果表明，物业公共服务质量与物业管理模式、物业收费标准有关联。高收费的商品住宅小区内的公共服务质量高于低收费的商品住宅小区。这是由于高收费的物业服务企业实力雄厚，其服务设施、水平较高，员工与业主关系融洽。市场化模式下保障小区的公共服务质量较高，非市场化模式下保障小区的公共服务质量较低。这是由于在市场化模式下，保障小区内的物业服务企业的岗位职责明确，服务人员的数量较多，且素质较高，往往会带来相对较高质量的物业服务。而非市场化模式下保障小区内的物业服务企业由政府组建，服务人员较少，其组织机构并不健全，所提供的公共服务质量较差。

（二）质价比满意度

对于物业收费满意度的评估，我们采用物业服务质量与物业服务收费价格是否相符这一问题形式，通过质价比这一指标描述居民对物业服务收费合理性的评价。我们用相符、基本相符和不相符三种形式描述居民对物业服务质价比的评价。具体而言，若调查对象选择相符，说明其对物业服务企业的质价比满意；若调查对象选择基本相符，说明其对物业服务企业的质价比基本满意；若调查对象选择不相符，说明其对物业服务企业的质价比不满意。

1. 满意度测算

调查结果显示，对于××市物业服务企业的质价比，有49.2%的居民表示基本满意，21.1%的居民感到满意，29.7%的居民因为物业服务企业所收取的费用与提供的服务不相符而感到不满意。依据李克特量表赋值，可以测算出××市居民对物业服务质价比的满意度值为2.828，总体略低于基本满意水平。

2. 差异性检验

为分析物业服务质价比满意度在不同群体之间是否存在差异，分析哪些因素影响物业服务质价比，我们对样本数据按类别分组，进行差异性检验分析，检验结果如附表7所示。

附表7 **不同分组间物业收费满意度的差异情况**

	样本数	平均数	标准差	t	P
市场化物业管理	97	3.43	1.450	−2.209	0.03
非市场化物业管理	37	2.95	0.998		
1.5元/㎡以下	233	2.69	1.316	−4.148	0.00
1.5元/㎡及以上	134	3.34	1.522		

与上文分类相同，按照物业管理模式，我们将保障房小区样本分为市

场化物业管理小组和非市场化物业管理小组；按照物业收费标准高低，我们将商品住宅小区样本分为 1.5 元/平方米以下小组和 1.5 元/平方米及以上小组。

由附表 7 的检验结果可知，两种分组的独立样本 t 检验都拒绝了虚无假设。这说明市场化模式下与非市场化模式下保障对象对物业服务质价比的评价存在显著性差异；低收费小区与高收费小区的商品住宅业主对物业服务质价比的评价也存在显著性差异。市场化模式下物业服务质价比满意度均值为 3.43，高于非市场化模式 16 个百分点；高收费小区物业服务质价比满意度均值为 3.34，高于低收费小区 24 个百分点。

结果表明，商品住宅小区居民较为认可高收费所带来的高质量服务。这可能是由于在高收费的商品住宅小区内，居民的收入较高，其所缴物业费占收入比重较低，这类群体往往偏好于高质量的物业服务，并不在意所缴物业费的多少；而在低收费的商品住宅小区内，居民的收入相对较低，往往更在意物业费标准。

另外，从上述检验结果可知，保障对象较为认可市场化模式下的物业服务，认为其所提供的服务与收费较相符。事实上，非市场化模式下物业服务企业所收取的物业费较低，其质价比未必低于市场化模式下的物业服务企业。这可能是由于被选样本中廉租房住户占比较高的缘故，市场化模式下的廉租房住户（青山区的东方雅苑和江岸区的黄埔人家）的物业费由政府代缴，并没直接向物业管理企业支付物业费，所以这类群体只看重物业服务质量，而没有衡量物业费多少，这就导致其质价比满意度均值较高。

七　研究结论与政策建议

（一）研究结论

本报告通过对所调查样本数据进行差异性分析、排序多元 Logistic 回归分析和简单百分比统计分析得到如下结论：

第一，影响居民住房保障满意度的关键因素是价格（租金）、供应量、分配的公平性和住房保障覆盖面，若要提高居民对住房保障工作的满意度需要注重降低保障房价格或者租金，提高保障性住房供给总量，保证保障房分配的公平性。

第二，受访者普遍对保障性住房的客观条件不满意，对保障性住房的质量、选址、配套设施均不是很满意。

第三，受访者对住房保障准入标准、覆盖面不十分满意，普遍认为准入标准应该在 20 平方米比较合适，覆盖面在 30% 左右比较合适。

第四，居民普遍认为当前房价较高，大多数居民的住房需求面积为 90—120 平方米，120 平方米以上的住房并不是大多数人的意愿住房。

第五，保障对象较为认可市场化模式下的物业管理服务，对由政府组建的物业服务企业所提供的服务不是很满意。商品住宅住户较为认可高收费标准的物业服务，对低收费标准的物业服务企业所提供的物业服务不是很满意。

第六，部分居民认为，保障性住房小区的社会融合度比较差，缺乏必要的健身、休闲和娱乐设施，社区缺少文化娱乐活动，整体水平不高。

（二）政策建议

根据调研结论，结合××市住房保障和房地产市场发展趋势，我们提出以下建议。

1. 加大政策宣传力度，扩大政策普及面

在调研中，我们发现相当比例的受访者对住房保障政策并不了解，尤其是低收入家庭，高达 49.2% 的受访者表示不了解，可见政策的宣传还需要加大力度。如在居委会、广场等公共休闲、运动场所张贴宣传单，在公交车站广告牌张贴海报，在地铁、电视里播出滚动宣传视频或者公告，在社区、广场等开展宣传活动，在公司宣传栏张贴宣传单，在电视台、报纸等设立专门的政策宣传、解读节目、专栏等。不断完善房地产市场信息统计和披露制度，定期公布日报、月报、季报、年报等信息简报，及时召开专题新闻发布会，向社会介绍住房保障的进展情况。大力宣传住房保障政策和保障性住房建设成果，提高住房保障政策的普及度。通过强有力的宣传使住房保障政策深入人心，使居民了解政策、熟悉政策、享受政策。

2. 增大公共租赁住房的供给，提高补贴效率

通过调研我们发现，大多数受访者认为，以往产权式住房保障体系不合理，导致保障房总体供给不足，赞成保障体系向租赁式保障体系转变这一政策，但对公租房的租金高较为不满。考虑到未来该市要形成完

善的以公租房为主，限价房为辅的租赁式住房保障体系，建议该市利用土地规划、财政金融等政策扩大公租房供给总量，完善公租房项目配套设施。此外，对于公租房的补贴标准，建议该市严格实行市场租金、租补分离、分层补贴的方式；结合保障对象的住房可支付力，给予不同层次的补贴，对于可支付能力较弱的保障对象，应提高对其的补贴标准；对于可支付能力较强的保障对象，应降低对其的补贴标准，提高公租房补贴效率。

3. 降低准入标准，扩大保障覆盖面

在此次调研中我们发现，大多数居民认为，当前住房保障准入标准（人均住房建筑面积 16 平方米）有些偏低，应扩大至人均住房建筑面积 20 平方米。结合当前××市经济发展水平和市财政负担能力，我们认为，当前可以将准入标准逐步拓宽至人均住房建筑面积 18 平方米。另外，我们还发现，非户籍居民对该市住房保障评价不高，这主要是由于这类人群没有享受到住房保障福利。大量大学生、外来务工人员流入该市，非户籍人口会逐渐增多。这类非户籍群体大多收入偏低，对住房保障需求较为渴望。为此，建议应逐步将这类群体纳入租赁式住房保障体系中，同等对待户籍人口与非户籍人口，使住房保障福利均等化，扩大住房保障覆盖人群。

4. 加强监管保障性住房资格审核，维护保障资源分配的公平

在调研过程中，保障小区内的受访者对政府分配保障性住房的方式表示不满，认为存在不公平问题。公平分配是保障性安居工程的重中之重，关系到住房保障的可持续发展。为达到公平、公正、公开的目标，该市政府须采取有效措施，坚持过程和结果透明原则，严守准入门槛。首先，应建设全方位的住房保障信息系统，掌握全市城镇居民家庭收入信息，为住房保障资格认定、审核和后期管理提供依据；与相关部门合作掌握居民居住地点变化、家庭人口增减等动态信息，全面、准确掌握全市保障对象的基本情况，实现应保尽保、需保适保。其次，要完善保障性住房分配机制，细化保障性住房的准入标准和资格审核细则，完善申请、审核、公示、退出等制度，实现房源信息、分配过程、分配结果公开透明。最后，要打击违规行为，及时公布受保障家庭的住房、收入等资格信息，接受社会监督，同时定期检查保障性住房实际使用情况，对违反规定进行的出售、出租或转租等行为，及时予以处理和通报。

5. 完善房地产市场调控政策，抑制房价非理性上涨

在调研过程中，绝大多数居民认为，当前该市房价较高，难以承受。为此，该市须进一步完善促进房地产市场平稳健康发展的住房市场调控政策体系，明确相关部门在稳定住房价格方面的责任和进度安排，加快建立和完善长效机制，特别是研究建立稳定房价的长效土地供应机制。此外，还须加快推进房地产税制改革进程，增加保有环节的税负，加大对多套房持有人的收益调节，抑制投资投机性需求，增加市场供应，实现住房价格控制目标。

6. 调整商品住宅供给结构，增加普通商品住宅供给

调研结果表明，该市中小户型的住房需求量很大。因此，建议该市加快对适宜面积商品住房的规划、开工建设和预销售审批，建立绿色通道，简化行政审批程序，敦促企业尽快上市销售。另外，还须制定优惠政策（税收优惠政策等）以及限制措施（限制土地出让条件、限制套型面积、限制开发商的供给结构等），限制大户型住宅的供给，引导市场供给中小户型住宅。

7. 积极推进保障小区物业市场化管理，同时，对商品住宅小区逐步放松物业服务价格限制

通过调研我们发现，在保障小区内实行市场化物业管理模式得到大多数保障对象的认可，在商品住宅小区内高收费标准的物业服务企业得到了大多数业主的认可。为此，建议该市应在保障小区内实行市场化管理模式，政府不应为保障小区组建收费标准较低的物业服务企业。鉴于保障对象的收入较低，难以承受市场化物业管理的收费标准，该市可采用补贴形式，降低保障对象的物业费实际支付水平；同时，政府应对保障小区内的物业服务企业行为进行监管，确保保障小区的物业服务质量。另外，对于商品住宅小区的物业管理，政府应放松对物业管理行业的价格限制，积极协助小区业主成立业主委员会，让代表业主利益的业主委员会在物业市场中寻找合适的物业服务企业，以市场价格机制调节物业行业的行为，提高物业行业的服务质量和管理效率。

8. 加强保障房小区的文化建设，提高社区的社会融合度

在调研中发现，很多保障房小区居民对小区的文化氛围、社会融合度、整体素质不满，其原因在于小区居民来源复杂、缺少认同感，尤其是廉租房居民，大多是老弱孤寡、病患残疾或者有精神问题的居民，由于文化素质不高，不能利用网络等交流工具，同时由于缺少彼此沟通和交流的渠道、机会，社会融合度较低。因此，政府需要采取措施引导保障房小区居民之间进行有效沟通，改善小区社会氛围，如提供健身设施，要求物业设置宣传员岗位，专职负责小区的文化活动，定期开展社区活动等。

参考文献

植草益:《微观规制经济学》,中国发展出版社 1992 年版。

肖兴志:《现代规制经济分析》,中国社会科学出版社 2011 年版。

让—雅克·拉丰、让—梯若尔:《政府采购与规制中的激励理论》,石磊等译,上海三联书店 2004 年版。

李鸿翔:《从经济适用房政策的实施看我国的住房保障制度》,《中国行政管理》2007 年第 5 期。

邓卫:《关于经济适用房建设的反思与对策》,《建筑学报》2001 年第 8 期。

贾康、刘军民:《中国住房制度改革问题研究——经济社会转轨中"居者有其屋"的求解》,经济科学出版社 2007 年版。

孙施:《经济适用住房该建在哪里》,《瞭望》2007 年第 52 期。

龙奋杰、董黎明:《经济适用房政策绩效评析》,《城市问题》2005 年第 4 期。

林荣茂:《经济适用房划拨用地补贴与货币补贴的福利、效率与产权分析》,《中国土地科学》2006 年第 4 期。

魏建、张昕鹏:《市场的制度性分割:经济适用房制度的博弈分析》,《山东大学学报》(哲学社会科学版)2008 年第 1 期。

肖新华:《经济适用房政策失效问题研究——基于期权博弈视角》,《华东经济管理》2009 年第 3 期。

颜春梅、黄汉江:《经济适用房市场的问题与解决对策》,《城市问题》2003 年第 1 期。

印堃华、胡 彬:《关于经济适用房政策的探索》,《财经研究》1999 年第 11 期。

何灵:《经济适用房制度改革路径探析——以退出管理为分析视角》,《经济体制改革》2010 年第 1 期。

张波、刘江涛:《经济适用住房退出机制的构建》,《经济理论与经济管理》2008 年第 7 期。

王阿忠:《中国住房市场的价格博弈与政府规制研究》,中国社会科学出版社 2007 年版。

李文斌:《美国不同时期的住房补贴政策:实施效果的评价及启发》,《城市发展研究》2007 年第 3 期。

景娟、刘志林、满燕云:《低收入住房政策的国际经验借鉴:需求方补贴》,《城市发展研究》2010 年第 6 期。

周蕾:《住房补贴政策的消费促进效应及其影响因素研究——基于上海廉租房货币配租政策 Logistic 分析》,《上海经济研究》2010 年第 4 期。

郑思齐、符育明、刘洪玉:《城市居民对居住区位的偏好——支付意愿梯度模型的估计》,《地理科学进展》2005 年第 1 期。

王承慧、杨靖:《保障性住房建设规划编制方法初探——以南京六合区"三房"建设规划为例》,《现代城市研究》2010 年第 2 期。

汪冬宁、汤小橹、金晓斌、周寅康:《基于土地成本和居住品质的保障住房选址研究——以江苏省南京市为例》,《城市规划》2010 年第 34 期。

罗震宇、秦启文:《城市居住空间分异与群体隔阂——对失地农民城市居住问题与对策的思考》,《城市发展研究》2009 年第 1 期。

《2011 年武汉市国民经济和社会发展统计》,中国经济网 (http://www. ce. cn/macro/more/201202/29/t20120229 _ 23117038 _ 4. shtml. 2012 - 2 - 29)。

《武汉市 2010 年第六次全国人口普查主要数据公报》(2011 - 5 - 11),武汉市统计信息网 (http://www. whtj. gov. cn/Article/ShowArticle. aspx? id = 6417)。

郎艳怀:《经济数学方法与模型教程》,上海财经大学出版社 2004 年版。

谢龙汉、尚涛:《SPSS 统计分析与数据挖掘》,电子工业出版社 2012 年版。

吴明隆:《问卷统计与分析实务——SPSS 操作与应用》,重庆大学出版社 2011 年版。

罗震宇、秦启文:《城市居住空间分异与群体隔阂——对失地农民城市居住问题与对策的思考》,《城市发展研究》2009 年第 1 期。

邓宏乾、段程程、陈峰：《城中村改造与公租房建设融合创新——洪山模式解析》，《中国房地产》2012 年第 2 期。

宋博通：《政府兴建住房与货币补贴成本比较研究》，《深圳大学学报》（理工版）2001 年第 1 期。

徐虹：《保障性住房政策的选择运用》，《中央财经大学学报》2008 年第 6 期。

景娟、刘志林、满燕云：《低收入住房政策的国际经验借鉴：需求方补贴》，《城市发展研究》2010 年第 6 期。

中国社会科学院财贸所城市与房地产经济研究室课题组：《建立多层次的中国住房公共政策体系》，《财贸经济》2008 年第 1 期。

李辉婕、张腾：《市场失灵、政府失灵与住房保障》，《生产力研究》2009 年第 15 期。

褚超孚：《城镇住房保障规模影响因素的相关分析研究》，《浙江大学学报》（人文社会科学版）2005 年第 4 期。

强真：《我国住宅供应模式优化及价格形成机制的研究——基于公共租赁房的启示》，《价格理论与实践》2009 年第 7 期。

曹丽娟：《关于我国城市公租房租金标准制定的思考》，《价格理论与实践》2010 年第 11 期。

赵青松、李宁、邓小鹏：《公共租赁房梯度租金模型及算例分析》，《东南大学学报》（哲学社会科学版）2010 年第 12 期。

迈克尔·谢若登：《资产与穷人——一项新的美国福利政策》，商务印书馆 2005 年版。

迈克尔·谢若登：《美国及世界各地的资产建设》，《山东大学学报》（哲学社会科学版）2005 年第 1 期。

吉尔伯特·内尔、特雷尔·保罗（Gilbert Neil, Terrell Paul）：《社会福利政策导论》，华东理工大学出版社 2003 年版。

杨团、孙炳耀：《资产社会政策与中国社会保障体系重构》，《江苏社会科学》2005 年第 2 期。

张时飞：《引入资产建设要素，破解农保工作困局——呼图壁县的经验与启示》，《江苏社会科学》2005 年第 2 期。

刘振杰：《资产建设：新农保的新理念和新范式》，《中共中央党校学报》2011 年第 4 期。

姜丽美:《资产建设——失地农民可持续发展的突破点》,《理论导刊》
　　2010 年第 6 期。

钟玉英:《美国"资产建设"对削减我国城市低保"负激励效应"的启
　　示》,《特区经济》2011 年第 12 期。

迈克尔·史乐山、邹莉:《个人发展账户——"美国梦"示范工程》,《江
　　苏社会科学》2005 年第 2 期。

毛小平、罗建文:《影响居民幸福感的社会因素研究——基于 CGSS2005
　　数据的分析》,《湖南科技大学学报》(社会科学版)2012 年第 3 期。

迈克尔·史乐山、邹莉:《美国的资产建设:政策创新与科学研究》,豆
　　丁网(http://www.docin.com/e-526579287.html)。

邓宏乾、王贤磊、陈峰:《我国保障住房供给体系并轨研究》,《华中师范
　　大学学报》(人文社会科学版)2012 年第 3 期。

《中国统计年鉴》,中国统计出版社 1998—2012 各年版。

Jean-Jacques Laffont. *Regulation and Development*. Cambridge University
　　Press, 2005.

Utton, M. A. (1986). *The Economics of Regulation Industry*. Basil Black-
　　well.

G. F. Hassan. "The Enabling Approach for Housing Supply Drawbacks & Pre-
　　requisites-Egyptian Experiences." *Alexandria Engineering Journal*. 2012
　　(01): 1-9.

Wang, D., & Li, S. (2006). "Socio-economic Differentials and Stated Hous-
　　ing Preferences in Guangzhou, China." *Habitat International*, 30 (2):
　　305-326.

"HUD Homes and Communities: Community Planning and Development." (2006-
　　8-22)http://www.hud.gov/offices/cpd/library/energy/homelessness.cfm.

Accessed 27.07.11.

James C. Ohls. "Public Policy toward Low-Income Housing and Filtering in
　　Housing Markets." *Journal of Urban Economics*, 1975, 2 (2): 144-171.

Edgar O. Olsen, David M. Barton. "The Benefits and Costs of Public Housing
　　in New York City." *Journal of Public Economics*, 1983, 20 (3): 299-332.

Scott Susin. "Rent Vouchers and The Price of Low-income Housing." *Journal
　　of Public Economics*, 2002, 83 (1): 109-152.

Reid, C. K. "Achieving the American Dream? A Longitudinal Analysis of the Homeownership Experiences of Low-Income Households. " Center for Social Development Working Paper, 2005.

Carasso, A. and Signe-Mary Mckernan. "The Balance Sheets of Low-Income Households: What We Know about Their Assets and Liabilities. " Washington, DC: The Urban Institute. Poor Finances: Assets and Low-Income Households Report, 2006.

Yadama, G. N., Sherraden, M. "Effects of Assets on Attitudes and Behaviors: Advance Test of a Social Policy Proposal. " *Social Work Research*, 1996, 20 (1): 3 – 11.

Amanda Moore, Sondra Beverly et al. "Saving, IDA Programs, and Effects of IDAs: A Survey of Participants. " St. Louis, MO: Washington University, Center for Social Development, 2001.

Dietz, R. D. "The Social and Private Micro-Level Consequences of Homeownership. " *Journal of Urban Economics*, 2003 (54): 401-450.

Haurin, D. R., and Dietz, Robent D. and Weinberg, Biuce A. "The Impact of Neighborhood Homeownership Rates: A Review of the Theoretical and Empirical Literature. " *Journal of Housing Research*, 2003, 12 (2): 119-151.

Williams, T. R. *The Impact of Household Wealth and Poverty on Child Development Outcomes: Examining Asset Effects*. St. Louis: Washington University, 2003.

Zhan, Zhan, Michael Sherranen. "Assets, Expectations, and Children's Educational Achievement in Female-Headed Households. " *Social Service Review*, 2003, 77 (2): 191-211.

Shapiro, T., Johnson, H. Beth. *Family Assets and School Access: Race and Class in the Structuring of Educational Opportunity*. New York: Oxford University Press, 2005, 112-127.

后　记

　　本研究成果为国家社会科学基金重大项目"我国住房保障问题与改革创新研究"（11&ZD039）、教育部人文社会科学研究一般项目"中国城镇公共住房政策研究"（项目批准号：10YJA790038）的阶段性成果。课题组先后对湖北武汉市、黄石市、广东深圳市进行了实地调研，并对居民进行了住房保障满意度调查。课题组在调研过程中，得到了武汉市、黄石市、深圳市住房保障管理部门的大力支持。

　　本研究报告分工及撰写人员：

第一章　邓宏乾

第二章　陈峰

第三章　邓宏乾、柯　峰

第四章　邓宏乾、姚潇颖

第五章　邓宏乾、贾傅麟

第六章　王贤磊

第七章　邓宏乾、王贤磊